Deutschland

Basel Stadt

Schweiz

Der Kanton Basel-Stadt

Pierre Felder

Der Kanton Basel-Stadt

Eine Einführung in Staat und Politik

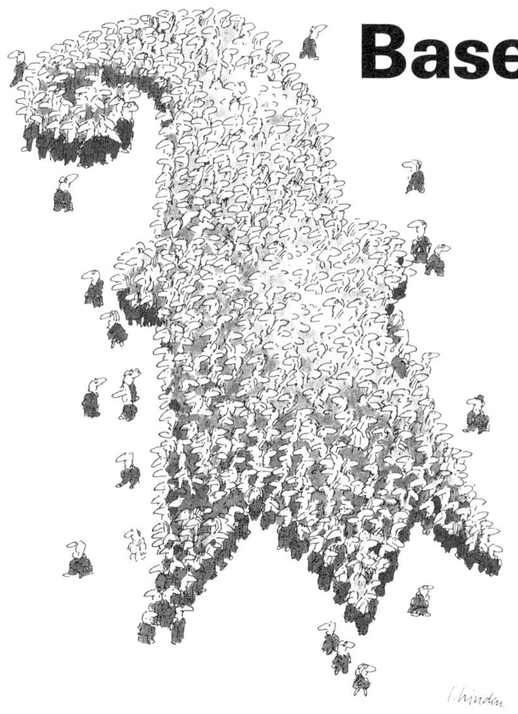

Christoph Merian Verlag

Cartoons	Lucas Zbinden
Lektorat	Charles Stirnimann
Berater	Dr. Markus Bolliger Stefan Cornaz Dr. Hanspeter Mattmüller Dr. Siegfried Scheuring
Experten	Peter Bächle Prof. Dr. René L. Frey Dr. Rudolf Grüninger Dr. Cyrill Häring Prof. Dr. Georg Kreis Dr. Peter Schai Regierungsrat Prof. Dr. Hans-Rudolf Striebel Prof. Dr. Gerhard Schmid Prof. Dr. Martin Schubarth u.a.
Herausgeber und Finanzierung	Der Regierungsrat des Kantons Basel-Stadt
Finanzielle Unterstützung	Basler Kantonalbank
Satz und Druck	Gissler Druck Basel
Copyright	Christoph Merian Verlag, 1991
ISBN	3-856-16-042-6

Zum Geleit

Dieses Lehrbuch erscheint zum richtigen Zeitpunkt. Die Schweizerische Eidgenossenschaft feiert das Jubiläum ihres 700jährigen Bestehens. Der Anlass bietet Gelegenheit zur Besinnung und zur Selbstdarstellung der Nation, zur Entwicklung von Aktivitäten verschiedenster Art in Bund, Kantonen und Gemeinden, die alle in irgendeiner Weise inhaltlich mit dem Jubiläum zusammenhängen und damit einen Beitrag zum Nachdenken über die Zukunft unseres Landes leisten.

Der Wille, die junge Generation in das Programm einzubeziehen, ist echt. Auch die Heranwachsenden sollen spüren, dass das Jubiläumsjahr dem Ziel dient, das Gemeinschaftsbewusstsein und das Zusammengehörigkeitsgefühl zu fördern; es soll ihnen bewusst werden, dass wir als Bürgerinnen und Bürger eines demokratischen Gemeinwesens Lauf und Richtung der politischen Entscheidungen massgeblich beeinflussen können.

Die vorliegende Publikation will den Jugendlichen in den Schulen, aber auch interessierten erwachsenen Lesern anhand konkreter Beispiele die Möglichkeiten der Mitentscheidung in der Demokratie aufzeigen. Nicht verschwiegen wird, dass solche Mitentscheidung manchmal mühsam, auch etwa entmutigend sein kann. Wir werden uns anderseits auch bewusst, dass es dank politischer Bildung gelingen kann, den Staat als menschliche Einrichtung der Jugend näherzubringen, so dass sie ihn als *ihre* Sache, als *ihren* Auftrag empfindet. Auf diese Weise der Annäherung verliert der Staat seine befremdende Anonymität. Durch das Verständnis seiner Eigenart und durch die Kenntnis von Personen, die in ihm erhöhte Verantwortung tragen, wird das Gemeinwesen durchsichtig, verpersönlicht, menschlich vertraut.

Die schwierige Aufgabe, ein solches Werk zu schaffen, übernahm Pierre Felder, Oberlehrer für Geschichte und Deutsch am Humanistischen Gymnasium. Allen Schwierigkeiten zum Trotz ist es ihm in kurzer Zeit gelungen, die Inhalte staatsbürgerlichen Wissens und Verhaltens in einer frischen, anschaulichen Weise darzustellen. Der Regierungsrat dankt ihm aufs herzlichste für seinen grossen Einsatz. Der Dank gilt aber auch dem Christoph Merian Verlag, der als Herausgeber dieses Werkes zeichnet und ohne dessen Entgegenkommen die Publikation wohl nicht möglich gewesen wäre.

Zur Freude über das vollendete Werk gesellt sich die Hoffnung, es bedeute seinen Leserinnen und Lesern mehr als eine blosse Jubiläumsgabe; es soll ihnen vielmehr helfen, die Realität zu sehen und überzeugt zur Demokratie zu stehen als der die Menschenwürde, die Verantwortung gegenüber der Schöpfung, die Grundrechte und Freiheiten am wirksamsten gewährenden Staatsform.

Jean-Jacques Rousseau hat einmal gesagt, wenn es ein Volk von Engeln gäbe, wäre die Demokratie die beste Staatsform. Wir sind überzeugt, dass sie es ist, auch dann, wenn weder Wähler noch Gewählte Engel sind, sondern Menschlich-Allzumenschliches hier wie dort mitspielt. In der staatsbürgerlichen Erziehung und Bildung ist das Verständnis für beides zu wecken: für die hohe Aufgabe der Demokratie und für die zunehmenden Schwierigkeiten, ihr gerecht zu werden.

Dr. Kurt Jenny
Regierungspräsident

Anfang 1991

Vorwort

Was heisst Politik?

Politik kommt von Polis. So bezeichneten die alten Griechen ihre selbständigen Stadtstaaten. Politik umfasst die Regelung aller öffentlichen Angelegenheiten im Staat: Wie werden Konflikte ausgetragen? Welche Regelungen sollen für alle gelten? Wem steht welche Macht zu? Das geht weit über das Ausfüllen des Stimmzettels hinaus.

Wer ist unser Staat?

Für uns in Basel steht fest: Unser Staat, das ist der Kanton, das ist Basel-Stadt mit seinen drei Gemeinden. Die Frage nach dem Staat habe ich auch Bekannten im benachbarten Ausland gestellt. Der Staat sei das Land Baden-Württemberg, gab man mir in Lörrach zur Antwort. Ein elsässischer Freund meinte: «Der Staat, das ist Paris!» und er dachte wohl an ganz Frankreich mit seinen 56 Millionen Einwohnern. Während diese beiden Bekannten Hunderte von Kilometern bis zur Hauptstadt zurücklegen müssen, bin ich mit dem Velo in zwanzig Minuten vor dem Rathaus, und dies, obwohl ich beinahe am äussersten Zipfel des Kantons wohne. Ich kann das Rathaus betreten, ohne mich an einer Pforte auszuweisen oder über mein Begehren Rechenschaft abzulegen. Bürgernahe Behörden und Kleinräumigkeit sind zwei wichtige Trumpfkarten unseres Stadtstaates. Die Themen unserer Politik kennen Bürgerinnen und Bürger in vielen Fällen aus eigener Anschauung. Sie können mitsprechen, weil sie wissen, worum es geht.

Basel-Stadt, das ist bloss eine Hälfte. Die Verflechtungen mit dem Partnerkanton Basel-Landschaft werden ständig dichter. Der Rhein, unsere Atemluft, Schienenstränge, Flugpisten und die Chemiefirmen verbinden uns darüber hinaus mit der Schweiz, mit Europa und der Welt. Kleinräumigkeit bedeutet auch, dass wir unseren Nachbarn ausgeliefert sind. Unsere Zukunft lässt sich nur mit ihnen zusammen gestalten.

Wem gehört unser Staat?

Der Staat gehört nicht den Politikern und nicht den Beamten. Er gehört uns. Das gilt jedoch nur, solange wir die Demokratie täglich leben: in der öffentlichen Diskussion, in Gruppierungen und Parteien, beim Sammeln von Unterschriften, beim Schreiben einer Eingabe an die Behörden, an der Urne, beim Demonstrieren. Das vorliegende Buch soll den Leserinnen und Lesern helfen, sich im politischen Geschehen unseres Staates zu orientieren und sich daran erfolgreich und produktiv zu beteiligen. Während der Redaktionsarbeit haben die 18- und 19jährigen das Stimmrecht erhalten. Gerade für sie soll gelten: Überlasst die Politik nicht den Politikern! Mischt euch ein!

Politik lernen

Politisches Wissen kann nicht im Stile einer Gebrauchsanweisung vermittelt werden. Weil Politik Wettstreit von Personen, Ideen und Interessen ist, werden strittige Themen und Kontroversen in diesem Buch nicht ausgespart. Auch die politischen Einrichtungen selbst, die Organisation des Staates und der Behörden, sind Gegenstand von Auseinandersetzungen. In der Darstellung wird sichtbar, dass sie geschichtlich gewachsen sind und sich ständig verändern. Schliesslich besteht zwischen den Grundsätzen des Staates, die wir am 1. August zu Recht hochleben lassen, und der alltäglichen Praxis eine ständige, unvermeidbare Spannung. Sie wird in den Fallbeispielen ansatzweise deutlich. Wer Politik lernt, muss sich also auch mit Vorläufigem und Widersprüchlichem befassen.

Lehrbuch im Baukastensystem

Damit unterschiedliche Leserbedürfnisse abgedeckt werden können, ist dieses Lehrbuch nach Art eines Baukastens konzipiert, dem jede Leserin und jeder Leser entnehmen kann, was er benötigt: Die systematische Darstellung vermittelt die politischen Grundbegriffe und die wichtigsten Einrichtungen unseres Staates. Fallbeispiele und Materialien dienen der Veranschaulichung und Problematisierung des Grundwissens. Über Inhaltsverzeichnis und Register kann das Buch aber auch als Nachschlagewerk dienen.

An der Schule könnte die Arbeit mit der Lektüre und der Diskussion der Fallbeispiele beginnen. Sie wurden deshalb nicht kommentiert. Geht der Unterricht von aktuellen politischen Fragen und Ereignissen aus, stellen die einschlägigen Abschnitte der Darstellung das erforderliche Orientierungswissen bereit. Die einführenden Texte und Grafiken eignen sich auch für das selbständige Studium auf der Gymnasialstufe. An eine systematische Besprechung des gesamten Textes ist nicht gedacht.

Pierre Felder

Inhaltsverzeichnis

Basel-Stadt auf einen Blick	13
1. Raum, Mensch, Wirtschaft	14
1.1. Räume und Grenzen	14
1. Der Raum	14
2. Geschichte der Grenzen in der Region Basel	17
3. Die Agglomeration Basel	20
1.2. Die Menschen	23
1. Bevölkerungsentwicklung	25
2. Geschlecht und Alter	26
3. Heimat und Konfession	29
4. Arbeit und Einkommen	32
5. Wohnung	36
1.3. Die Wirtschaft	37
1. Der Wirtschaftsraum Nordwestschweiz	37
2. Wirtschaftssektoren und Arbeitsplätze	39
3. Die Wertschöpfung: Massstab für die wirtschaftliche Leistungsfähigkeit	42
4. Berufspendler nach Basel-Stadt	45
5. Luftverschmutzung	48
6. Arbeitskämpfe und Arbeitsfriede	49
Das Beispiel: Streit um den Gesamtarbeitsvertrag	53
2. Wozu Staat?	55
2.1. Begegnung mit dem Staat	55
Beispiel 1: Der Staat versorgt und entsorgt den Haushalt der Familie Schneider	55
Beispiel 2: Am Schalter der Gemeindeverwaltung Bettingen	56
Beispiel 3: Gesundheitsversorgung einer Familie	57
Beispiel 4: Herr C. aus Ettingen kauft ein Umweltschutzabonnement	58
Beispiel 5: Manuela berichtet von ihrer Berufswahl	59
Beispiel 6: Vom Baugesuch zum Baubeginn	62
Beispiel 7: Am Börsenring	65
Beispiel 8: Wer bezahlt das Theater?	66
Beispiel 9: Ein Besuch in der öffentlichen Kunstsammlung	67
Beispiel 10: Sprechstunde beim Ombudsman	69
2.2. Was will der Staat?	70
2.3. Mehr oder weniger Staat?	71

3. Macht und Gerechtigkeit: Grundsätze des Staates ... 74

3.1. Der Rechtsstaat: Nicht Menschen, Gesetze sollen herrschen ... 75
    1. Freiheitsrechte ... 75
        Das Beispiel: Lautsprechereinsatz im Abstimmungskampf ... 76
        Das Beispiel: Frauen an der Universität ... 78
    2. Das Prinzip der Gesetzmässigkeit ... 79
        Das Beispiel: Die Schulpflicht: vom Grundsatz zum Einzelfall ... 80
    3. Die Gewaltenhemmung ... 82
        Das Beispiel: Grossrat oder Richter ... 84

3.2. Demokratie: Herrschaft des Volkes? ... 85
    1. Grundbegriffe ... 85
    2. Die Volkswahlen ... 87
        Das Beispiel: Die Einführung des Proporzes in Basel-Stadt ... 90
    3. Die Volksabstimmungen: Initiative und Referendum ... 92
        Das Beispiel: Initiative gegen den Abendverkauf ... 93
    4. Die politischen Rechte heute und morgen ... 99

3.3. Der Sozialstaat: Ein menschenwürdiges Leben für alle ... 101
    Beispiel 1: Drei Einkommenssteuer-Rechnungen ... 102
    Beispiel 2: Entschädigung und Hilfe für eine Arbeitslose ... 103
    Beispiel 3: Ein Fall für die Fürsorge ... 104
    Beispiel 4: Ein Medizinstudent erhält ein Stipendium ... 104
    Beispiel 5: Ein Wohnhaus, das nicht abgebrochen werden darf ... 105
    Beispiel 6: Das Drop-In: Anlaufstelle für einen Fixer ... 105

4. Wie funktioniert der Staat? ... 107

4.1. Der Grosse Rat ... 107
    1. Stellung und Aufgaben ... 107
    2. Organisation ... 107
    3. Vorstösse aus dem Grossen Rat ... 112
        Beispiele für Anzug, Budgetpostulat, Interpellation,
        Kleine Anfrage und Resolution ... 114
    4. Die Struktur des Grossen Rates ... 116
        Das Beispiel: Interview mit einer Grossrätin ... 117

4.2. Der Regierungsrat ... 120
    1. Funktion ... 120
    2. Wahl und Organisation ... 121
    3. Regierungsparteien und Konkordanz ... 122

4. Kollegium und Kabinett: ein Vergleich mit dem Ausland	123
Das Beispiel: Arbeitstag eines Regierungsrates	124
Das Beispiel: Spaltung des Kollegiums?	126
4.3. Der Weg zum Gesetz	128
Das Beispiel: Das Schulgesetz wird revidiert	130
4.4. Staatsverwaltung und öffentliche Dienste	135
1. Aufgaben und Kontrolle	135
2. Organisationsstruktur	138
4.5. Die Gerichte	139
1. Aufgabe und Organisation der Gerichte	139
2. Ablauf des Basler Strafverfahrens	142
Das Beispiel: Als Angeklagter vor Gericht	143
4.6. Gemeinden, Kanton, Bund	147
1. Der Kanton und die Landgemeinden	147
2. Die Bürgergemeinden	149
3. Basel und der Bund	151
4.7. Finanzen und Steuern	156
1. Die Basler Staatskasse: Wer gibt und wer nimmt?	156
2. Die Staatsrechnung	158
3. Wofür gibt der Staat sein Geld aus?	160
4. Steuerarten und Steuerbelastungen	162
5. Staat und Öffentlichkeit	164
5.1. Bürgerinnen und Bürger beteiligen sich an Staat und Politik	164
1. Traditionelle Beteiligungsformen	164
2. Neue Beteiligungsformen	166
Das Beispiel: Zu Besuch in einer Wohnstrasse	166
5.2. Die Parteien	169
1. Wozu Parteien?	169
2. Wie die heutigen Parteien entstanden sind	170
3. Spektrum der Parteien in Basel-Stadt heute	173
4. Die Organisation der FDP	175
5. Die Parteienlandschaft im Grossen Rat	176
5.3. Die Verbände	177

5.4. Die Massenmedien	179

6.	**Politik in Stadt, Land und Region**	183
6.1.	Die politische Zusammenarbeit in der Region	183
6.2.	Basel: Stadt und Landschaft	184
	1. Trennung und Wiederannäherung	184
	2. Partnerschaftliche Lösungen heute	186
	Das Beispiel: Universität beider Basel	186
6.3.	Nordwestschweiz und grenzüberschreitende Region	188

7.	**Zukunftsaufgaben**	190
7.1.	Gesunde Umwelt	190
	Das Beispiel: Abfall in Riehen und Bettingen:	
	Von der Beseitigung zur Bewirtschaftung	191
7.2.	Wohnliche Stadt	194
	Das Beispiel: Sanierung im St. Alban-Tal	195
7.3.	Leistungsfähige Wirtschaft	197
	Das Beispiel: Masterplan Bahnhof SBB	199

Tabelle zur Basler Geschichte: Politik, Bevölkerung, Wirtschaft, Kultur	202
Weiterführende Literatur	208
Besichtigungen	210
Der «Mähly-Plan» der Stadt Basel (1845)	211
Fotonachweis	212
Register	213

In der Lasche hinten: *Basel-Stadt in Zahlen*
Das Faltblatt mit den aktuellen Zahlen erscheint jedes Jahr. Die neueste Ausgabe kann mit der beiliegenden Bestellkarte angefordert werden.

Basel-Stadt auf einen Blick

Name	Kanton Basel-Stadt
Zugehörigkeit	Seit 1501 Gliedstaat der Schweizerischen Eidgenossenschaft
	Seit der Trennung der beiden Basel 1833: Halbkanton
Gründung	Seit dem 1. Jahrhundert vor Christus befestigte Siedlung auf dem Münsterhügel
Staatsform	Republik, seit 1875 halbdirekte Demokratie
Lage	Am Rheinknie im Rheintalgraben, Zentrum der Region zwischen Jura, Schwarzwald und Vogesen
Nachbarn	Im Süden: Kanton Basel-Landschaft
	Im Westen: Republik Frankreich (Département Haut-Rhin)
	Im Norden: Bundesrepublik Deutschland
	(Bundesland Baden-Württemberg)
Fläche	37 km²
Bevölkerung	191 243 (31. 12. 1990)
Bevölkerungsdichte	5176 Einwohner pro km²
Gemeinden	Stadt Basel (durch Kanton verwaltet), Riehen, Bettingen
Partnerkanton	Basel-Landschaft mit einer Fläche von 428 km², 73 Gemeinden und einer Wohnbevölkerung von 235 421 Menschen (31. 12. 1990)

1. Raum, Mensch, Wirtschaft

1.1. Räume und Grenzen

1.1.1. Der Raum

Im geographischen Mittelpunkt der Basler Region befinden sich das auffällige Rheinknie und die weite Senke des Rheintalgrabens. Abgeschlossen wird die Region durch den Kaiserstuhl und die Schwarzwaldhöhen im Norden und Osten, das Rumpfgebirge der Vogesen im Westen und den vielfältig geformten Jura im Süden. Sie heisst gelegentlich «Dreieckland», weil sie im Dreieck zwischen drei Bergen mit dem gleichen keltischen Namen liegt: dem Belchen im Jura, dem Belchen im Schwarzwald und dem Belchen oder Ballon d'Alsace in den Vogesen. Zwischen diesen Gebirgszügen stehen in alle Himmelsrichtungen Zugänge offen: nach Norden die 30 Kilometer breite und 300 Kilometer lange Oberrheinische Tiefebene, nach Osten das Hochrheintal, gegen Süden die Nebentäler des Rheins und im Westen die Burgunder Pforte. Seit dem Mittelalter kreuzen sich hier wichtige europäische Verkehrswege. Hier endet die Grossschiffahrt auf dem Rhein, hier stand der erste Bahnhof auf Schweizer Boden. Durch Basel, das «goldene Tor der Schweiz», führt die zentrale Nord–Süd-Achse Europas: die Gotthardbahn und die Gotthardstrasse. Von ihrem Zentrum aus erhielt diese Gegend den

Dreiländerecke, Blick gegen Norden (links Frankreich, rechts Deutschland, im Rücken die Schweiz).

Räume und Grenzen

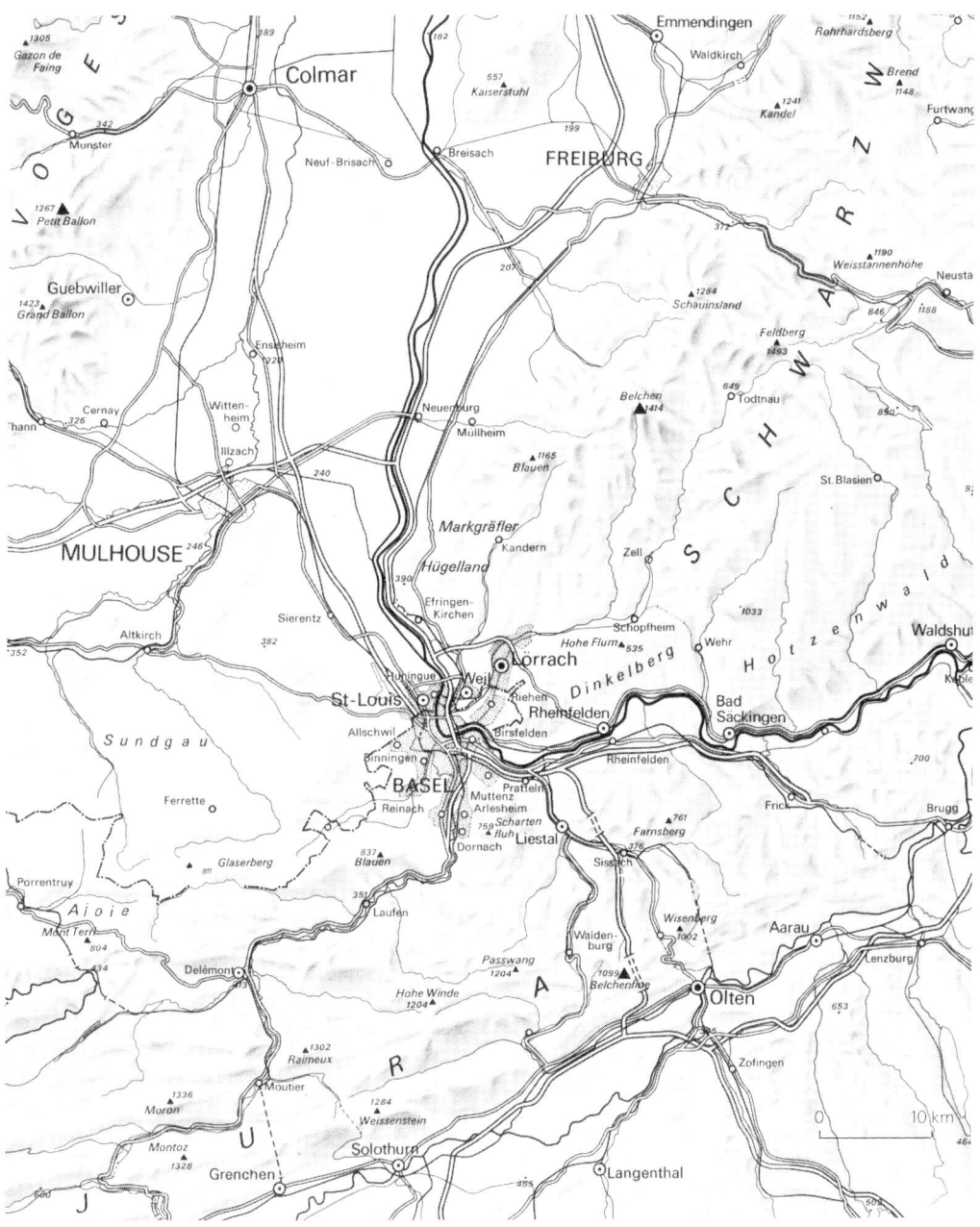

Quelle: Geographie von Basel und seiner Region, Basel 1989

Namen «Regio Basiliensis». In den letzten Jahren hat sich die Kurzform «Regio» eingebürgert, die der Situation an der Dreiländerecke besser entspricht. Ohne Rücksicht auf ihre topographische Einheit wird die Regio nämlich von den Staatsgrenzen Frankreichs, Deutschlands und der Schweiz zerschnitten.

Aus nationalstaatlicher Sicht sind der französische, der deutsche und der Schweizer Teil der Regio jeweils Randregionen. Im Zeitalter der europäischen Integration werden sie zu Brückenköpfen für die Einigungsbestrebungen. Gerade in den kleinräumigen Grenzregionen muss sich die internationale Zusammenarbeit bewähren. Je durchlässiger die deutsch-französische Grenze durch den Ausbau der «Europäischen Gemeinschaft» wird, desto weniger kann es sich die Schweiz leisten, den Anschluss zu verlieren. In diesem Integrationsprozess kommt Basel-Stadt eine Schlüsselrolle zu.

Kantonsgrenze beim St. Margarethenhügel

1.1.2. Geschichte der Grenzen in der Region Basel

Die Chance zur politischen Einigung der Region ist schon im Mittelalter verpasst worden. Offenbar war die wirtschaftliche und kulturelle Entfaltung wichtiger als die territoriale Expansion. Seit Beginn der Neuzeit hat sich die Dreistaatengrenze schrittweise herausgebildet. Zunächst brachte die Grenzlage Vorteile für Handel, Verkehr und industrielle Entwicklung, und in der Schweizer Politik fiel Basel die Rolle eines Vermittlers zu. Seit der Trennung zwischen Stadt und Landschaft 1833 und vor allem seit dem Ende des letzten Jahrhunderts engen die Grenzlinien auch ein. Sie behindern die Entwicklung des Siedlungsraumes, der Wirtschaft und des Zentralortes.

Räume und Grenzen

Die Grenzen um 1500

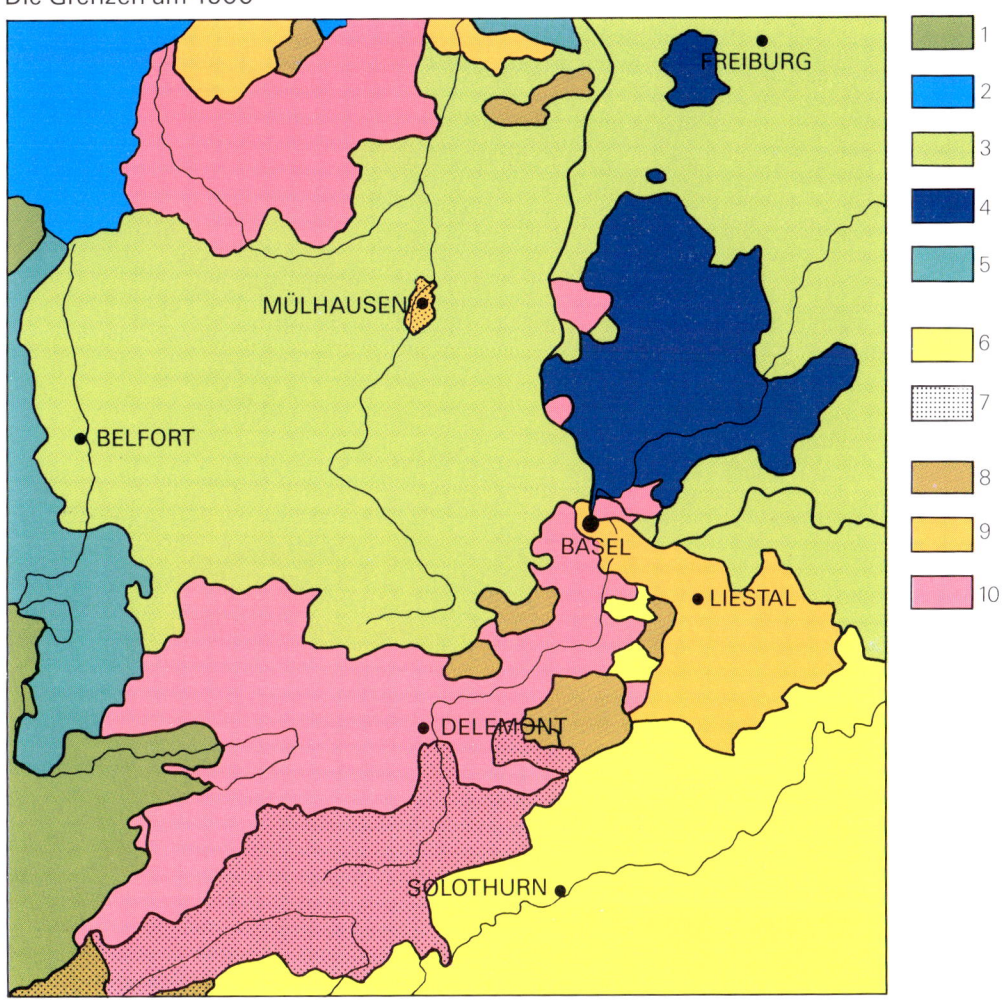

1 Freigrafschaft Burgund ⎫
3 Vorderösterreich   ⎬ Habsburger Lande
  mit Breisgau und Sundgau ⎭
2 Herzogtum Lothringen
4 Markgrafschaft Baden
5 Herzogtum Württemberg
6 Orte der Schweizerischen Eidgenossenschaft
7 Zugewandte Orte der Eidgenossenschaft
8 Unabhängige Herrschaften
9 Freie Städte, darunter: Basel
10 Geistliche Gebiete: darunter Fürstbistum Basel

Quelle: W. A. Gallusser, H. W. Muggli: Grenzräume und internationale Zusammenarbeit; Beispiel Region Basel. Paderborn 1980.

1. Raum, Mensch, Wirtschaft

Die Grenzen im Jahr 1815

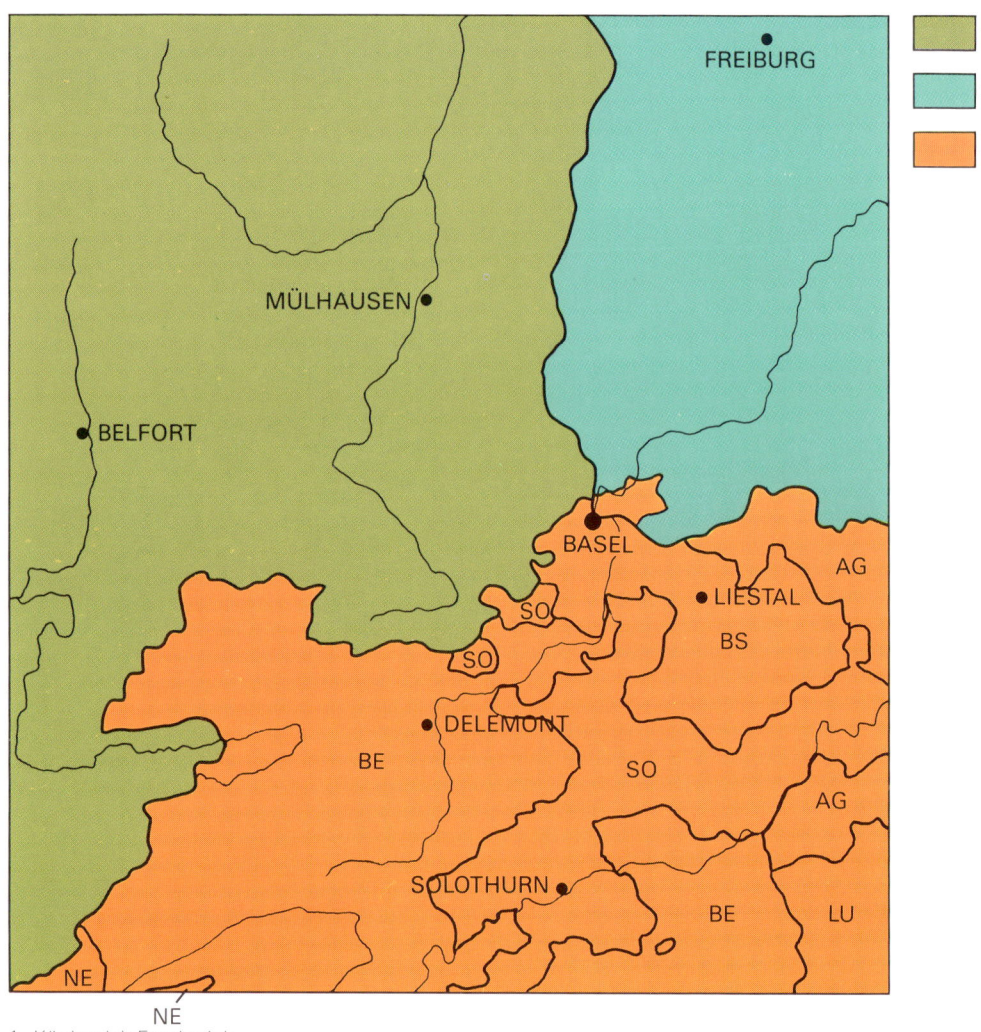

1 Königreich Frankreich
2 Grossherzogtum Baden
  (Mitglied des Deutschen Bundes)
3 Kantone der Schweizerischen Eidgenossenschaft:
  Basel, Solothurn, Bern, Aargau, Luzern,
  Neuenburg

Quelle: Gallusser/Muggli

Die Grenzen seit 1979

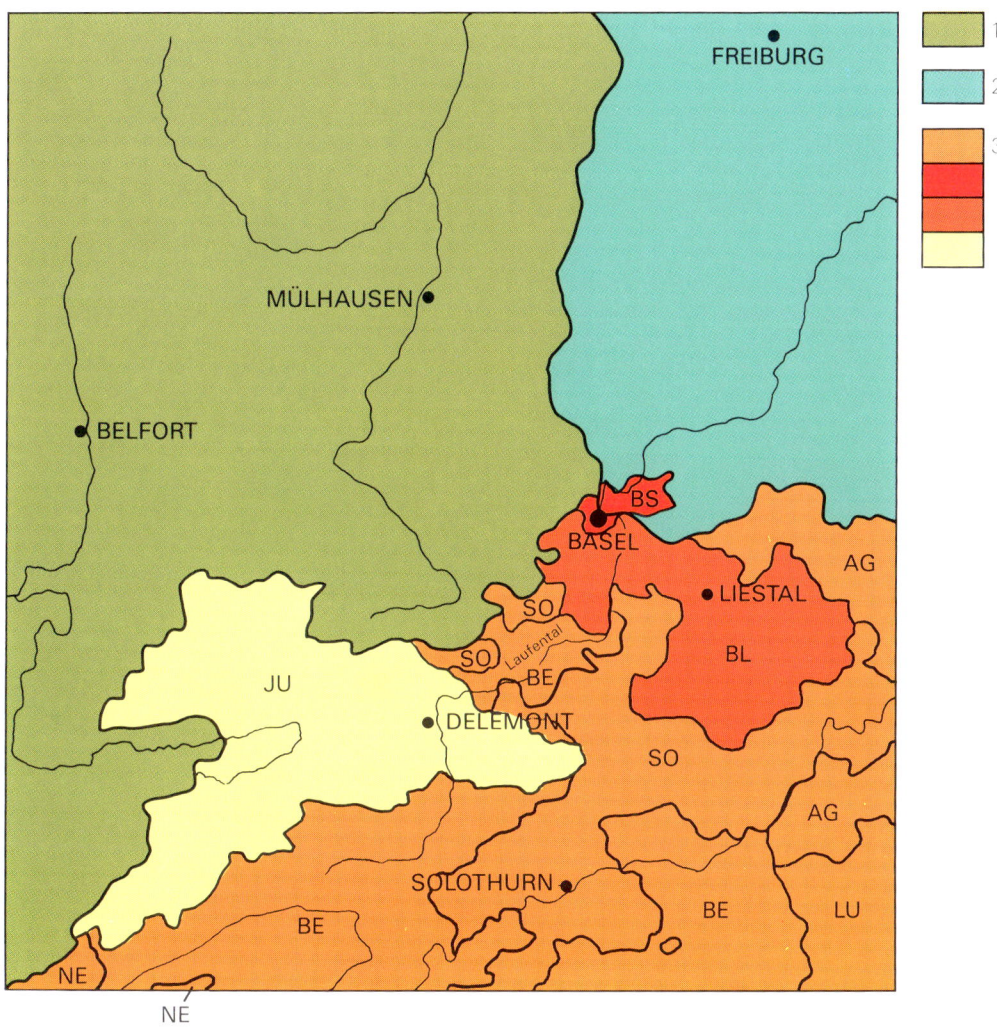

1 Republik Frankreich
2 Bundesrepublik Deutschland
3 Kantone der Schweizerischen Eidgenossenschaft:
   Basel-Stadt, Basel-Landschaft, Solothurn, Jura,
   Bern, Aargau, Luzern, Neuenburg

Quelle: Gallusser/Muggli

Zur Karte: Grenzen um 1500
Noch ist Basel keine Grenzstadt, denn der ganze dargestellte Raum gehört zum alten Deutschen Kaiserreich. Basel ist eine freie Reichsstadt mit eigenem Territorium. Der Bischof residiert schon ausserhalb der Stadt und beherrscht nur noch das Fürstbistum. Nach der Reformation von 1529 wird er seine letzten Herrschaftsrechte in der Stadt verlieren.

Basel steht im Spannungsfeld zwischen den Habsburger Landen im Norden und Westen (Breisgau, Sundgau, Freigrafschaft Burgund) und den eidgenössischen Orten im Süden. 1501 entschied sich der Rat für den Anschluss an die Eidgenossenschaft.

Zur Karte: Grenzen im Jahr 1815
Jetzt sind die Grenzen zwischen den drei Staaten ausgebildet. Seit 1648 ist die Eidgenossenschaft aus dem deutschen Reichsverband ausgeschieden. Frankreich hat im 17. Jahrhundert stückweise den Sundgau, die Freigrafschaft und Elsass-Lothringen erworben. Das alte Deutsche Reich, das Napoleon 1806 zerschlagen hat, ist durch den Deutschen (Staaten-)Bund abgelöst worden, dem das Grossherzogtum Baden angehört. Erst 1871 wird die Gründung eines deutschen Nationalstaates gelingen. Auch in der Eidgenossenschaft hat sich seit der Französischen Revolution einiges geändert: Das ehemals habsburgische Fricktal wurde zum Kanton Aargau geschlagen, und das Fürstbistum Basel wurde dem Kanton Bern einverleibt mit Ausnahme des Birsecks, das zu Basel kam. Die Grenzen, wie sie sich hier präsentieren, sind 1815 nach Napoleons Niederlage von den Siegermächten am Wiener Kongress festgelegt worden.

Zur Karte: Grenzen seit 1979
Erkennbar ist die 1833 erfolgte Teilung des Standes Basel. Der Halbkanton Basel-Stadt mit seinen 37 km² ist entstanden. Durch Abtrennung vom Kanton Bern wurde 1979 der Kanton Jura geschaffen. Sonst hat sich am Grenzverlauf seit 1815 nichts verändert. Neu sind die Staatsformen, die Verfassungen und die Bezeichnungen der drei Nationalstaaten: Der schweizerische Staatenbund wurde 1848 zum modernen Bundesstaat umgeformt, Frankreich ist seit 1871 eine Republik, auf deutscher Seite ist 1949, vier Jahre nach dem Zusammenbruch der Hitlerdiktatur ein demokratischer Bundesstaat entstanden. Auf der Karte nicht verzeichnet ist der Zusammenschluss der Europäischen Gemeinschaft. Die deutsch-französische Grenze wird zur Binnengrenze.
Neue Veränderungen künden sich an. 1989 hat sich das bernische Laufental für den Anschluss an den Kanton Basel-Landschaft entschieden. Zu dieser Frage werden sich unter anderem auch noch die Stimmberechtigten des Kantons Basel-Landschaft und der gesamten Schweiz zu äussern haben.

1.1.3. Die Agglomeration Basel

Jene Besucher Basels, welche mit der Bahn aus Frankreich oder Deutschland anreisen, können den Verlauf der Staatsgrenzen schwerlich erkennen, weil sich der Siedlungsraum über beide Grenzen erstreckt: Die Agglomeration (d.h. der Ballungsraum) von Basel ist international. So ist es nur folgerichtig, dass alle drei Staatsbahnen über einen eigenen Bahnhof auf Stadtboden verfügen. Im Verlauf des Verstädterungsprozesses ist ein breiter Kranz von Gemeinden an den Kern, die Stadt Basel, herangewachsen. Die Schweizer Statistik rechnet die mit dem Kern baulich zusammenhängenden

Räume und Grenzen

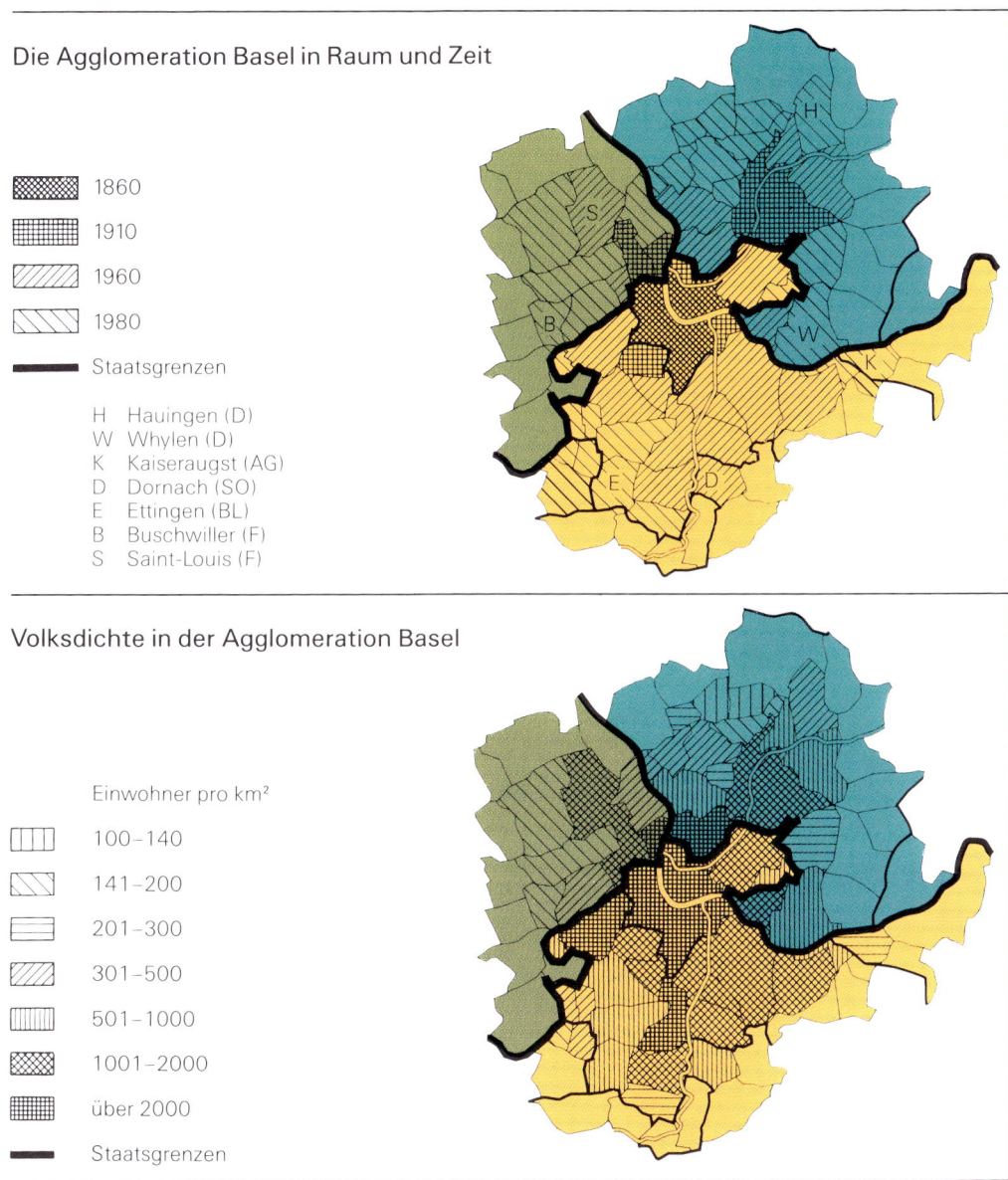

Die Agglomeration Basel in Raum und Zeit

- 1860
- 1910
- 1960
- 1980
- Staatsgrenzen

H Hauingen (D)
W Whylen (D)
K Kaiseraugst (AG)
D Dornach (SO)
E Ettingen (BL)
B Buschwiller (F)
S Saint-Louis (F)

Volksdichte in der Agglomeration Basel

Einwohner pro km²

- 100–140
- 141–200
- 201–300
- 301–500
- 501–1000
- 1001–2000
- über 2000
- Staatsgrenzen

Quelle: W. Leimgruber, H. W. Muggli: Basel: Eine Agglomeration – drei Staaten. In: Regio Basiliensis XXIII, Hefte 1 und 2. Basel 1982 (ergänzt).

1. Raum, Mensch, Wirtschaft

Gemeinden zur Agglomeration, wenn die landwirtschaftliche Bevölkerung weniger als 20% ausmacht und wenn ein Drittel der Berufstätigen in die Kerngemeinde pendelt.

1859 fiel der Beschluss, die Stadtmauern abzureissen. Bis zur Jahrhundertwende legte sich Basel bereits einen Agglomerationsgürtel um. Dieser breitete sich vor 1960 linienförmig aus, dem Rhein und seinen südlichen Seitentälern entlang. Seither wuchert er flächenhaft. Die Gemeinden am Rand der Agglomeration erhalten Zuzug von aussen. In den letzten Jahren wandern auch immer

Funktionale Gliederung der Agglomeration Basel (1980)

1 Geschäfts- und Dienstleistungszentren, City
2 Öffentliche Bauten und Anlagen (Schulen, Spitäler, Messegelände usw.)
3 Wohngebiete, zum Teil mit Gewerbe durchmischt
4 Industrie- und Hafenareale, Lagerflächen
5 Verkehrsflächen
6 Freiflächen
7 Wald
8 Kiesgruben
9 Staatsgrenze
10 Grenzübergang
11 Autobahn
12 Zollfreie Strasse Basel–Flughafen
13 Normalspurbahn

Quelle: Schweizer Weltatlas, Zürich 1981
(Vereinfachungen nach Muggli/Leimgruber).

mehr Bewohner aus der Kernstadt und aus dem inneren Agglomerationsring nach aussen in die ruhigen Schlaforte mit günstigeren Miet- und Bodenpreisen. Viele von ihnen pendeln regelmässig zum Arbeiten und zum Einkaufen in die Kernstadt.

Der verdichtete Lebensraum der Agglomeration wird also unterschiedlich genutzt. Die verschiedenen Lebensfunktionen, das Wohnen, das Arbeiten, das Einkaufen und die Erholung sind räumlich entmischt und machen ständigen Pendelverkehr nötig. Die Altstadt wird vorwiegend als Geschäfts- und Dienstleistungszentrum genutzt. Sie ist von einem beinahe geschlossenen Ring von Wohnvierteln eingeschlossen. Im Norden, dem Rhein entlang, breitet sich die Industriezone aus. Grosse Flächen der Agglomeration werden auch von Verkehrseinrichtungen beansprucht. Auf Terrassenflächen und den Wiesenauen entlang konnten fingerförmige Grünflächen bis weit ins Zentrum von Überbauung freigehalten werden.

1.2. Die Menschen

Was ist ein Basler? Erkennt man den Basler und die Baslerin am spöttisch geschürzten Mund? Sind sie so zugeknöpft, wie der Volksmund es ihnen nachsagt, verschlossen also und geizig, oder rühmt der Verkehrsverein zu Recht ihre Weltoffenheit? Schwirig auch ist die Antwort auf die Frage: Wer ist ein Basler? Muss man in Basel aufgewachsen und beheimatet sein, oder genügt der Basler Wohnsitz mit dem Schweizer Pass? Wie viele Jahre muss ein Ausländer Basler Luft einatmen, bis er das Baslerische im Blut hat? Ist, wer Baseldeutsch spricht, Basler, auch wenn er in Allschwil wohnt?

Anhand der folgenden Statistiken lässt sich das Wesen der Basler nicht ergründen. Wer die Grafiken und Tabellen studiert, wird jedoch erkennen können, in welchem Ausmass sich die Bevölkerung des Kantons Basel-Stadt seit den 50er Jahren gewandelt hat. Die Deutung der Materialien und die Charakterisierung dieses Wandels werden dem Leser überlassen. In den einleitenden Texten werden ihm Untersuchungsaspekte vorgeschlagen. Die Querverweise machen auf Zusammenhänge und Auswirkungen aufmerksam.

Als wichtigste Grundlage für die Zahlen zur Bevölkerung dienten die eidgenössischen Volkszählungen, die alle zehn Jahre durchgeführt werden und deren Ergebnisse jeweils drei Jahre nach der Zählung vorliegen. Das entsprechende Zahlenmaterial wurde durch Angaben aus den «Statistischen Jahrbüchern des Kantons Basel-Stadt» ergänzt.

1. Raum, Mensch, Wirtschaft

1.2.1. Bevölkerungsentwicklung

Die Grösse der Wohnbevölkerung der Kantone wirkt sich unter anderem aus:
- auf die Steuereinnahmen der natürlichen Personen
- auf die Anzahl der Sitze, die den einzelnen Kantonen im Nationalrat zugesprochen werden (Basel-Stadt: bis 1971 acht, bis 1983 sieben, seither sechs).

Der Regierungsrat von Basel-Stadt befürchtet, dass der kontinuierliche Rückgang der Wohnbevölkerung (seit 1969) die Lebens- und Handlungsfähigkeit des Kantons gefährdet.

Für die Wanderungen zwischen Stadt und Land sind unter anderem verantwortlich:
- die geographische Verteilung der Arbeitsplätze
- die Qualität der öffentlichen und privaten Verkehrsmittel (Motorisierungsgrad)
- der verfügbare Wohnraum und die Ansprüche, die an ihn gestellt werden.

Wachstumstrend der Agglomeration

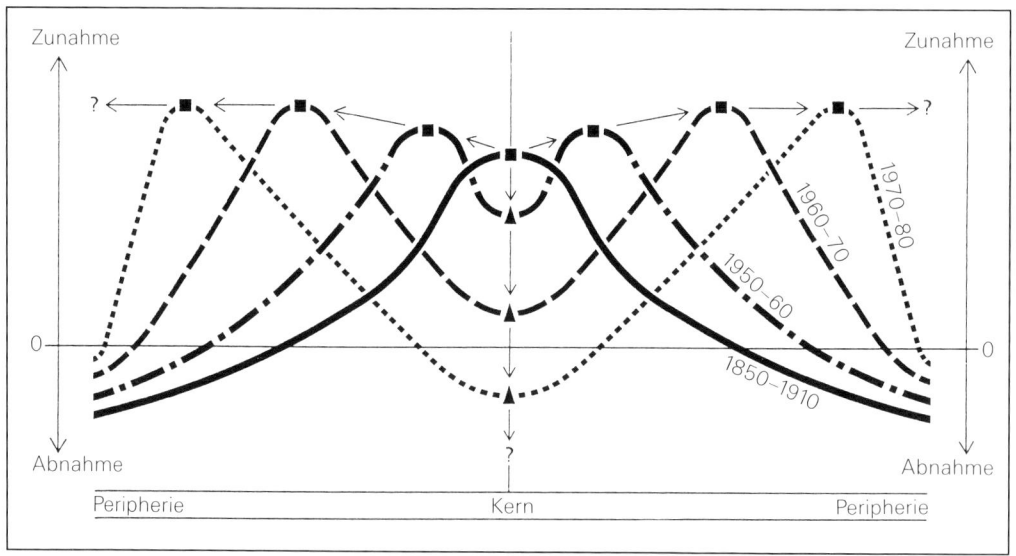

■ Maxima verlagern sich zur Peripherie und verstärken sich.

▲ Im Kern bildet sich ein Minimum.

Im badischen und elsässischen Gebiet Abschwächung durch die Staatsgrenzen: niedrigere Zuwachsraten, langsamere Ausdehnung.

Quelle: Geographie von Basel und seiner Region. Basel 1989.

Die Menschen

Bevölkerungsentwicklung

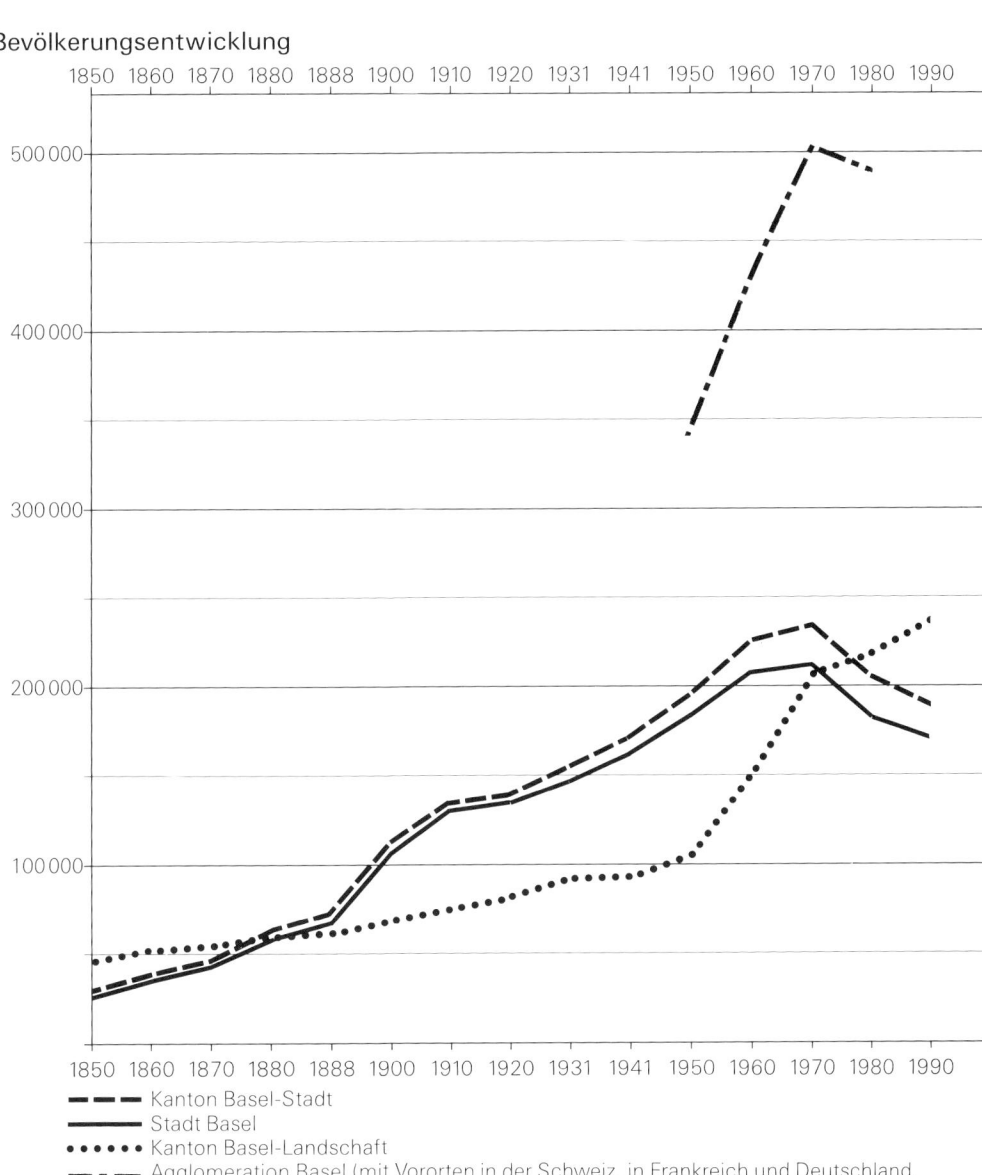

Quelle: Eidgenössische Volkszählungen, Statistische Jahrbücher Basel-Stadt und Basel-Landschaft, Amtliche Volkszählungen aus Frankreich und Deutschland

1.2.2. Geschlecht und Alter

Wohnbevölkerung in Basel-Stadt nach Geschlecht, Alter und Heimat 1900

Wohnbevölkerung insgesamt: 112 227, Frauenanteil: 53,4%, Ausländeranteil: 38,4%

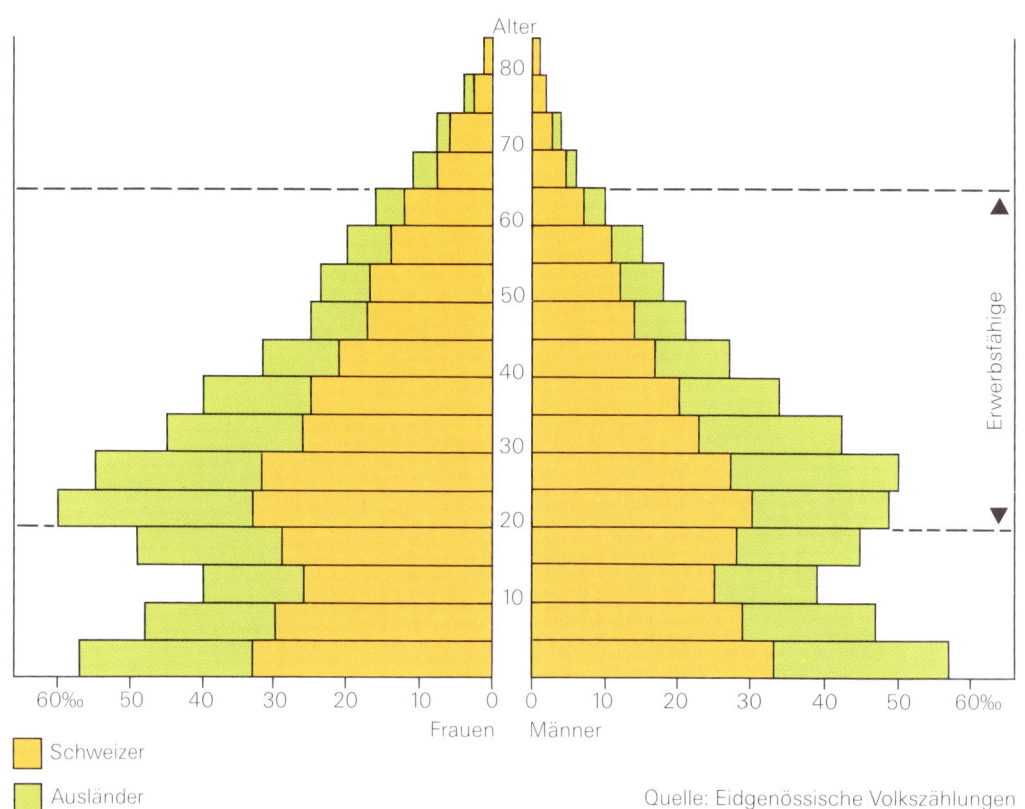

Quelle: Eidgenössische Volkszählungen

Die Menschen

Wohnbevölkerung in Basel-Stadt nach Geschlecht, Alter und Heimat 1980

Wohnbevölkerung insgesamt: 201 393, Frauenanteil: 53,9%, Ausländeranteil: 16,5%
Auffällig ist der veränderte Umriss der Grafik, von der Pyramide zur Zwiebel.
Die Veränderungen hängen unter anderem zusammen mit:
- der Lebenserwartung bei der Geburt
  (Schweiz 1901:
  Männer 49 Jahre, Frauen 52 Jahre
  1980:
  Männer 72,1 Jahre, Frauen 78,7 Jahre)
- der Zahl der Geburten (Sie ist abhängig von der Ausbildung und der Berufstätigkeit der Frau, vom Zeitpunkt der Ehe und der Mutterschaft und von der durchschnittlichen Kinderzahl aller Familien. Der Geburtenrückgang um 1965 wird oft als Pillenknick bezeichnet.)
- der Wanderungsbilanz
  (solange genügend Wohnraum vorhan-

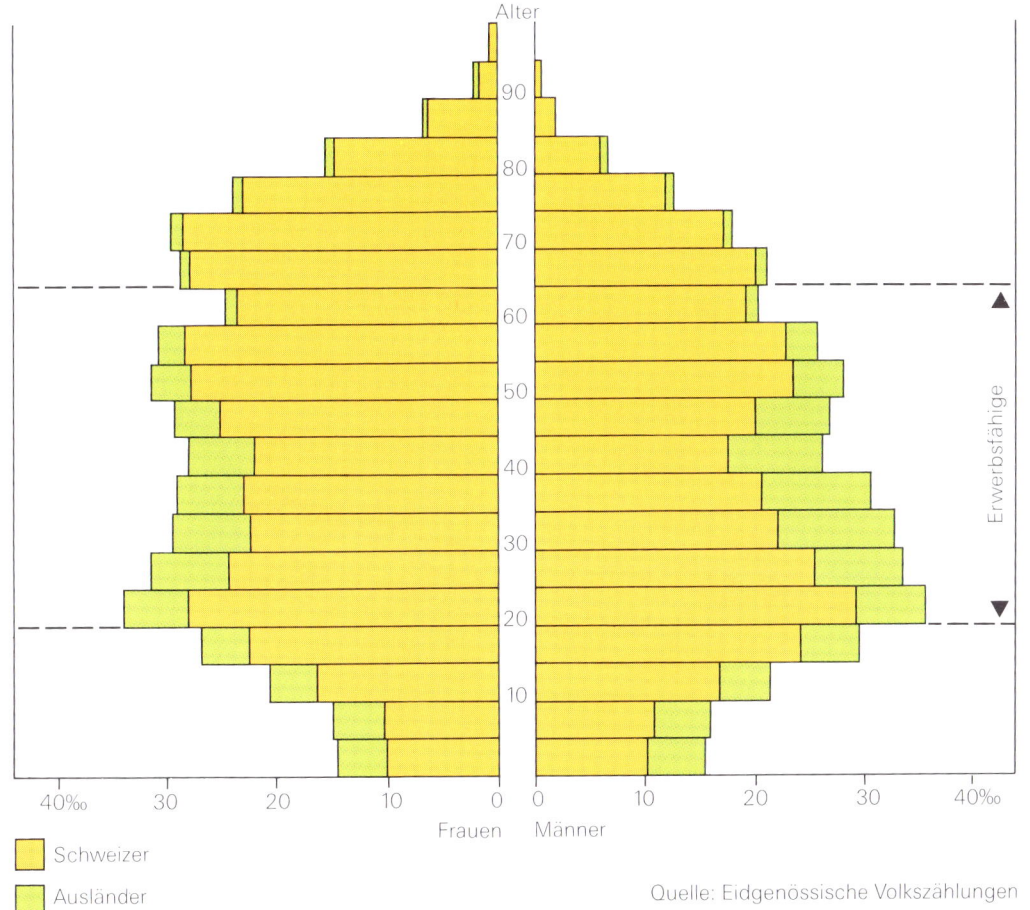

Quelle: Eidgenössische Volkszählungen

1. Raum, Mensch, Wirtschaft

den: Zuwanderung von Arbeitskräften; sobald der Wohnraum knapp wird: Abwanderung der 30- bis 50jährigen mit ihren Familien in die Vororte).

Die Veränderungen wirken sich aus auf:
- die Höhe der Sozialversicherungsbeiträge, welche die Erwerbstätigen zu bezahlen haben
- die erforderlichen Einrichtungen für Betagte: Heime, Krankenhäuser, Freizeitangebot
- die gesellschaftliche Stellung der Betagten, resp. Senioren
- die Schülerzahl
- die durchschnittliche Haushaltgrösse.

Anteil der Betagten in Basel-Stadt, in der Stadt Zürich und in der Gesamtschweiz

Entwicklung des Prozentanteils der Altersgruppe von 65 und mehr Jahren in der Wohnbevölkerung 1900–1980

Der Anteil der Altersgruppe von 65 und mehr Jahren ist in Basel-Stadt höher als in allen anderen Kantonen.

Für den hohen Betagtenanteil sind unter anderem verantwortlich:
- die geringen Wohnlandreserven und die wachsenden Ansprüche
- die Abwanderung jüngerer Familien in die Vororte (Die Betagten bleiben wegen ihrer geringeren Mobilität in den Städten zurück.)

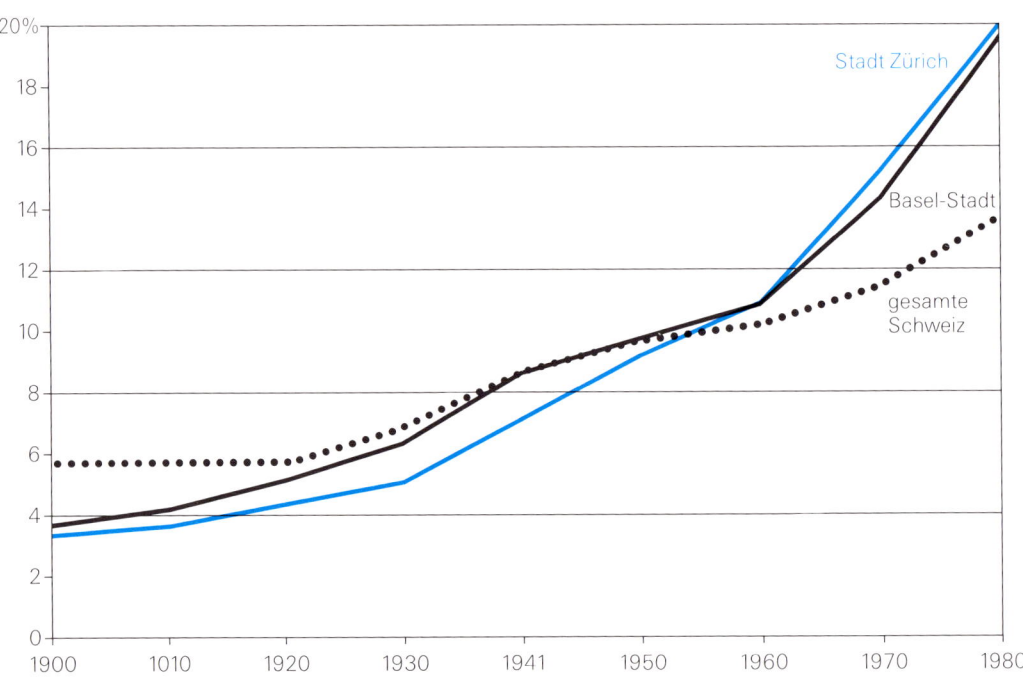

Quelle: Eidgenössische Volkszählungen, Statistische Jahrbücher von Basel-Stadt und der Stadt Zürich

1.2.3. Heimat und Konfession

Wohnbevölkerung in Basel-Stadt nach Heimat, 1900–1989

Prozentverteilung am Jahresende

Schweizerinnen und Schweizer:

	Basel-Stadt	Schweiz insgesamt
1900	25,5	**61,6**
1910	33,2	**62,4**
1920	43,3	**73,0**
1930	48,1	**81,0**
1940	52,3	**90,5**
1950	48,3	**91,9**
1960	44,9	**91,3**
1970	42,5	**83,7**
1980	43,2	**83,5**
1989	40,7	**79,5**

Der Anteil der Ausländer hängt unter anderem von den folgenden Faktoren ab:
– wirtschaftliche Konjunktur, insbesondere quantitatives und qualitatives Angebot an Arbeitsplätzen
– wirtschaftliche Verhältnisse im Auswanderungsland (zum Beispiel Wirtschaftskrise, tiefes Lohnniveau)
– politische Verhältnisse im Auswanderungsland (zum Beispiel Unterdrückung, Krieg)
– schweizerische Ausländerpolitik (zum Beispiel zahlenmässige Beschränkung der Saisonarbeiter, Asylgesetzgebung).

Die Fähigkeit, Fremde in die einheimische Bevölkerung zu integrieren, hängt ab:
– von der geographischen und kulturellen Herkunft der Ausländer
– vom Ausländeranteil in einem Wohnviertel
– von öffentlichen und privaten Bemühungen (Erziehung zur Toleranz, Begegnungsmöglichkeiten, Sprachkurse, Auskunftsstellen, Stimm- und Wahlrecht auf kommunaler Ebene usw.).

Ausländerinnen und Ausländer nach ausgewählter Heimat:

	Deutschland	Italien	Spanien	Jugoslawien	Türkei	übriges Ausland	**Ausland insgesamt**
1900	32,8**	2,4	*	*	*	3,2	**38,4**
1910	31,1**	3,4	*	*	*	3,1	**37,6**
1920	20,1	2,3	*	*	*	4,6	**27,0**
1930	13,6	2,1	*	*	*	3,3	**19,0**
1940	5,7	1,5	*	*	*	2,3	**9,5**
1950	4,0	1,9	*	*	*	2,2	**8,1**
1960	3,5	2,5	*	*	*	2,7	**8,7**
1970	3,4	7,1	*	*	*	5,8	**16,3**
1980	2,7	6,6	1,9	0,9	0,9	3,5	**16,5**
1989	2,6	6,0	2,4	2,2	3,1	4,2	**20,5**

* nicht aufgeführt
** inklusive Elsass-Lothringen
  Quelle: Statistische Jahrbücher Basel-Stadt

Ausländerkategorien in Basel-Stadt

Kategorie	Bewilligung	Beschränkung Zahl*	Zahl 1.6.1989
Saisonarbeiter Ausländerausweis A	Bewilligung für neun Monate Aufenthalt zur Ausübung einer Berufstätigkeit im Bau- oder im Gastwirtschaftsgewerbe, kann im nächsten Jahr erneuert werden, Familiennachzug nicht erlaubt	ja	2 237
Jahresaufenthalter Ausländerausweis B	Aufenthaltsbewilligung für ein Jahr zur Ausübung einer bestimmten Berufstätigkeit, kann ohne Unterbruch erneuert werden	ja	8 953
Kurzaufenthalter Ausländerausweis B	Aufenthaltsbewilligung von unterschiedlicher Dauer (meist 90 Tage), nicht verlängerbar (Aushilfe, Ausbildung, Praktikanten usw.)	meist nicht	
Niedergelassene Ausländerausweis C	Bewilligung für unbefristeten Aufenthalt, arbeitsrechtlich den Schweizer Bürgern gleichgestellt	nein	28 779
Internationale Funktionäre	Aufenthalt für die Dauer der Tätigkeit bewilligt (Konsulatspersonal, Funktionäre der BIZ, der ausländischen Bahnen usw.)	nein	596
Asylbewerber behelfsmässiger Ausweis	Bewilligung für den Aufenthalt bis zum definitiven Entscheid über das Asylgesuch, Berufstätigkeit zum Teil erlaubt	nein	2 869
Total der ausländischen Wohnbevölkerung			43 434
Grenzgänger Ausländerausweis G	Aufenthalt tagsüber zur Ausübung einer Berufstätigkeit, abends Rückkehr an den Wohnort im Ausland, für ein Jahr gültig, kann ohne Unterbruch verlängert werden	nein	24 922

*Jährliche Höchstzahl durch Bundesverordnung
Quelle: Auskunft Kontrollbüro

Die Menschen

Konfessionen in Basel-Stadt 1847 und 1920–1980
Prozentverteilung

	Protestanten	Römisch-Katholiken	Christkatholiken	Israeliten	Andere, keine Angaben, Konfessionslose	zusammen
1847	82,2	17,1	*	0,4	0,3	100
1920	64,2	29,1	2,6	1,8	2,3	100
1930	62,9	29,9	1,7	1,7	3,8	100
1941	64,9	29,5	1,2	1,7	2,7	100
1950	63,3	31,5	1,4	1,3	2,7	100
1960	59,8	35,8	1,3	1,1	2,0	100
1970	52,7	40,7	0,7	0,9	5,0	100
1980	44,4	35,5	0,5	0,9	18,8 (davon 13,9 konfessionslos)	100
zum Vergleich: gesamte Schweiz						
1980	44,3	47,6			8,1 (davon 3,8 konfessionslos)	100

* Christkatholische Kirche erst 1874 gegründet.
Quelle: Eidgenössische Volkszählungen, Statistische Jahrbücher Basel-Stadt

Die Verschiebungen zwischen den Glaubensbekenntnissen hängen mit den folgenden Ereignissen aus der Basler und aus der allgemeinen Geschichte zusammen:

1431 ff	Basler Konzil: Die Reform der Papstkirche scheitert.
1529	Reformation in Basel: Der Rat gründet die evangelisch-reformierte Staatskirche. Andere Bekenntnisse werden nicht mehr geduldet.
1789	Französische Revolution: Die Religionsfreiheit wird gefordert.
1848	Schweizerische Bundesverfassung: Niederlassungsfreiheit für Angehörige christlicher Konfessionen.
ab 1850	Starke Einwanderung aus katholischen Gebieten (Zentralschweiz, Süddeutschland, Elsass, Italien).
1866	Revision der schweizerischen Bundesverfassung: Niederlassungsfreiheit für alle Schweizer Bürgerinnen und Bürger.
1867	Bau der Synagoge
1870 ff	«Kulturkampf» (= Auseinandersetzung zwischen liberalem Staat und Römisch-katholischer Kirche): Verbot der katholischen Schule.
1886	St. Marien: Bau der ersten katholischen Kirche seit der Reformation.
1910	Weitgehende Trennung von Kirche und Staat in der Verfassung.
1972	Konfessionelle Gleichberechtigung für Protestanten, Römisch-Katholiken, Christkatholiken und Juden: Alle vier Glaubensgemeinschaften sind öffentlich-rechtliche Körperschaften; ihre Mitglieder unterliegen der Steuerpflicht.

1989   Ökumenische Kirchenversammlung «Frieden in Gerechtigkeit»: Alle christlichen Bekenntnisse nehmen teil.

1.2.4. Arbeit und Einkommen

Erwerbsquote (= Anteil der Erwerbstätigen in der Wohnbevölkerung) **Basel-Stadt 1950 und 1980, Männer und Frauen nach Alter**

Bei der Deutung der vier Kurven gilt es vor allem drei Lebensphasen zu beachten:

1. Der Einstieg ins Berufsleben

2. Die Berufstätigkeit
   Die Erwerbstätigkeit der Frau hängt unter anderem zusammen mit:
   – der Situation des Stellenmarktes
   – der Berufsausbildung der Frau
   – der mittleren Kinderzahl pro Familie und dem Angebot an Kindertagesstätten usw.
   – der technischen Ausrüstung der Haushalte

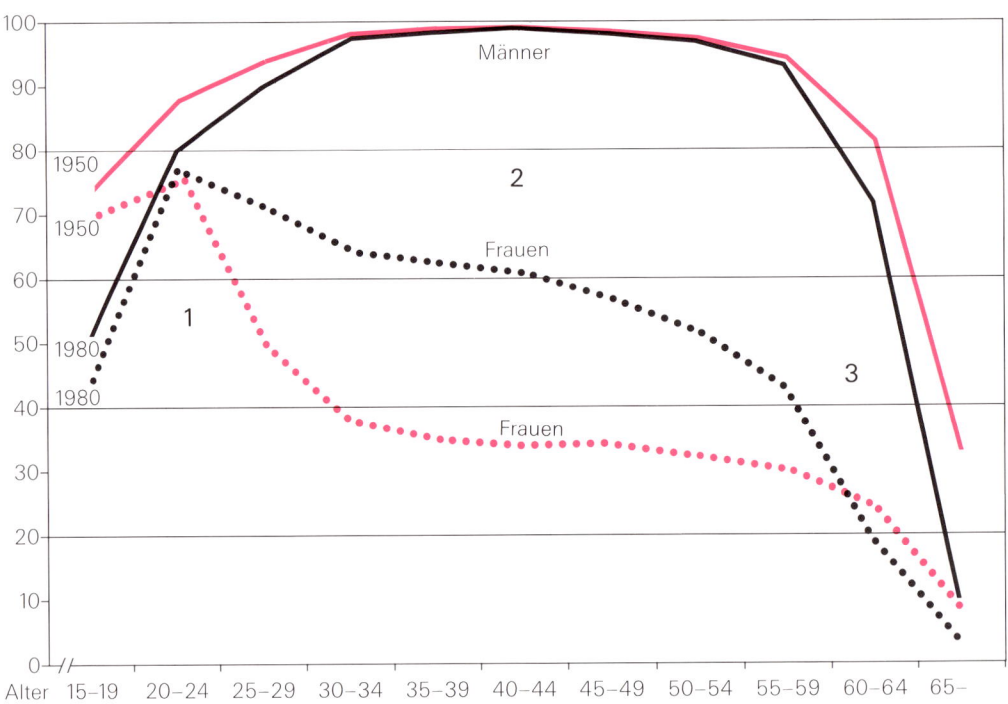

Quelle: Statistische Jahrbücher Basel-Stadt

- der gesellschaftlichen und gesetzlichen Stellung der Frau. (Die Gleichheit zwischen den Geschlechtern ist seit 1981 in der Bundesverfassung festgelegt.)
3. Der Ausstieg aus dem Berufsleben
Erinnert sei an die 1948 eingeführte eidgenössische AHV und an die berufliche Vorsorge (Pensionskassen), die in der Schweiz seit 1985 gesetzlich vorgeschrieben ist.

Arbeitszeit und Freizeit 1950–2010

Zeitbudget eines Jahres für einen erwerbstätigen Erwachsenen, Schätzung resp. Prognose des BAT-Forschungsinstitutes

Obligationszeit:
Hausarbeit, Kindererziehung und andere nichtberufliche Pflichten
Freizeit:
Essen, Körperpflege, Sport, Weiterbildung, Unterhaltung usw. (inkl. Ferien und freie Tage)

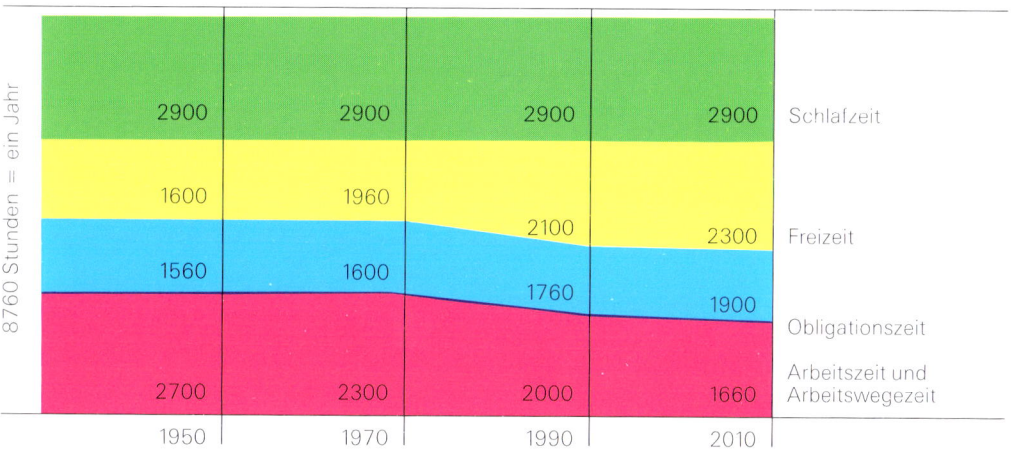

Was verdienen Einwohnerinnen und Einwohner in Basel-Stadt?

Über das Einkommen der Einwohner in Basel-Stadt gibt die Steuerstatistik Auskunft. Die Angaben sind aber nur bedingt zuverlässig, weil das steuerbare und versteuerte Einkommen tiefer ist als das wirkliche Einkommen (unter anderem wegen Abzügen, Hinterziehung, Betrug).

1989 haben die 132 168 steuerpflichtigen Einwohner des Kantons zusammen ein Ein-

1. Raum, Mensch, Wirtschaft

kommen von etwa fünf Milliarden Franken versteuert. Die Einkommenssteuer erbrachte insgesamt einen Ertrag von 765 Millionen Franken.

Das Einkommen verteilte sich wie folgt:

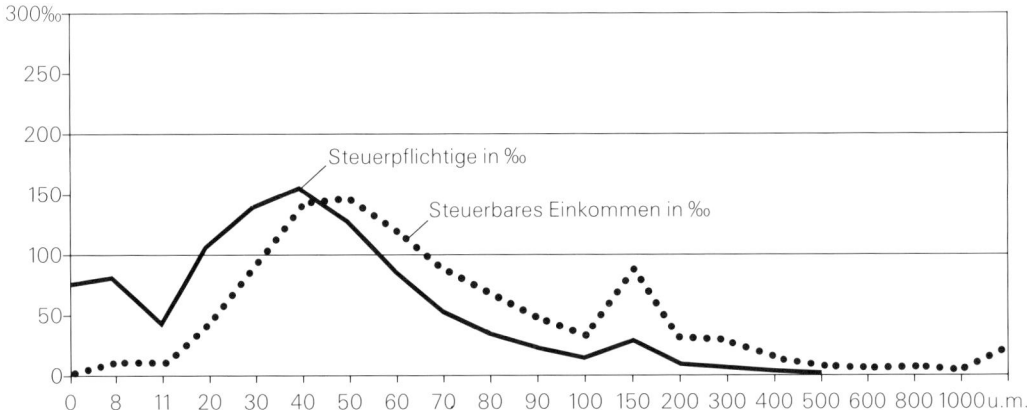

Für den Steuersatz massgebendes Einkommen in Tausend Franken

Quelle: Statistisches Jahrbuch Basel-Stadt 1990

Die Menschen

Wofür geben die Schweizer Arbeitnehmerhaushalte ihr Geld aus?

Ausgabenstruktur 1950–1985
(wichtigste Ausgabenposten)

Nach der Dringlichkeit der Bedürfnisbefriedigung lassen sich unterscheiden:

– Zwangsbedarf: Die Existenzbedürfnisse, wie Nahrung, Kleidung, Wohnung, müssen zuerst befriedigt werden.
– Wahlbedarf: Dazu gehören die Kulturbedürfnisse, zum Beispiel Weiterbildung, Reisen, Sport, und die Luxusbedürfnisse, zum Beispiel Zweitwohnung, Luxusauto, Schmuck. Letztere können vor allem von den höheren Einkommensschichten befriedigt werden.

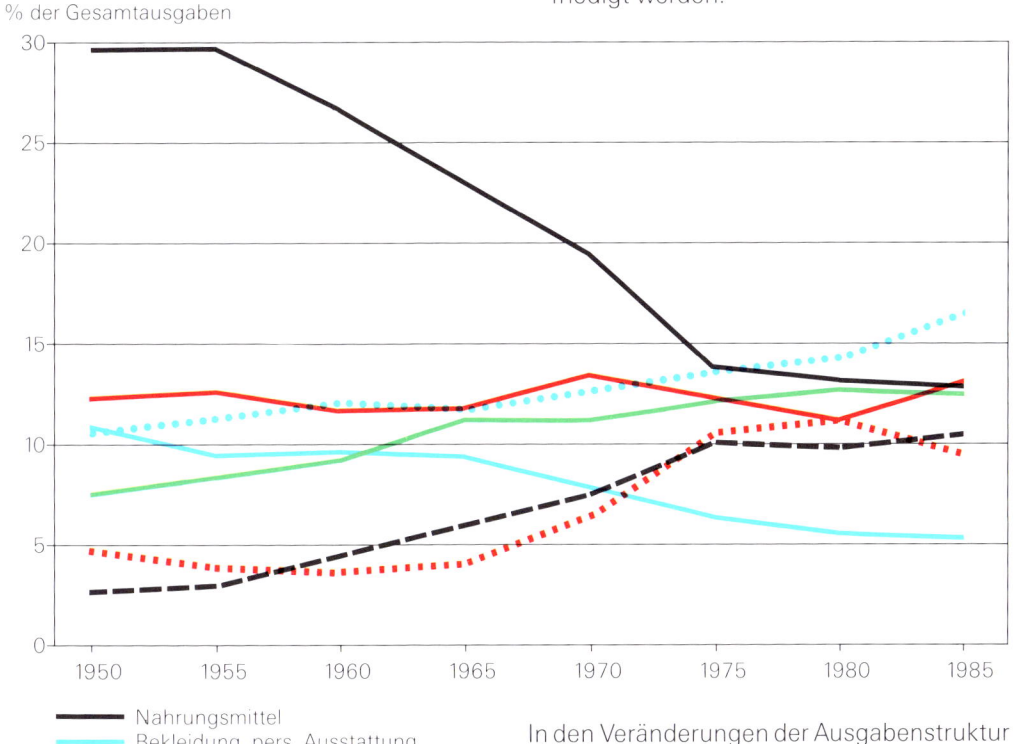

% der Gesamtausgaben

— Nahrungsmittel
— Bekleidung, pers. Ausstattung
— Miete
— Bildung und Erholung
--- Verkehrsausgaben
···· Versicherungen
···· Steuern, Gebühren

In den Veränderungen der Ausgabenstruktur spiegeln sich die folgenden Aspekte des gesellschaftlichen Wandels:
– die Kaufkraft der Löhne
– das Verhältnis von Arbeitszeit und Freizeit
– die soziale Absicherung (und die Altersstruktur der Bevölkerung)
– die räumliche Entflechtung der Lebensfunktionen.

Quelle: BIGA 1986

1.2.5. Wohnung

Wohndichte in Basel-Stadt 1945–1989
Bewohner pro Wohnung (Mehr- und Einfamilienhäuser)

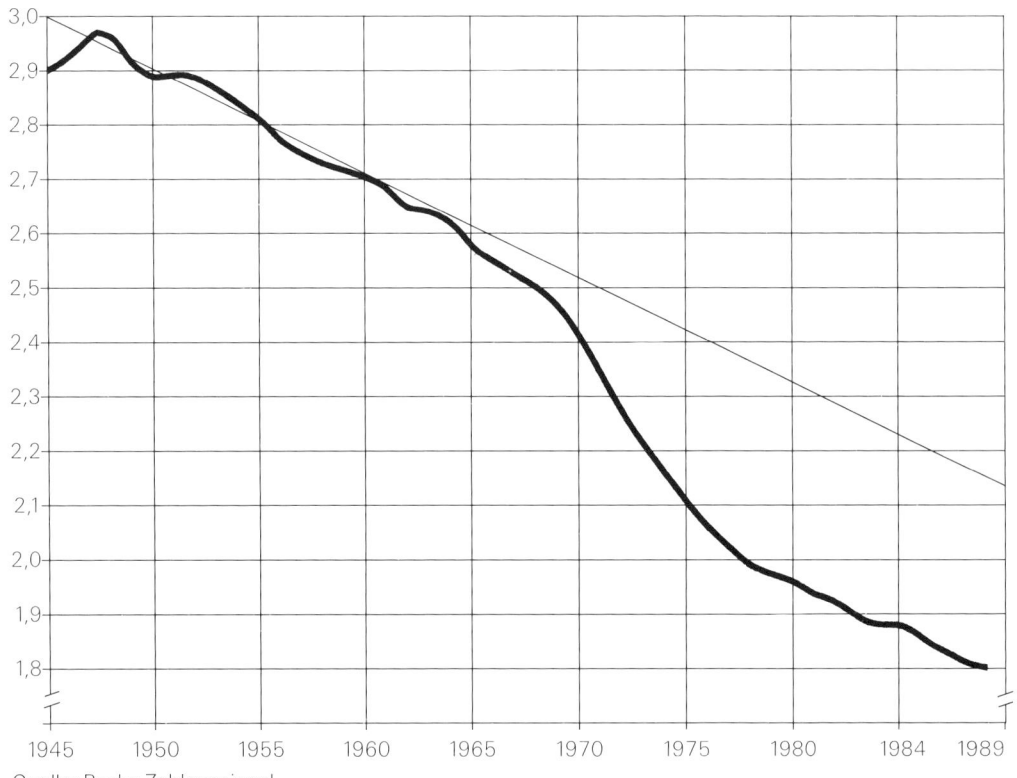

Quelle: Basler Zahlenspiegel

Obwohl die Zahl der Wohnungen in Basel-Stadt zunimmt, geht die Wohnbevölkerung zurück. Weil der einzelne mehr Wohnraum in Anspruch nimmt, werden die Wohnungen schlechter ausgelastet. Zu den Ursachen gehören:
- der individuelle Anspruch auf Wohnraum
- die durchschnittliche Familiengrösse
- die Altersverteilung in der Wohnbevölkerung
- der Zeitpunkt, in dem sich die Kinder wirtschaftlich verselbständigen und einen eigenen Haushalt gründen
- das Preisgefälle zwischen Neu- und Altwohnungen
- das fehlende Angebot an preisgünstigen Familienwohnungen und an altersgerechten Kleinwohnungen
- die Zweckentfremdung von Wohnraum (seit 1975 bewilligungspflichtig).

In engem Zusammenhang mit der Auslastung der Wohnungen stehen der Haushaltzyklus und seine Veränderungen:
1. Eheschliessung, Einzug ——————— Zweipersonenhaushalt
2. Geburt der Kinder ——————— steigende Auslastung der Wohnung
3. Die Kinder wachsen auf ——————— grösste Auslastung der Wohnung
4. Haushaltgründung Kinder ——————— Wohnung entleert sich wieder
5. Tod eines Ehepartners ——————— Einpersonenhaushalt
6. Auszug oder Tod des verbleibenden Partners

1. Einzug neues Paar ——————— Zweipersonenhaushalt

Ein Volk von Mietern: Bewohner und Besitzer der Wohnungen in Basel-Stadt

1980 wurden die 96 063 Wohnungen (in Mehr- und Einfamilienhäusern)

zu 79% von Mietern bewohnt
    (inkl. Pacht, Dienst- oder Freiwohnung)
zu 10% vom Hauseigentümer bewohnt
    (inkl. Teileigentum)
zu 10% von Genossenschaftern bewohnt
zu 1% vom Wohnungseigentümer bewohnt

Quelle: Statistisches Jahrbuch Basel-Stadt

1.3. Die Wirtschaft

1.3.1. Der Wirtschaftsraum Nordwestschweiz

Pro Kopf der Bevölkerung erarbeitet die Basler Wirtschaft das zweithöchste Volkseinkommen der Schweiz. Nur gerade die Zuger erzielen mehr. Dieser Wohlstand ist in erster Linie im hohen Anteil produktivitätsstarker Wirtschaftszweige begründet. Auch in der Arbeitsplatzdichte nimmt Basel-Stadt eine Spitzenstellung ein. Fast jeder zweite Erwerbstätige wohnt freilich ausserhalb des Kantons. Basel-Stadt kann eben nicht als eigenständige Wirtschaftsregion gelten. Der Kanton bildet vielmehr den Kern des Wirtschaftsraumes Nordwestschweiz, dem alle schweizerischen Gebiete nördlich der Jurakette angehören. Pendler- und Einkaufsströme verbinden die Nordwestschweiz über die Landesgrenzen hinweg mit der elsässischen und badischen Nachbarschaft. Der Wirtschaftsraum Nordwestschweiz orientiert sich stark an ausländischen Arbeits- und Gütermärkten. Seine Entwicklung ist eng mit der Zukunft der Europäischen Gemeinschaft verflochten.

1. Raum, Mensch, Wirtschaft

Der Wirtschaftsraum Nordwestschweiz

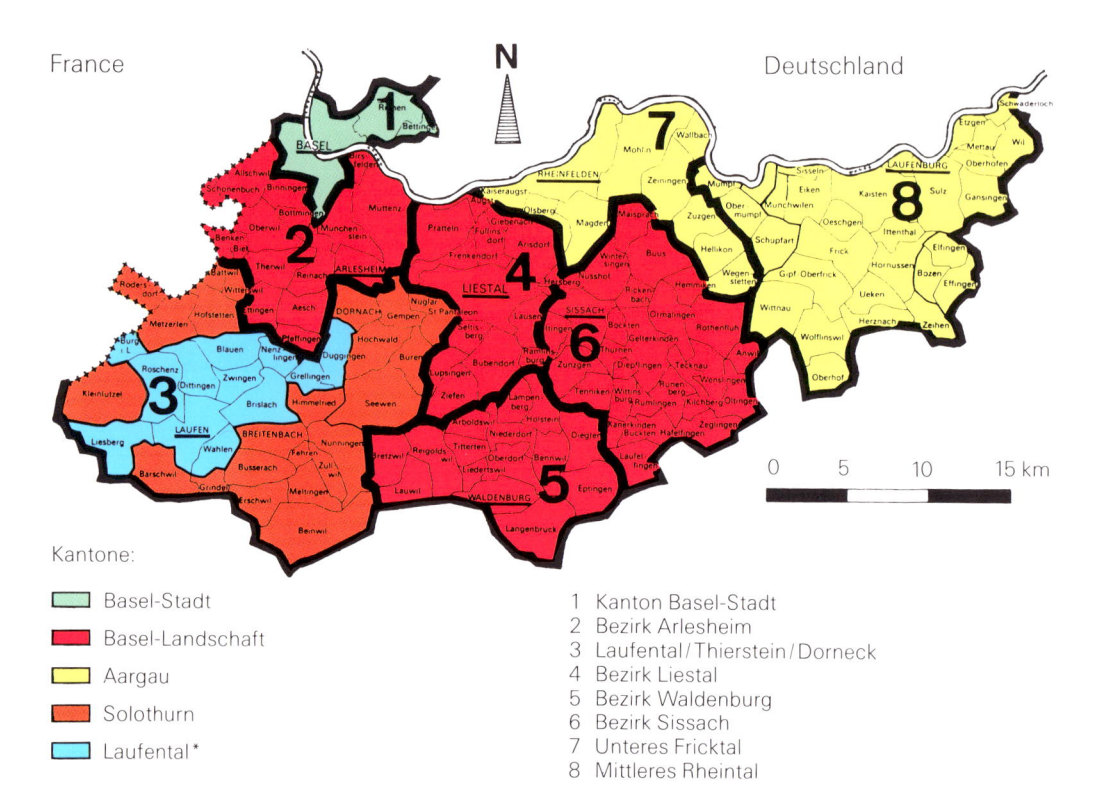

Kantone:

- Basel-Stadt
- Basel-Landschaft
- Aargau
- Solothurn
- Laufental*

1 Kanton Basel-Stadt
2 Bezirk Arlesheim
3 Laufental / Thierstein / Dorneck
4 Bezirk Liestal
5 Bezirk Waldenburg
6 Bezirk Sissach
7 Unteres Fricktal
8 Mittleres Rheintal

*Das bernische Laufental stimmte 1989 einem Anschluss an den Kanton Basel-Landschaft zu. Das Verfahren ist noch im Gang.

Die Wirtschaft

Vollarbeitsplätze nach Teilräumen 1988
Wirtschaftsraum Nordwestschweiz 100%

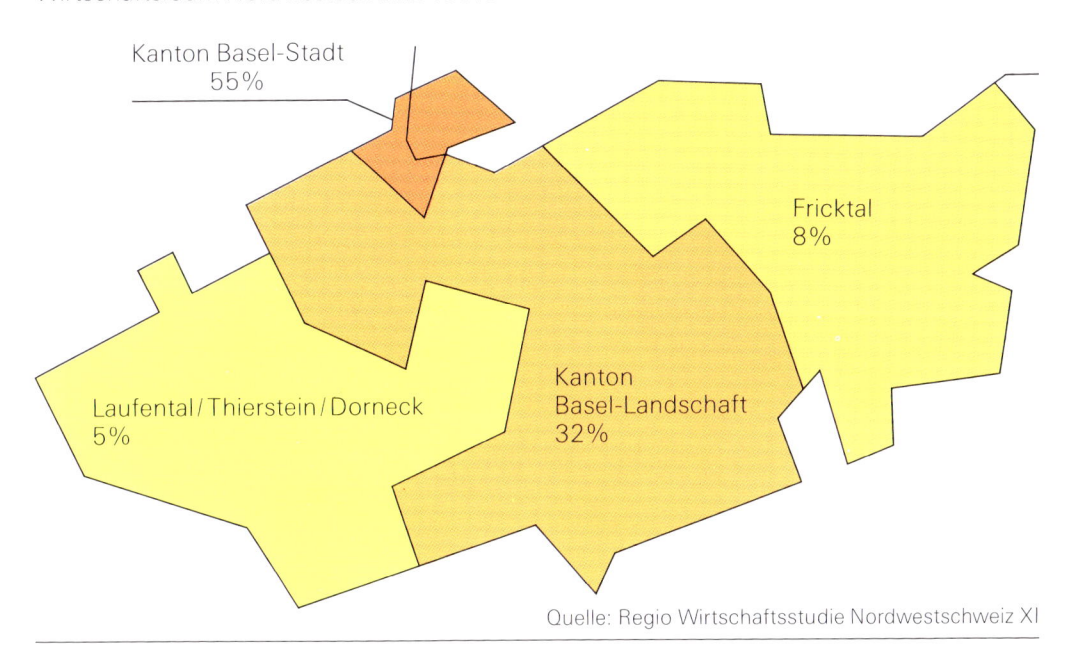

- Kanton Basel-Stadt 55%
- Fricktal 8%
- Laufental/Thierstein/Dorneck 5%
- Kanton Basel-Landschaft 32%

Quelle: Regio Wirtschaftsstudie Nordwestschweiz XI

1.3.2. Wirtschaftssektoren und Arbeitsplätze

Nach Art der Produktion wird die Wirtschaft in drei Sektoren aufgeteilt:
1. den *primären Sektor* mit Land- und Forstwirtschaft
2. den *sekundären Sektor* mit Industrie, Handwerk, Bau, Energie
3. den *tertiären Sektor* mit den Dienstleistungen (Banken, Versicherungen, Handel, Transport...)

Die Anteile der Sektoren an der Beschäftigungsstruktur verschieben sich laufend. Vom Hauptsektor wurde die Landwirtschaft zum kleinsten, in Basel-Stadt zum völlig unbedeutenden Sektor. In der Industrie fanden bis in die 60er Jahre ständig mehr Menschen Beschäftigung. Seither hat ein allmählicher Rückgang eingesetzt. An erster Stelle steht heute der immer noch stark wachsende Dienstleistungssektor.

Die Basler Wirtschaftsforscher ergänzen dieses Modell um zwei weitere Wirtschaftszweige. Alle staatlichen Betriebe werden im

4. Sektor: *«Öffentliche Hand»* zusammengefasst. Zum
5. Sektor: *«Gewerbe»* gehören kleinere Unternehmen, vorab Familienbetriebe, aus dem Industrie- und Dienstleistungsbereich, also zum Beispiel das Gastgewerbe, der Fachhandel, Schreinereien, Autoreparaturwerkstätten, Physiotherapeuten und Steuerberater.

1. Raum, Mensch, Wirtschaft

Vollarbeitsplätze nach Wirtschaftssektoren (1985)

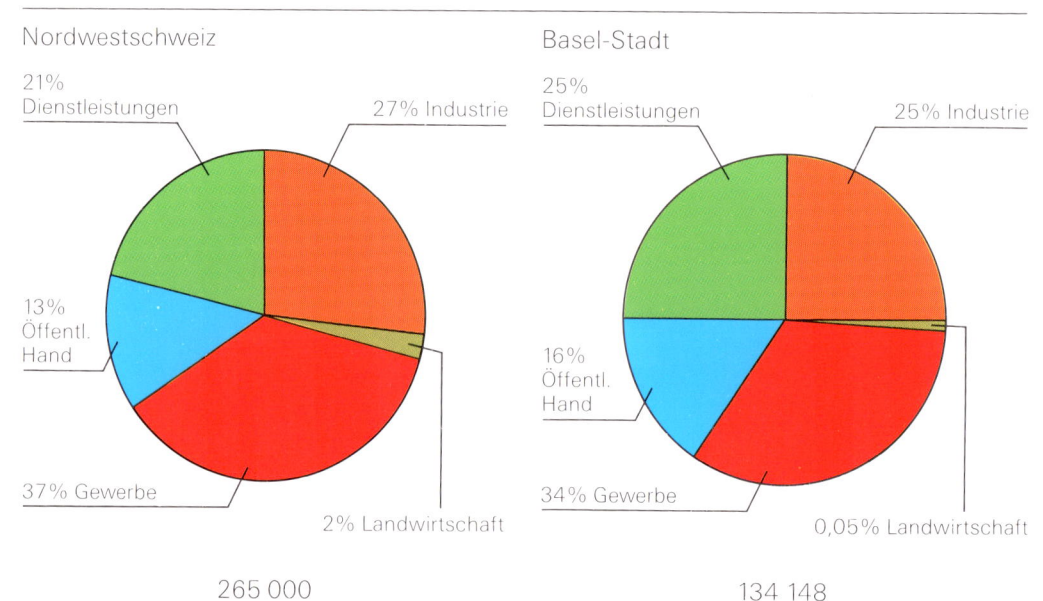

Nordwestschweiz

- 21% Dienstleistungen
- 27% Industrie
- 13% Öffentl. Hand
- 37% Gewerbe
- 2% Landwirtschaft

265 000

Basel-Stadt

- 25% Dienstleistungen
- 25% Industrie
- 16% Öffentl. Hand
- 34% Gewerbe
- 0,05% Landwirtschaft

134 148

Quelle: Regio Wirtschaftsstudie Nordwestschweiz VIII

Anteil der Beschäftigten in Klein-, Mittel- und Grossbetrieben: Basel-Stadt und Schweiz (1985)

Betriebsgrösse:	Basel-Stadt	Schweiz
Kleinbetriebe (1–49 Beschäftigte)	40,2%	58,1%
Mittelgrosse Betriebe (50- 499 Beschäftigte)	32,0%	30,9%
Grossbetriebe (über 500 Beschäftigte)	27,8%	11,0%
insgesamt	100 %	100 %

Quelle: Eidgenössische Betriebszählung 1985

Die grössten Arbeitgeber in Basel-Stadt (1987/88)

Arbeitgeber	Arbeitnehmer* mit Arbeitsort Basel-Stadt	Arbeitnehmer* insgesamt
Kanton Basel-Stadt	18 475	18 475
Ciba-Geigy	13 637	88 757
Hoffmann-La Roche	6 417	49 671
Sandoz	5 953	48 079

Die Wirtschaft

Arbeitgeber	Arbeitnehmer* mit Arbeitsort Basel-Stadt	Arbeitnehmer* insgesamt
Schweizerischer Bankverein	4 169	17 477
Coop Schweiz	3 800	39 145
PTT	2 851	59 000
Basler Versicherungs-Gesellschaft	1 586	8 687
Migros	1 411	63 999

*einschliesslich Teilzeitbeschäftigte

Von den fünfzehn umsatzmässig grössten Firmen der Schweiz haben sechs ihren Standort in Basel: Ciba-Geigy, Coop Schweiz, Sandoz, Pirelli, Hoffmann-La Roche, Danzas.

Quellen: Statistische Jahrbücher Basel-Stadt, Schweizerische Handelszeitung, eigene Erkundungen (Aus Gründen des Datenschutzes dürfen der Eidgenössischen Betriebszählung keine Daten von Einzelfirmen entnommen werden.)

Anzahl Ganzarbeitslose in Basel-Stadt seit 1935

Bis 1974 Jahreshöchstwerte, ab 1975 Vierteljahreswerte

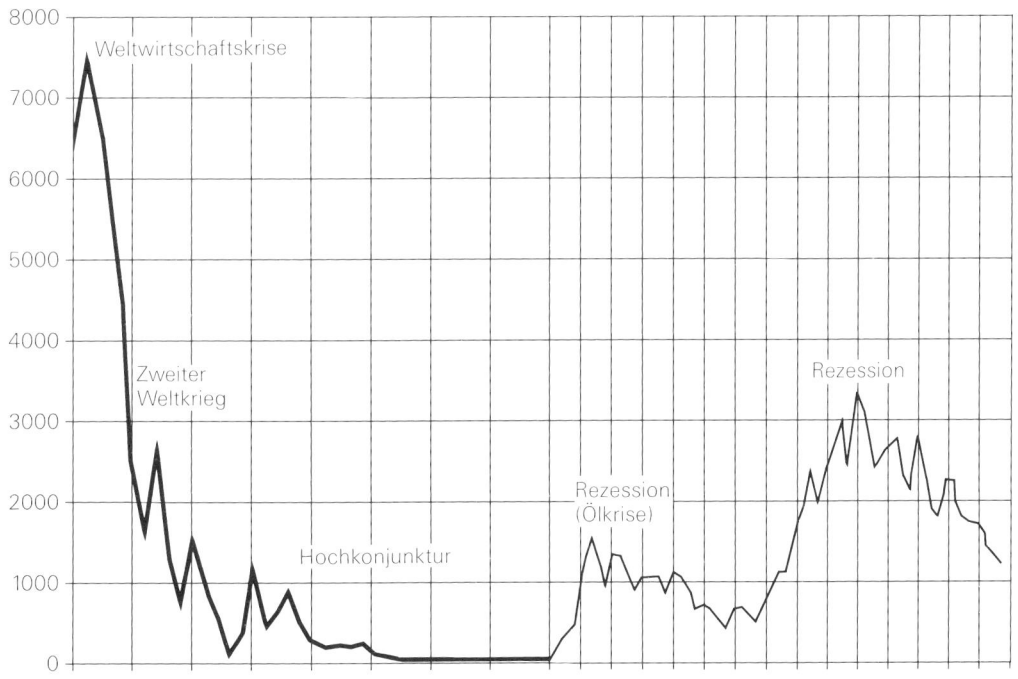

Quelle: Statistische Jahrbücher Basel-Stadt

1.3.3. Die Wertschöpfung: Massstab für die wirtschaftliche Leistungsfähigkeit

Wer die Stärken und Schwächen einer Wirtschaftsregion beurteilen will, muss die wirtschaftliche Leistungsfähigkeit unterschiedlichster Unternehmen vom Blumengeschäft bis zum Chemiekonzern vergleichen können. Derartige Vergleiche erlaubt die sogenannte Wertschöpfung. Sie ergibt sich, wenn wir vom Umsatz eines Betriebes

Entstehung und Verteilung der Wertschöpfung

Prozentzahlen zur Verteilung der Wertschöpfung in der Nordwestschweiz 1985

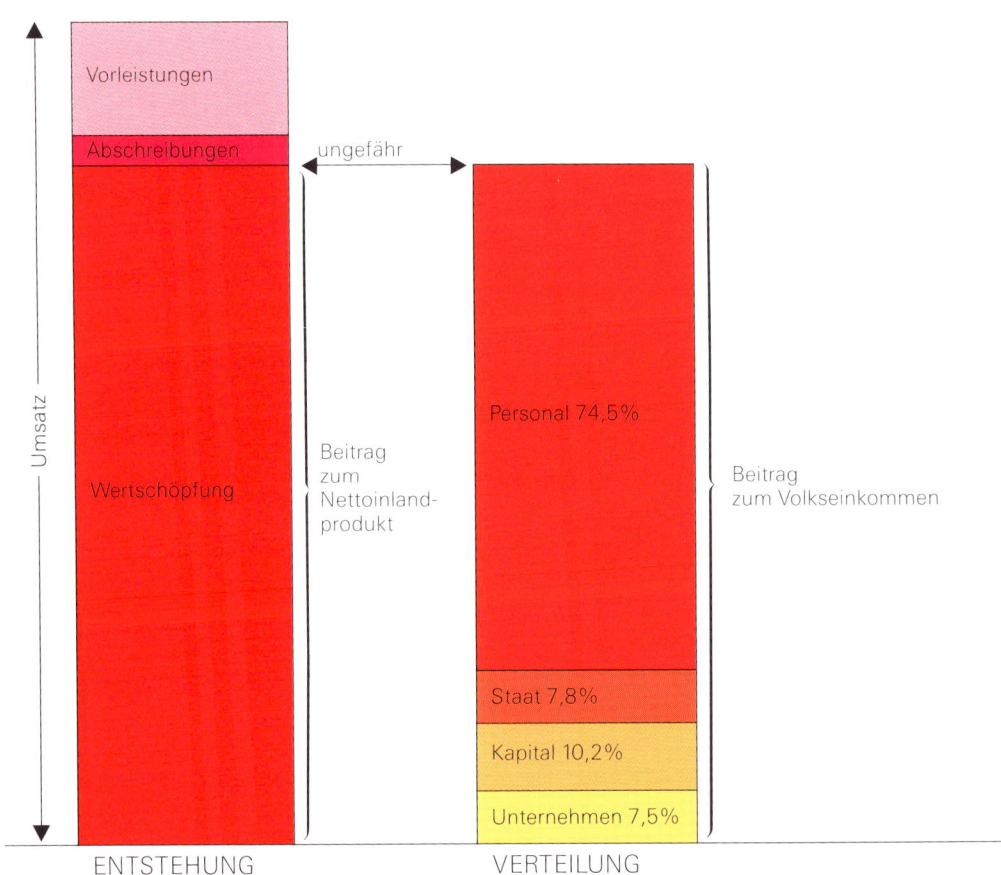

Umsatz:
- Vorleistungen
- Abschreibungen
- Wertschöpfung

ungefähr

Beitrag zum Nettoinlandprodukt

Verteilung (Beitrag zum Volkseinkommen):
- Personal 74,5%
- Staat 7,8%
- Kapital 10,2%
- Unternehmen 7,5%

ENTSTEHUNG — VERTEILUNG

Quelle: Regio Wirtschaftsstudie Nordwestschweiz VIII

Die Wirtschaft

Abschreibungen und Vorleistungen abziehen. Beim Umsatz handelt es sich um den Marktwert aller produzierten Waren (zum Beispiel eines Medikamentes oder einer Maschine) und aller geleisteten Dienste (zum Beispiel eines Haarschnitts oder einer Versicherung). Der Marktwert ist der vom Käufer zu bezahlende Preis. Abschreibungen nennen wir die Wertverminderung der Gebäude, der Maschinen und der Werkzeuge. Diesen Wertverlust verursachen Gebrauch (zum Beispiel als Verschleiss) oder Zeitablauf (zum Beispiel als technisches Veralten). Als Vorleistungen gelten zugekaufte Rohstoffe, Fabrikate oder Dienstleistungen.

Der grösste Teil der Wertschöpfung gelangt in Form von Löhnen oder Lohnnebenkosten (zum Beispiel Sozialversicherung) an das Personal. Ein weiterer Teil geht als Gewinn oder als Zins an die Kapitalgeber: an Aktionäre, Banken, Inhaber von Obligationen usw. Den dritten Teil schöpft der Staat mit seinen Steuern ab, und der letzte Teil verbleibt als unverteilter Gewinn im Betrieb.

Eine besondere Bedeutung kommt der Wertschöpfung aus Exporten zu. Die aus dem Wirtschaftsraum Nordwestschweiz exportierten Waren und Dienstleistungen müssen gegenüber der internationalen Konkurrenz bestehen. Sie bestimmen letztlich den Wohlstand der Region.

Gesamte Wertschöpfung und Wertschöpfung aus Exporten (1985) in der Nordwestschweiz

Gesamte
Wertschöpfung
20 Mrd. Fr.

Wertschöpfung
aus Exporten
41% der gesamten
Wertschöpfung
8,4 Mrd. Fr.

Landwirtschaft 1%
Öffentl. Hand 13%
Gewerbe 26%
Dienstleistungen 26%
Industrie 34%

Gewerbe 4%
Dienstleistungen 25%
Übrige Industrie 21%
Chemie 50%
71%

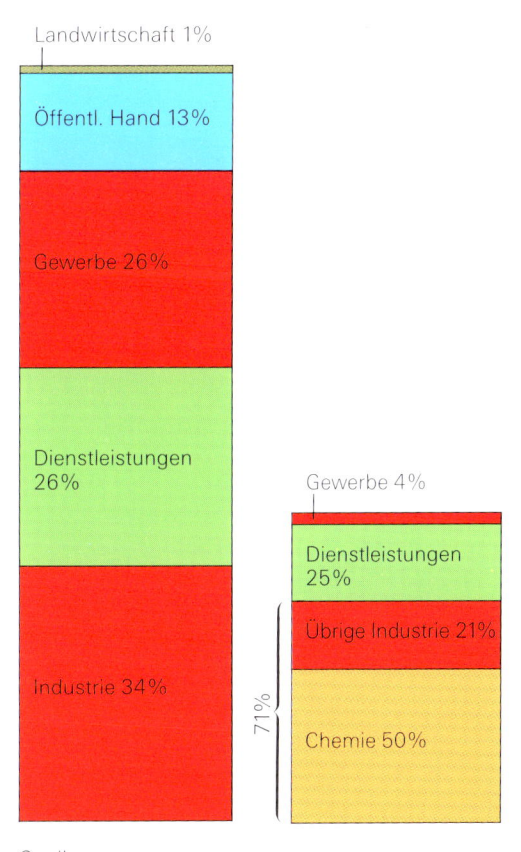

Quelle:
Regio Wirtschaftsstudie Nordwestschweiz VIII

1. Raum, Mensch, Wirtschaft

Arbeitsplätze, Wertschöpfung und Personalkosten pro Arbeitsplatz in der Nordwestschweiz 1988

Branche	Arbeitsplätze	Wertschöpfung/ Arbeitsplatz	Personalkosten/ Arbeitsplatz
Nahrungsmittel/Getränke	5 290	104 900	54 300
Textil/Bekleidung/Schuhe	1 830	64 800	51 900
Graphik	3 009	83 900	57 100
Chemie	37 323	126 900	87 300
Steine/Erden	2 649	76 000	55 000
Metallbearbeitung	5 256	66 700	56 400
Maschinen/Apparate/Elektronik	13 390	77 600	62 800
Übrige Industrie	6 734	83 800	59 700
INDUSTRIE	75 481	103 600	72 900
Grosshandel	7 634	139 600	71 700
Banken	9 677	172 800	76 400
Versicherungen	5 702	150 900	109 300
Transport/Spedition/Lagerung	7 656	99 300	62 400
Beratung	2 486	105 700	86 300
Grossverteiler/Warenhäuser	8 404	57 300	41 900
Übrige Dienstleistungen	19 120	74 900	61 000
DIENSTLEISTUNGEN	60 679	107 700	67 900
Baugewerbe	13 816	58 000	54 800
Ausbaugewerbe	19 946	63 000	59 100
Fachhandel	14 053	54 700	45 400
Gastgewerbe	13 307	48 400	37 200
Übriges Gewerbe	39 325	67 000	56 700
GEWERBE	100 447	60 800	52 700
ÖFFENTLICHE HAND	36 763	81 500	77 700
LANDWIRTSCHAFT	5 880	43 000	*
NORDWESTSCHWEIZ	279 250	84 900	65 000

Quelle: Regio Wirtschaftsstudie Nordwestschweiz XI

Die Wirtschaft

1.3.4. Berufspendler nach Basel-Stadt

Mit ihrer grossen Arbeitsplatzdichte zieht die Stadt Basel viele Arbeitskräfte aus der Nordwestschweiz und aus der grenzüberschreitenden Region an. Die Wirtschaft des kleinen Kantons ist auf den wachsenden Zustrom von Arbeitskräften aus der ganzen

Erwerbstätige und Pendler nach Basel-Stadt 1980
149 347 Erwerbstätige im Kanton Basel-Stadt

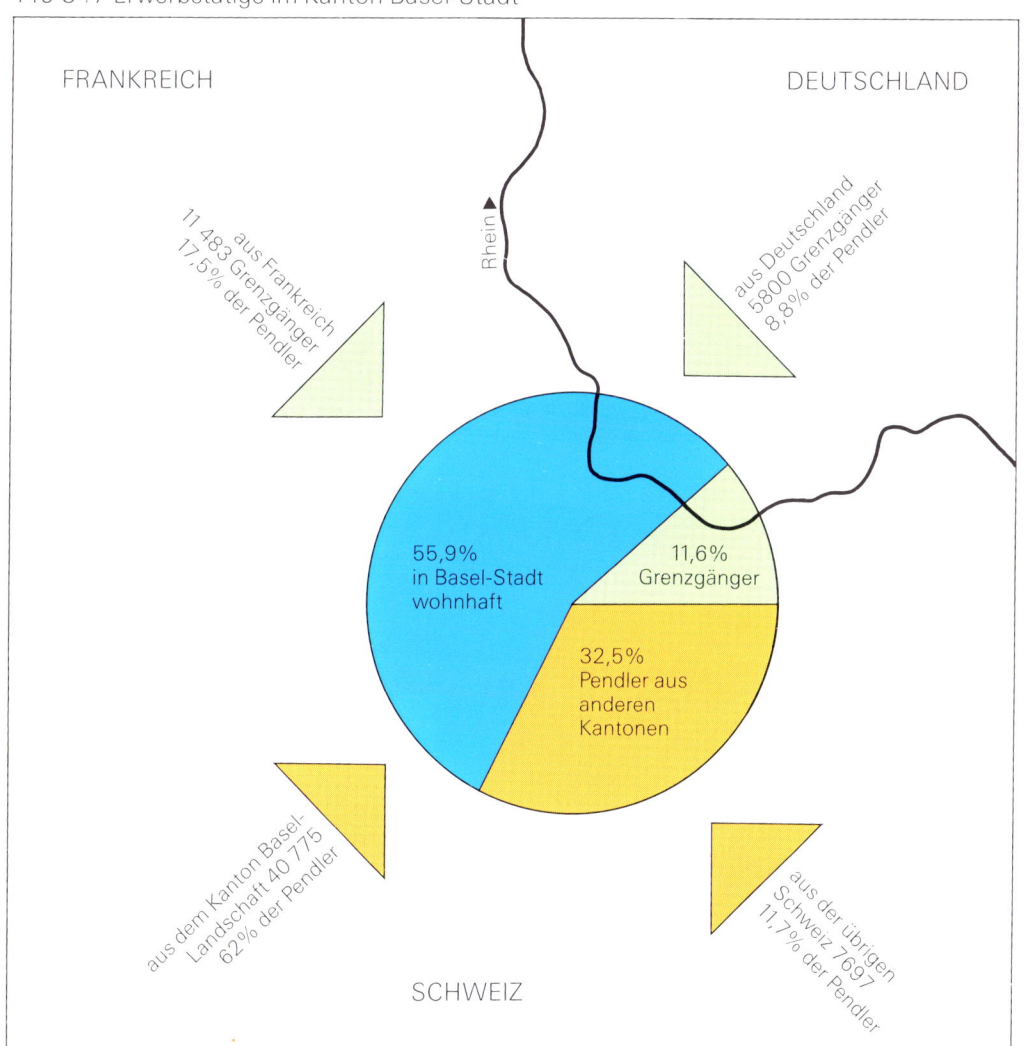

FRANKREICH

DEUTSCHLAND

11 483 aus Frankreich Grenzgänger 17,5% der Pendler

aus Deutschland 5800 Grenzgänger 8,8% der Pendler

Rhein ▲

55,9% in Basel-Stadt wohnhaft

11,6% Grenzgänger

32,5% Pendler aus anderen Kantonen

aus dem Kanton Basel-Landschaft 40 775 62% der Pendler

aus der übrigen Schweiz 7697 11,7% der Pendler

SCHWEIZ

Region angewiesen. Viele Forschungslaboratorien wären kaum gebaut worden, wenn die Basler Chemie nicht auch auf qualifiziertes Personal jenseits der Grenzen zurückgreifen könnte. Die Grenzgänger, die Pendler aus dem benachbarten Ausland, wechseln ihren Arbeitsplatz seltener als die schweizerischen Arbeitskräfte; ein grosser Teil von ihnen gehört zum Stammpersonal.

Erwerbstätige und Pendler nach Basel-Stadt 1960

128 804 Erwerbstätige im Kanton Basel-Stadt

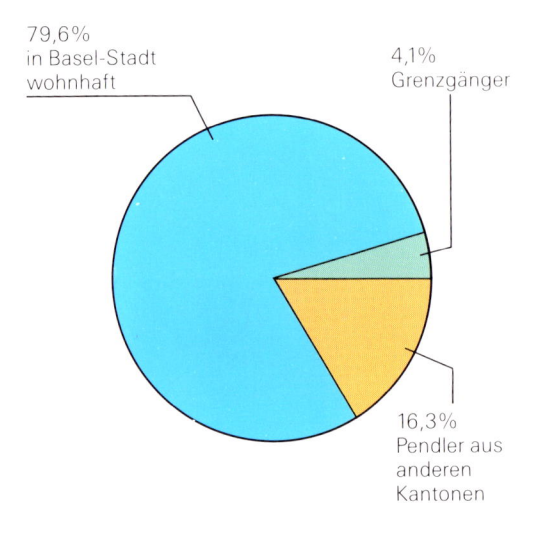

79,6% in Basel-Stadt wohnhaft

4,1% Grenzgänger

16,3% Pendler aus anderen Kantonen

Die Wirtschaft

Verkehrsmittel der Pendler nach Basel-Stadt 1980

Ungefähr 70 000 Pendler legen täglich im Mittel 7,5 km zurück. Sie wählen die folgenden Verkehrsmittel:

41% Öffentlicher Verkehr
7% Velo, Mofa
1% keines (zu Fuss)
51% Personenwagen Motorrad

Verkehrsmittel der Pendler nach Genf 1980

Die zirka 55 000 Berufspendler wählen die folgenden Verkehrsmittel:

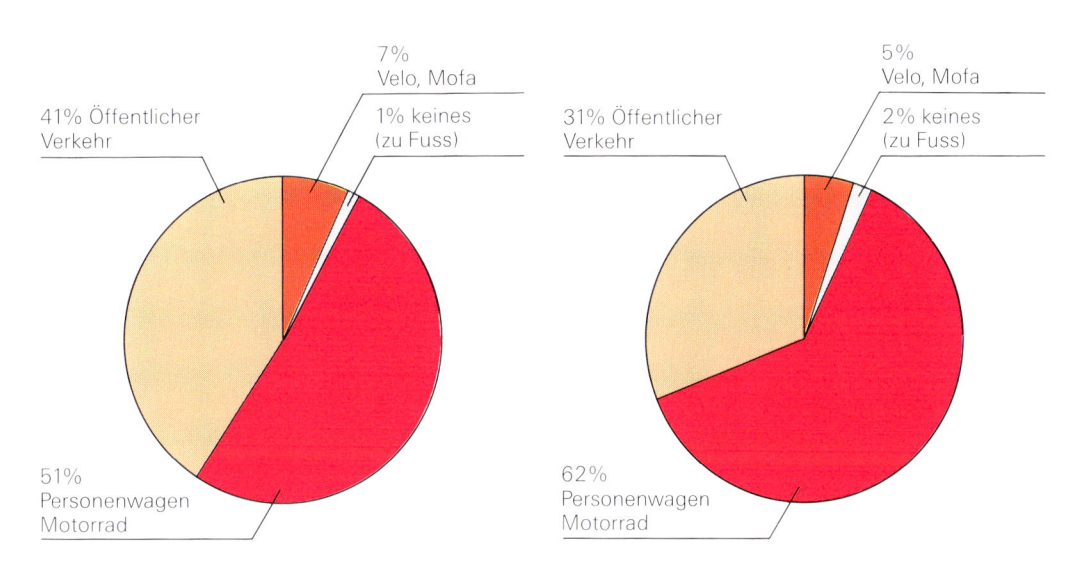

31% Öffentlicher Verkehr
5% Velo, Mofa
2% keines (zu Fuss)
62% Personenwagen Motorrad

Zur Beeinträchtigung der städtischen Wohnqualität durch den motorisierten Pendlerverkehr vgl. S. 48.

Quellen: Eidgenössische Volkszählungen; Die Entwicklung der Pendlerbewegungen in der Region Basel, Basel 1985; Grenzgänger in der Nordwestschweiz, Schriften der Regio 9.3, Basel 1987.

1.3.5. Luftverschmutzung

Auch im Raum Basel werden Luft, Wasser und Böden verunreinigt. Verantwortlich für die Umweltbelastung sind wachsende Komfortansprüche (mehr Konsum und Abfall, mehr und besser beheizter Wohnraum, mehr Autos) und das Wirtschaftswachstum (Massenproduktion, höherer Energieverbrauch, mehr Berufspendler). Hauptquelle der besonders gravierenden Luftverschmutzung ist die Verbrennung von Erdölprodukten und von Kohle.

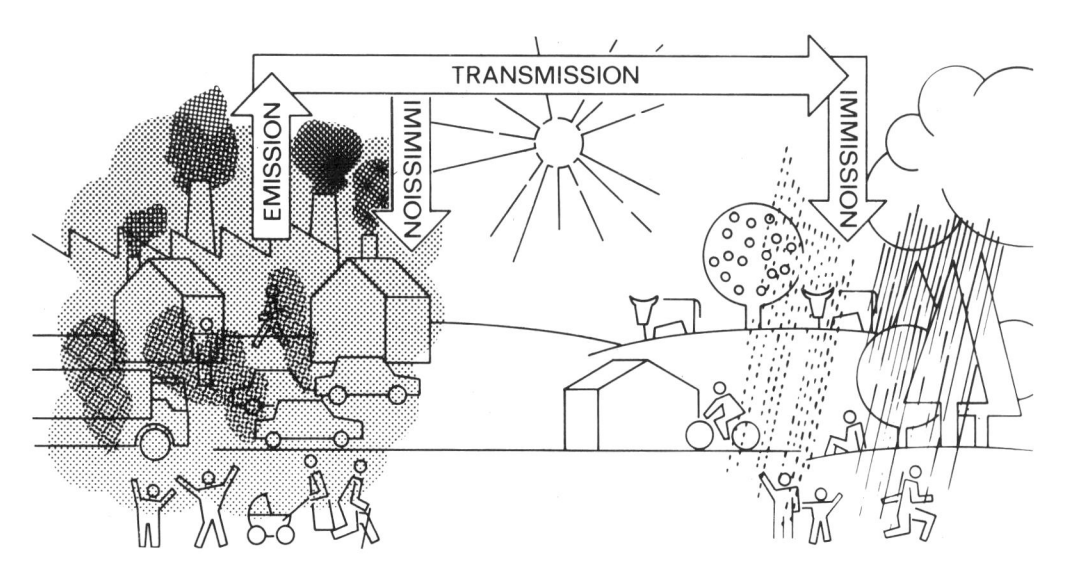

Emission
Abgabe von Schadstoffen durch Industrie und Gewerbe, Kehrichtverbrennung, Hausfeuerung, Motorfahrzeugverkehr

Immission
Einwirkung der Schadstoffe auf Pflanzen und Wälder, Böden und Gewässer, Tiere und Menschen, das weltweite Klima

Wichtige Schadstoffe

	Schwefeldioxid SO_2	Stickoxide NO_x	Ozon O_3
Entstehung	93% aus Haus- und Industriefeuerung	70% aus Motorfahrzeugen	Chemische Umwandlung von Schadstoffen in der Luft bei Sonneneinstrahlung

	Schwefeldioxid SO_2	Stickoxide NO_x	Ozon O_3
Auftreten	Zusammen mit Russ Hauptbestandteil des Wintersmogs, Belastung abnehmend	Chronische Überschreitung der zulässigen Werte	Hauptbestandteil des Sommersmogs, Belastung zu hoch
Ort	Stadtzentrum	Stadtzentrum und Verkehrsachsen	Stadtrand und ländliche Regionen

Massnahmen zur Reduktion

Gewerbe und Industrie:	Luftbelastende Stoffe ersetzen, Energie sparen, Abgasreinigung
Kehrichtverbrennung:	Verringerung Abfallmenge, getrennte Abfallsammlungen und Wiederverwertung, Abgasreinigung
Hausfeuerung:	Senkung Raumtemperatur, Wärmeisolation, Umstellung auf Fernwärme oder Erdgas, Entschwefelung Heizöl
Motorfahrzeugverkehr:	Weniger fahren, auf öffentlichen Verkehr umsteigen, Massnahmen zur Verkehrsberuhigung (Temporeduktion, weniger Parkfläche, verkehrsfreie City...), verschärfte Abgasvorschriften

1.3.6. Arbeitskämpfe und Arbeitsfriede

Sind Streiks verboten?

Ob Streiks wohl in Basel verboten sind? Fast könnte man es glauben. Wenn heute selten dramatische Arbeitskämpfe ausgetragen werden, hat das indessen andere Ursachen. Die Gründe liegen in unserem Wohlstand und in der reichen Erfahrung im Aushandeln von Kompromissen, wie sie unsere Gewerkschaften und Arbeitgeber erworben haben. Das war nicht immer so. Auch in Basel gab es Zeiten, in denen Streiks beinahe zur Tagesordnung gehörten.

Unsere Wirtschaft ist marktwirtschaftlich organisiert. Im Gegensatz zum planwirtschaftlichen Modell begnügt sich der Staat damit, den Rahmen abzustecken, in dem sich die private Produktion von Gütern und Dienstleistungen und der private Handel entwickeln können. Löhne und Preise werden nicht staatlich reguliert, sie entwickeln sich nach dem Verhältnis von Angebot und Nachfrage. Arbeitgeber und Arbeitnehmer müssen ihre Interessen weitgehend selbst wahrnehmen. Sie haben sich zu diesem Zweck zu Arbeitgeberverbänden und zu Gewerkschaften, den Arbeitnehmerorganisationen, zusammengeschlossen. An diesen liegt es, sich zu einigen. Haben Verhandlungen keinen Erfolg, so werden die Konflikte durch einen Arbeitskampf gelöst; vielleicht durch einen Streik oder durch Aussperrung (die Arbeitgeber schliessen grössere Gruppen von Arbeitnehmern von der Arbeit aus, um die Gewerkschaften zum Nachgeben zu zwingen). Nur im Notfall tritt der Staat als Schlichter auf.

Von der Konfrontation...

In der Zeit des Ersten Weltkrieges, als Industrie und Spekulanten reiche Kriegsgewinne verbuchen konnten, litt die Basler Arbeiterbevölkerung Hunger und bittere Not. Lebensmittel, Kleidung und Heizmaterialien wurden knapp und massiv teurer. Gleichzeitig wurden die Löhne gekürzt, und wer in den Militärdienst einzurücken hatte, erhielt keinen Lohnausgleich. Im Bestreben, die soziale und wirtschaftliche Lage der Arbeiter zu verbessern, haben die Arbeiterführer in der ganzen Schweiz am Kriegsende zum Generalstreik aufgerufen. Der Bundesrat, in dem damals keine Vertreter der Sozialdemokratie Einsitz hatten, befürchtete einen Umsturz. Mit dem Einsatz der Armee erzwang er einen Streikabbruch.

In der Folge verschärfte sich die Konfrontation in Basel noch. Während des lokalen Generalstreiks von 1919 ersuchte die bürgerliche Mehrheit im Regierungsrat den Bundesrat um die Entsendung von Truppen. Am ersten August eröffnete eine Truppenkolonne das Feuer auf Demonstranten. Fünf Todesopfer, darunter zwei Frauen, waren zu beklagen.

Den wirtschaftlichen Aufschwung der zwanziger Jahre beendete die Weltwirtschaftskrise. Im Winter 1935/36 waren acht Prozent der werktätigen Basler Bevölkerung

Die Armee schützt an der Tramhaltestelle Aeschenplatz während des lokalen Generalstreiks vom August 1919 einen Streikbrecher der Bürgerwehr.

ohne Arbeit. Dank der fortschrittlichen Sozialpolitik wurde das Los der Betroffenen etwas gemildert. Die 1935 an die Macht gekommene linke Mehrheit im Regierungsrat betrieb zudem eine aktive Beschäftigungspolitik.

...zum Arbeitsfrieden

Unter dem Eindruck der nationalsozialistischen Bedrohung, die in der Grenzstadt während des Zweiten Weltkrieges besonders zu spüren war, rückten die gegensätzlichen sozialen und politischen Lager zusammen. Aber schon nach der Kriegswende von 1943 erhöhten die 50prozentige Teuerung und empfindliche Reallohnverluste die soziale Spannung wieder. Das Friedensabkommen von 1937 zwischen den Gewerkschaften und den Arbeitgeberorganisationen der Metallindustrie sicherte den Arbeitsfrieden, liess jedoch alle materiellen Regelungen offen. Der entscheidende Durchbruch zum Arbeitsfrieden gelang mit dem ersten Gesamtarbeitsvertrag (GAV) der Basler Chemieindustrie im Januar 1945. Die neugegründete kämpferische Chemiearbeitergewerkschaft war vom Verband der Basler Chemischen Industriellen als Verhandlungspartner anerkannt worden. Das Zeitalter der Sozialpartnerschaft war eröffnet. Die minimalen Stundenlöhne wurden für Männer auf 1,49 Franken und für Frauen auf 0,95 Franken festgelegt. Heute geniessen etwa zwei Drittel der schweizerischen Erwerbstätigen kollektive Arbeitsverträge. Die in einem GAV ausgehandelten Löhne und Zulagen haben für alle Arbeiter bzw. Arbeiterinnen Gültigkeit, unabhängig davon, ob sie Gewerkschaftsmitglieder sind.

Der «Gesamtarbeitsvertrag Chemie» heute

Der Vertrag wird alle drei Jahre zwischen den Gewerkschaften und dem Arbeitgeberverband der Chemischen Industrie erneuert. Er gilt für Betriebe in den Kantonen Basel-Stadt und Basel-Landschaft und für das Fricktal. Die 42 Seiten enthalten Bestimmungen über Arbeitszeit (seit dem 1.1.1990 die 40-Stunden-Woche)
Gleichstellung von Mann und Frau
Grundlöhne
Zulagen, automatischen Teuerungsausgleich
Ferien und Feiertage
Kündigung, Pensionierung
Mitbestimmung der Arbeiterkommissionen.

Über das Verhältnis zwischen den Vertragspartnern heisst es im ersten Artikel: «Die Vertragsparteien verpflichten sich insbesondere, für die ganze Dauer des Vertrages in absoluter Weise den Frieden zu wahren. Infolgedessen ist jegliche Kampfmassnahme wie Sperre, Streik oder Aussperrung untersagt. Diese absolute Friedenspflicht obliegt auch dem einzelnen Arbeitgeber und Arbeitnehmer.»

Meinungsverschiedenheiten über Auslegung oder Anwendung des GAV sollen nach dem folgenden Verfahren geschlichtet werden:
«a) In erster Linie soll versucht werden, solche Meinungsverschiedenheiten in der Firma durch Verhandlungen zu beheben, und zwar normalerweise zwischen Geschäftsleitung und Arbeiterkommission.
b) Lässt sich in der Firma selbst die Angelegenheit nicht ordnen oder betrifft die Differenz Fragen, die über den Rahmen der einzelnen Firmen hinausgehen, so ist die Sache den beidseitigen Verbandsinstanzen zur Abklärung und Schlichtung zu unterbreiten.

1. Raum, Mensch, Wirtschaft

Schlichtungsverfahren

1. Stufe

Arbeiterkommission
der betreffenden Firma

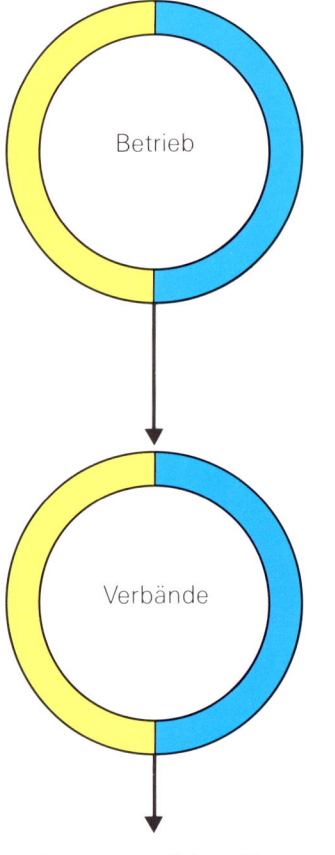

Betrieb

Geschäftsleitung
der betreffenden Firma

2. Stufe

Gewerkschaften
Arbeiterkommission

Verbände

Arbeitgebervertreter
Geschäftsleitung

gemeinsam gewählter Obmann

3. Stufe

drei Arbeitnehmervertreter

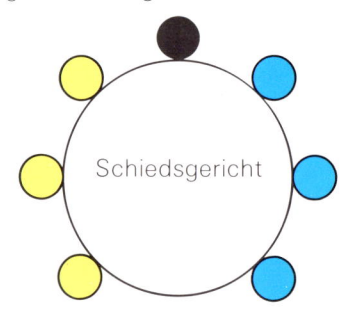

Schiedsgericht

drei Arbeitgebervertreter

c) Wird unter den Verbandsinstanzen keine Einigung erzielt, so wird die Angelegenheit einem Schiedsgericht zur endgültigen Entscheidung unterbreitet.»

Dieses Schiedsgericht setzt sich aus einem gemeinsam gewählten Obmann und gleich vielen Vertretern beider Seiten zusammen. Seine Entscheidung kann nicht weitergezogen werden.

Das Beispiel:
Streit um den Gesamtarbeitsvertrag

Der Anlass

1987 beschliesst die Chemiefirma Hoffmann-La Roche, den rund 165 Angestellten ihres Personalrestaurants zu kündigen und sie bei der neugegründeten Tochtergesellschaft «Tavero» für dieselbe Arbeit einzustellen. Die Löhne des Kantinenpersonals können dadurch auf das bedeutend tiefere Niveau im Gastgewerbe gesenkt werden. Roche will den bisherigen Mitarbeitern zwar vorderhand den gleichen Lohn bezahlen, aber Neueingestellte werden sofort jährlich 15 000 bis 20 000 Franken weniger verdienen. Diesen Lohnabbau will die Gewerkschaft Chemie-Textil-Papier (GTCP) nicht kampflos hinnehmen, weil 90 von den 165 Angestellten zu jenen 2050 Beschäftigten der Firma gehören, die dem geltenden Gesamtarbeitsvertrag (GAV) Chemie unterstehen.

Die Firma begründet

Der Personalchef der Hoffmann-La Roche gibt bekannt, dass durch die Massnahme jährlich 2,5 Millionen Personalkosten eingespart werden könnten. Die Firma sei gezwungen, zu rationalisieren, um sich international langfristig behaupten zu können. Im übrigen zögen Ciba-Geigy und Sandoz für ihre Kantinen externe Firmen bei, die ihre Mitarbeiter zu den Ansätzen des Gastgewerbes entlöhnten.

Die Gewerkschaft kontert

Die Gewerkschaft GTCP wirft der Firmenleitung vor, den GAV zu verletzen. Vertragswidrig sei die Schmälerung des Anwendungsbereiches des GAV. Ferner dürften Kündigungen dieses Ausmasses nur ausgesprochen werden, wenn es die akute wirtschaftliche Situation des Unternehmens verlange. Im übrigen verlören die betroffenen Arbeitnehmer alle Vorzüge des GAV, wie die Vertretung durch die Arbeiterkommission, den Kündigungsschutz, den automatischen Teuerungsausgleich und die Lohnzulagen. Die Kaufkraft ihrer Löhne würde trotz der Garantie des Besitzstandes abnehmen. Die Gewerkschaft befürchtet auch, dass später weitere Betriebsbereiche dem Geltungsbereich des GAV entzogen werden könnten.

Arbeitskampf und Schlichtung

Die Gewerkschaft verteilt 3500 Flugblätter und lädt zu einer Versammlung der Betroffenen ein. An einer Pressekonferenz erklärt sie ihren Standpunkt. Nachdem Verhandlungen mit dem Verband der Basler Chemischen Industriellen fehlschlagen, ruft die Gewerkschaft im März 1988 das Schiedsgericht an. Diese oberste Instanz des GAV tritt damit zum ersten Mal zusammen. Zum Obmann bestimmen die beiden Parteien einen Präsidenten des Basler Appellationsgerichtes. Das Schiedsgericht fällt im Juni 1989 das folgende Urteil:

Die Kündigungen sind rechtens, denn es liegen gewichtige wirtschaftliche Gründe vor. Die Auflösung des Arbeitsverhältnisses und die Weiterführung des Personalrestaurants durch die Tavero hätte «beträchtliche

Kosteneinsparungen für die Hoffmann-La Roche zur Folge». Damit wird die Kündigung für 44 Mitarbeiter, die noch unter dem GAV Chemie arbeiten, wirksam. In ihren neuen Verträgen wird der Besitzstand des GAV von 1989 gewahrt. Die 44 Angestellten werden aber nicht mehr in den Genuss der bereits ausgehandelten 40-Stunden-Woche kommen, die am 1. Januar 1990 eingeführt wird. Neue Mitarbeiter der Tavero werden zu «marktüblichen Bedingungen auf der Basis des GAV Gastgewerbes» eingestellt, heisst es in einer Mitteilung der Firma.

Tavero

Für unser **Personalrestaurant** in Basel suchen wir nach Vereinbarung

Mitarbeiter

Wir offerieren Ihnen geregelte Arbeitszeit (Tagdienst, Samstag und Sonntag frei), ein den Leistungen entsprechendes Salär mit 13. Monatslohn.

2. Wozu Staat?

2.1. Begegnung mit dem Staat

Täglich begegnen wir dem Staat oder staatlichen Dienstleistungen, oft ohne es wahrzunehmen. Beispielhaft seien hier zehn Fälle geschildert. Neun Mal ist mit Staat der Kanton Basel-Stadt gemeint, in einem Beispiel geht es um die Gemeinde, die kleinste staatliche Gemeinschaft.

Beispiel 1: Der Staat versorgt und entsorgt den Haushalt der Familie Schneider

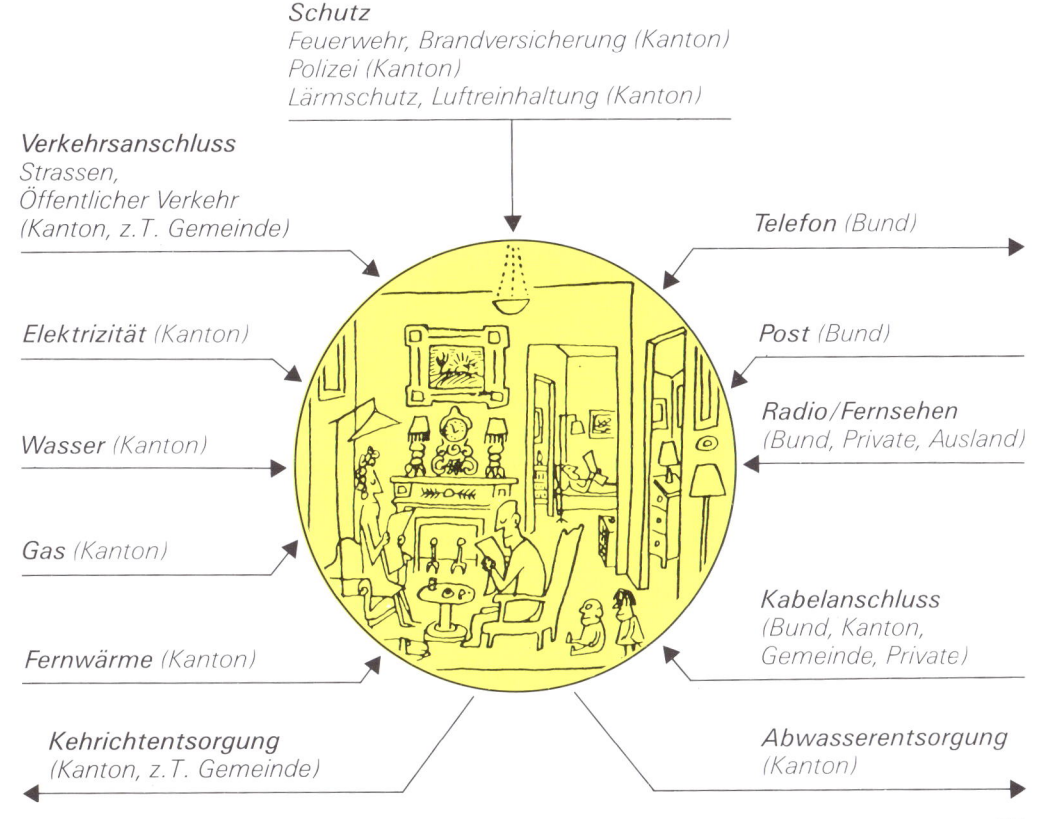

Schutz
Feuerwehr, Brandversicherung (Kanton)
Polizei (Kanton)
Lärmschutz, Luftreinhaltung (Kanton)

Verkehrsanschluss
Strassen,
Öffentlicher Verkehr
(Kanton, z.T. Gemeinde)

Telefon (Bund)

Elektrizität (Kanton)

Post (Bund)

Radio/Fernsehen
(Bund, Private, Ausland)

Wasser (Kanton)

Gas (Kanton)

Kabelanschluss
(Bund, Kanton,
Gemeinde, Private)

Fernwärme (Kanton)

Kehrichtentsorgung
(Kanton, z.T. Gemeinde)

Abwasserentsorgung
(Kanton)

2. Wozu Staat?

Beispiel 2: Am Schalter der Gemeindeverwaltung Bettingen

Montag morgen um neun Uhr. «Guten Morgen Herr B.», tönt es durch das Schalterfenster. Angela Lauricella, die junge Gemeindeangestellte, nickt dem Ankömmling freundlich zu. Hans B. will seine Lenzenbewilligung um ein Jahr verlängern. Oben am Wald hat er eine kleine Parzelle gepachtet. Um mit seinem Wagen hinauffahren zu können, benötigt er eine Sonderbewilligung. Der jährliche Eintrag auf seinem Schein kostet ihn fünf Franken.

Kurze Zeit später klingelt das Telefon. Frau Professor Z. bestellt die Grünabfuhr für ihren Garten. Die Angestellte notiert sich die Menge und den erwünschten Termin. Sie werde den Werkhof benachrichtigen. Die Rechnung stelle später die Gemeindeverwaltung.

Um halb zwölf muss die Gemeindeangestellte ihre Schreibarbeit erneut unterbrechen. Michael G. ist am Schalter erschienen und möchte sich amtlich melden. Vor zwei Tagen ist er zusammen mit seiner Frau und seinem kleinen Sohn in Bettingen zugezogen. Angela Lauricella öffnet ihm die Türe zum Büroraum und bittet ihn, neben ihr Platz zu nehmen. Nachdem sie den Heimatschein entgegengenommen hat, gibt sie die persönlichen Daten in den Computer ein. Kurze Zeit später kann Michael G. den ausgedruckten Auszug überprüfen. Nach Bezahlung einer kleinen Gebühr lässt er sich die neue Adresse in die Identitätskarte eintragen. Nein, das koste nichts. Angela Lauricella schüttelt lachend den Kopf. «In nächster Zeit erhalten Sie von uns ein Begrüssungsschreiben. Dem liegen Reglemente, Merkblätter und unsere Dorfchronik bei.»

Am Nachmittag betritt Frau S. die Kanzlei. Sie wird mit Namen begrüsst. Ums freundliche Plaudern ist ihr heute aber nicht zumute. Sichtlich verärgert zieht sie die Steuerveranlagung der Gemeinde aus der Handtasche. «50 Franken Verzugszins! Das ist die Höhe!» Sie habe ihre Steuerrechnung erst jetzt erhalten, konnte sie früher gar nicht bezahlen. Angela Lauricella ist schnell im Bild. Frau S. hat ihre Erklärung im Juni eingereicht. Bis Ende August, dem Fälligkeitstermin, konnte sie unmöglich bearbeitet sein. Wenn sie die Steuererklärung bis Ende März abgebe oder bis zum Fälligkeitstermin 80% der Steuersumme bezahle, entfalle der Verzugszins. Die Angestellte empfiehlt ihr, beim nächsten Mal der Einladung zur Vorauszahlung zu folgen. Für ihre Zahlung erhalte sie dann von der Gemeinde einen Vergütungszins. Frau S. ist nicht zufrieden, das hätte man ihr vorher sagen sollen. Nach einigem Hin und Her verlässt sie grusslos das Gemeindehaus. Das Schreibmaschinengeklapper setzt erneut ein.

Gegen Abend nochmals ein Anruf. Roland R. möchte sich demnächst in Bettingen trauen lassen. Die Ziviltrauung könne ohne weiteres im Bettinger Gemeindehaus stattfinden. Er müsse sich aber an das kantonale Zivilstandsamt wenden. Die Gemeindeangestellte nennt ihm den zuständigen Beamten und die direkte Telefonnummer. «Und nun wünsche ich Ihnen alles Gute.»

In der Stadt Basel fehlen Gemeindebehörden und die entsprechenden Dienste werden durch kantonale Stellen versehen. (Vgl. S. 147)

Beispiel 3: Gesundheitsversorgung einer Familie während eines Jahres

Patient	Krankengeschichte	Leistungen Gesundheitsdienste von Privaten	Leistungen Gesundheitsdienste vom Staat	Kosten Patient	Krankenkasse	Unfallversicherung	Staat
Vater 43jährig	4 Tage Grippe mit Fieber	Apotheke Hausarzt: 2 Konsultationen		35.– 68.50	32.50		
	Zahnschmerzen	Zahnarzt: 2 Konsultationen 1 Füllung		150.–			
Mutter 41jährig	gelegentliche Kopfschmerzen	Apotheke		15.–			
	Schlafstörungen im Juli	Hausarzt: 3 Konsultationen Apotheke		100.– 2.–	50.– 18.–		
			Frauenspital: Vorsorgeuntersuchung	7.–	63.–		
Sohn 17jährig	Erkältung, kleine Wunde	Apotheke		35.–			
	Übertreten des Fusses, Bänderzerrung	Apotheke	Notfallstation: Röntgenaufnahme und 3 Konsultationen			200.–	
		Zahnarzt: Kontrolle		70.–			
Tochter 15jährig	Sonnenbrand, allergische Reaktion	Hausarzt: Konsultation Apotheke		5.– 1.–	45.– 10.–		
	Verdauungsstörung	Apotheke		5.–			
			Schulzahnarzt: Vorsorgeuntersuchung in der Schule				20.–

2. Wozu Staat?

Patient	Krankengeschichte	Leistungen Gesundheitsdienste von Privaten	Leistungen Gesundheitsdienste vom Staat	Kosten Patient	Krankenkasse	Unfallversicherung	Staat
Grossvater 74jährig	Zusammenbruch im Juli: Hirnblutung, Kreislaufzusammenbruch In der Folge: halbseitige Lähmung, noch sprechfähig, aber verwirrt, bettlägrig		Notfalltransport, drei Tage Intensivstation, sechs Wochen Spitalpflege (Warten auf freies Pflegebett) Alterspflegeheim des Bürgerspitals	100.– 9975.– täglich 150.–*	100.–		26 700.–

*wird je nach Einkommen und Vermögen zu einem grossen Teil vom Staat übernommen.

Beispiel 4: Herr C. aus Ettingen kauft ein Umweltschutzabonnement

1983
Herr C. bewohnt mit seiner Familie ein Eigenheim in Ettingen. Seinen Arbeitsplatz im Werk Klybeck/Basel der Ciba-Geigy erreicht er täglich im Privatwagen. Seit der Eröffnung des Autobahnteilstückes «J 18» schafft er die Strecke in zwanzig Minuten. Vom reservierten Parkplatz gelangt er in fünf weiteren Minuten in sein Büro. Er ist kein Einzelfall: Von den rund 2000 Erwerbstätigen in seiner Wohngemeinde arbeitet rund die Hälfte in Basel. 51% von ihnen pendeln mit dem Privatauto. Eigentlich weiss Herr C., dass es besser wäre, wenn sie auf das öffentliche Verkehrsmittel umstiegen. Die Abgas- und Lärmimmissionen würden erheblich gemindert, der Energiebedarf wäre kleiner und der kostbare Stadtboden könnte nutzbringender verwendet werden. Herr C. war durchaus bereit, es einmal mit dem öffentlichen Verkehr zu versuchen. Als sein Auto in der Werkstatt überholt wurde, stieg er am Morgen in die blaue Birsigtalbahn. Von der Endstation Heuwaage marschierte er zu Fuss zur Tramhaltestelle Barfüsserplatz. Anschliessend liess er sich im überfüllten Tram zum Wiesenplatz fahren. Gut 55 Minuten kostete ihn die Strecke bis zum Büro. Als er am nächsten Morgen das Bähnchen verpasste, musste er eine volle Viertelstunde warten. Und dafür soll er monatlich noch 65 Franken bezahlen?

1987
Seit der Eröffnung der Autobahnausfahrt Aesch im letzten Jahr hat sich die Autofahrt ins Büro noch um zwei Minuten verkürzt. Die Freude an der gewonnenen Zeit wird Herrn C. leider vergällt, denn insgeheim plagt ihn

seit der Schaffung des Umweltschutzabonnements für den öffentlichen Verkehr das schlechte Gewissen. Nachdem die Familie etwas Entscheidungshilfe geleistet hat, unternimmt er im Oktober einen Versuch. Das Monatsabonnement wird jetzt vom Kanton und von der Gemeinde mit Fr. 22.50 subventioniert und kostet nur noch vierzig Franken. Trotzdem ist sein Geltungsbereich auf alle Bahnen, Trams und Buslinien der Nordwestschweiz ausgeweitet. Es ist übertragbar: Am Wochenende kann es seine Frau benützen. Nach Basel führt jetzt statt der Schmalspurbahn das gelbe Tram. Verpasst er einen Kurs, muss er höchstens noch zehn Minuten warten. Herr C. besteigt die Einsatzlinie 17, die ihn in 37 Minuten direkt von Ettingen zum Wiesenplatz bringt. Der Sitzplatz ist ihm sicher, obwohl sich die Zahl der Fahrgäste auf den Tarifverbundlinien 10/17 beinahe verdoppelt hat: von 5,7 Millionen im Jahre 1983 auf über zehn Millionen 1987. Allein in Ettingen haben monatlich im Durchschnitt 1084 Personen ein Umweltschutzabonnement gekauft. Einem deutschen Geschäftsfreund gegenüber brüstet sich Herr C. mit dem Basler Tarifverbund. Fürs erste bleibt das Auto werktags in der Garage.

(Zum Pendlerverkehr vgl. S. 45–49)

Beispiel 5: Manuela berichtet von ihrer Berufswahl

An einem Wintermorgen im 10. Schuljahr waren wir mit unserem Klassenlehrer im kantonalen «Amt für Berufsberatung» angemeldet. Ich hatte ein Gefühl, wie wenn ich zum Zahnarzt müsste. Würde einem der Berufsberater die schönsten Berufsträume «ausziehen»?

Es war gar kein Amt, sondern ein Laden. In einem grossen Schaufenster war der Arbeitsplatz eines Zahntechnikers aufgebaut: Zahnprothesen, Fräsmaschinen, Lötkolben... Nichts für mich! Der Laden war poppig aufgemacht: Von einer roten Dachlandschaft strömte Musik. Nach einer Einführung wurden wir aufgefordert, uns selbst zu informieren. Max und Felix hatten sich bald am Computer zurechtgefunden, meine Banknachbarin Lise sah sich eine Tonbildschau an, und eine ganze Traube starrte in einen Bildschirm. Die übrigen blätterten in farbigen Broschüren, die zu Hunderten in Schäften ausgelegt waren. Alle schienen zu wissen, was sie wollten, und Daniela, meine Freundin, schwärmte von ihrer Zukunft als Lastwagenfahrerin. Bloss ich irrte ziellos umher und blätterte mal da, mal dort in einer Berufsbeschreibung. Nach einiger Zeit fasste ich mir ein Herz und bat die Berufsberaterin um Hilfe. Ich wurde mit meiner Mutter zu einer Einzelberatung bestellt und musste ein Personalblatt ausfüllen. Bis dann sollte ich eine Rangliste meiner Lieblingsberufe erstellen.

In der ersten Besprechung erklärte Mutter, sie hätten mich nach Ablauf der Schulpflicht in der Schule belassen, weil ich mich nicht für einen Beruf entscheiden konnte. Auch von Reife und von mittelmässigen Schulleistungen war die Rede, ich verdrehte die Augen. Die Beraterin forderte mich auf, meine Lieblingsberufe vorzustellen. Ich versuchte zu erklären, was mich am Beruf der Kinderkrankenschwester und der Tierärztin anzog.

In den beiden folgenden Sprechstunden liess mich die Beraterin einen Intelligenztest und zwei Neigungstests schreiben. Die Ergebnisse – sie nannte das Begabungs- und Neigungsprofil und hatte es als Kurve

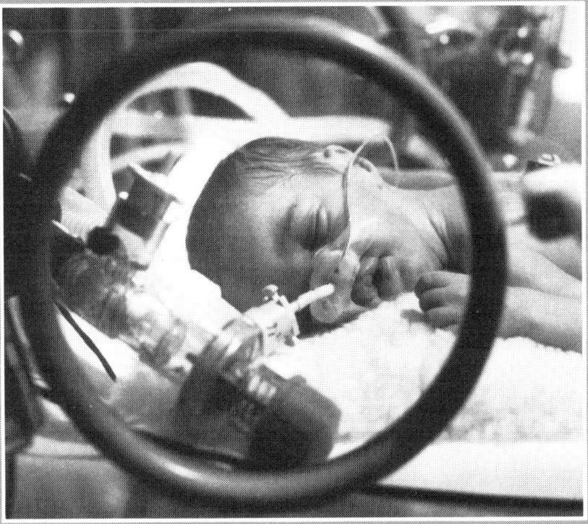
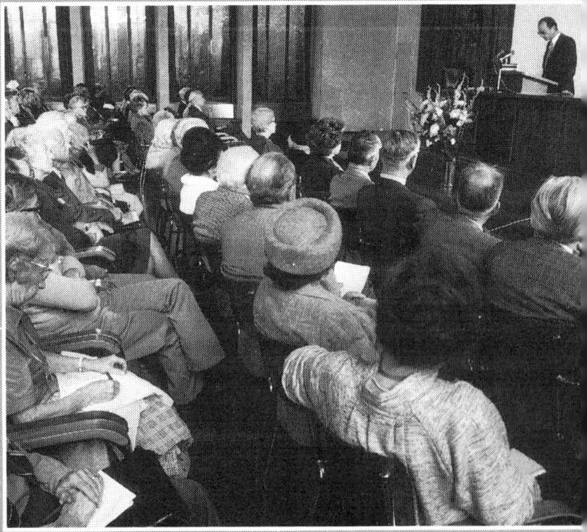
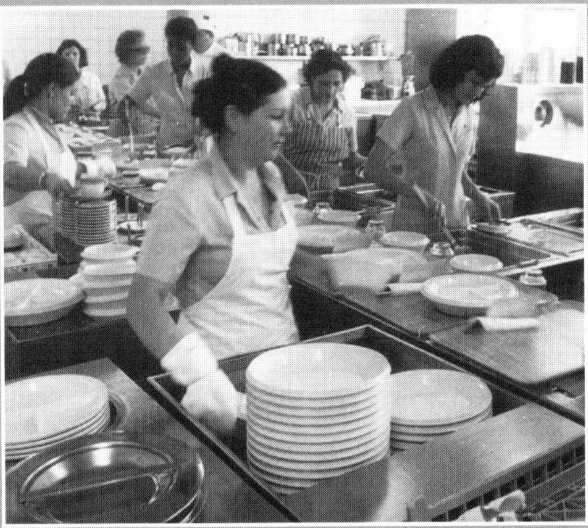
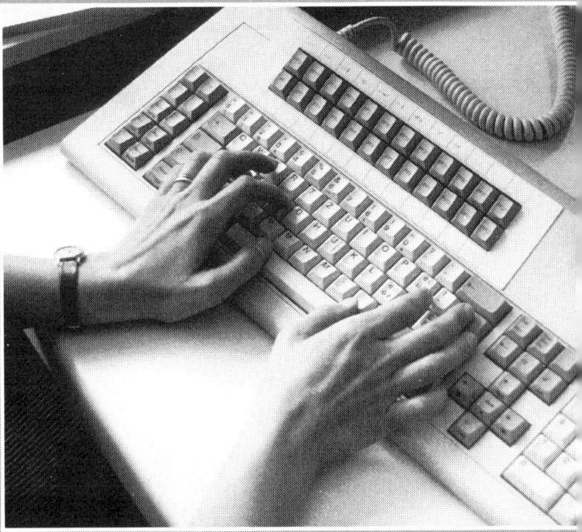
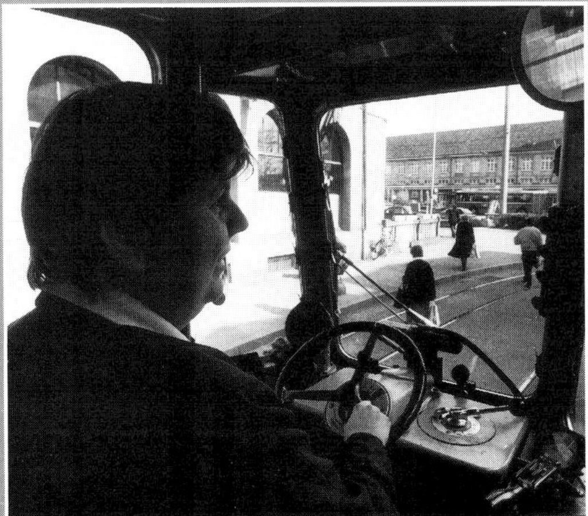
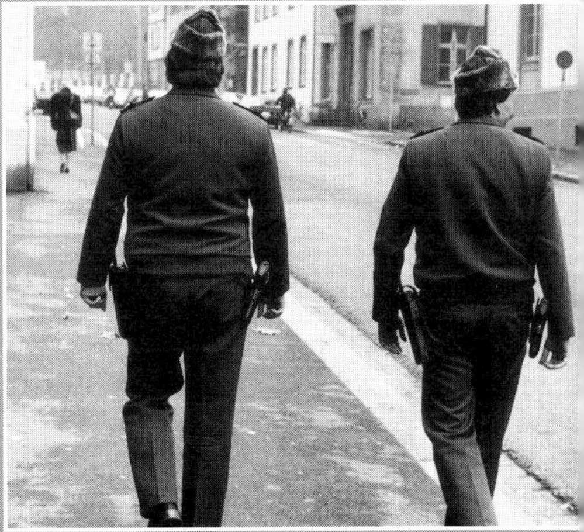

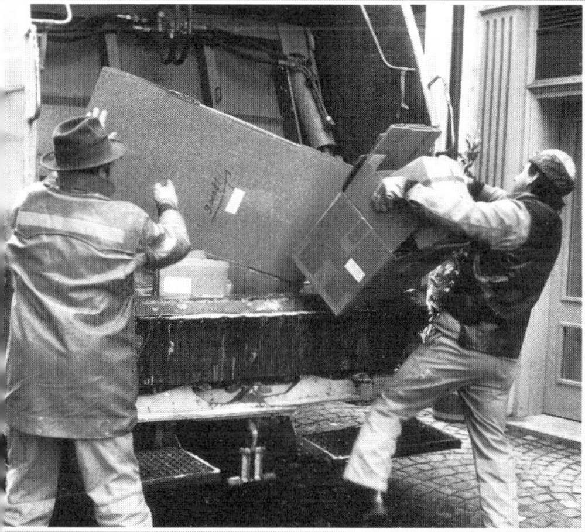

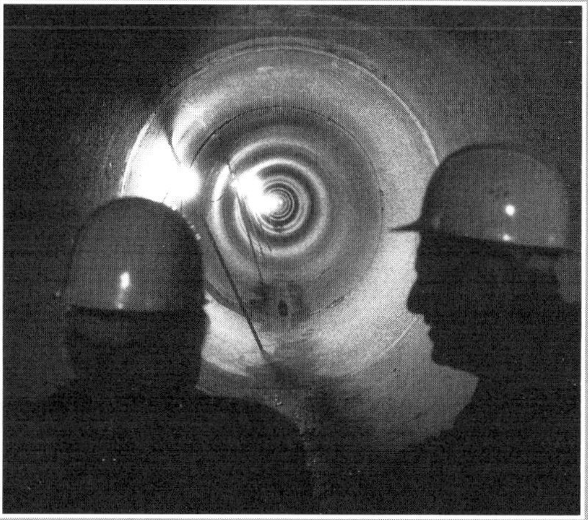

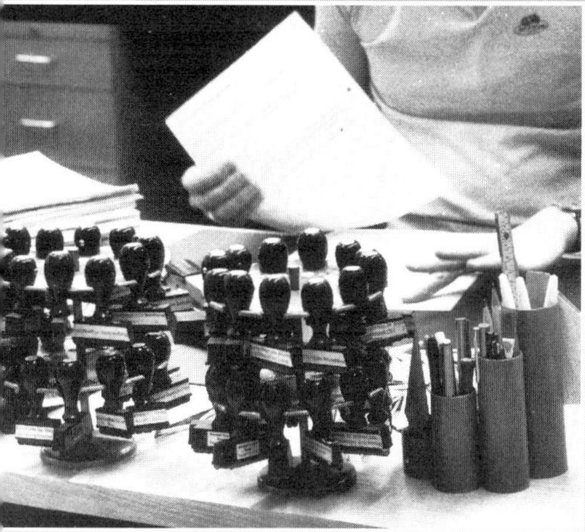

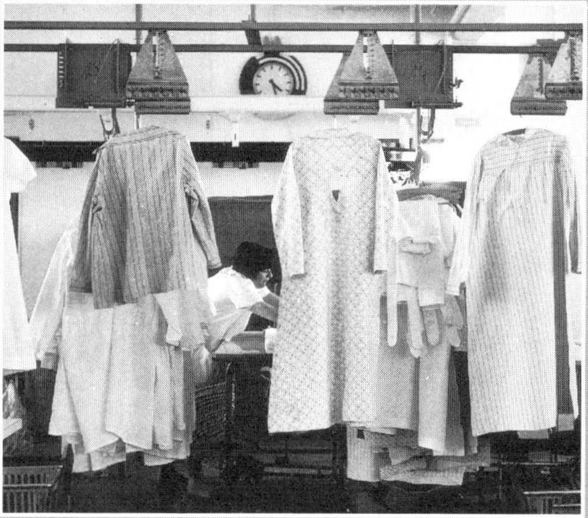

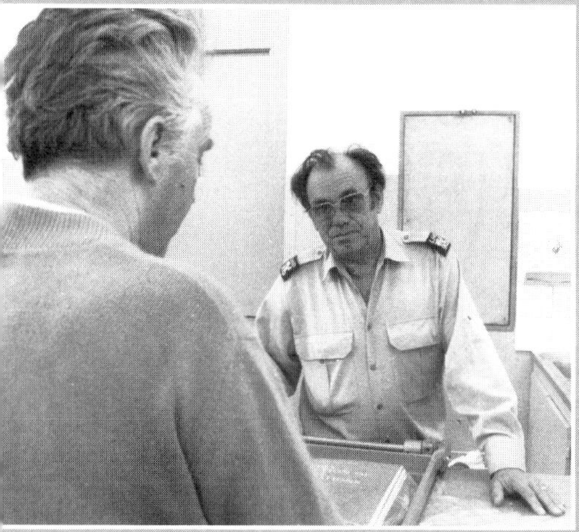

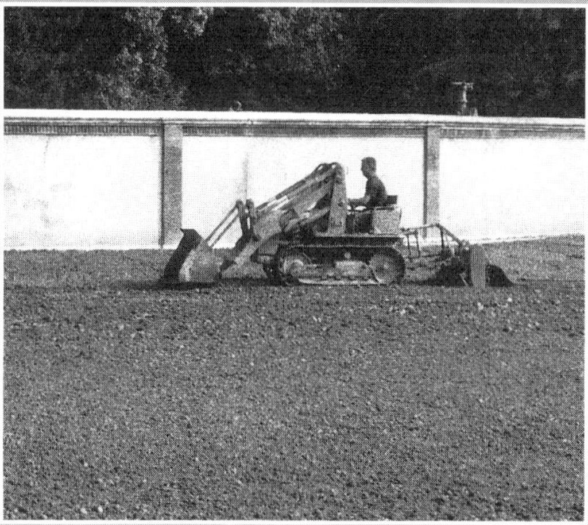

aufgezeichnet – haben wir dann mit meinen Berufswünschen verglichen. Ich zöge Handarbeit der Kopfarbeit vor und beschäftige mich gern mit etwas Praktischem, mit Natur oder mit Gegenständen. Später habe ich im Berufswahlladen nachgeforscht, worin die Arbeit in meinen Wunschberufen genau besteht. Auf Empfehlung der Beraterin habe ich noch drei weitere Berufsziele hinzugezogen. Kinderkrankenschwester war vielleicht doch nicht das Wahre, und um Tierärztin zu werden, müsste ich den Sprung ins Gymnasium schaffen. Im Schwimmclub kann ich zwar ganz schön ehrgeizig sein. Bei der Regionalausscheidung bin ich nur ganz knapp gescheitert. Aber die Aussicht auf weitere Schuljahre, auf die Maturitätsprüfung und auf die Büffelei an der Uni schien mir wenig verlockend. Ich entschied mich für eine Schnupperlehre in einer Gärtnerei und in einem Kinderheim. In der letzten Besprechung war ich meiner Sache sicher. Die Arbeit in der Gärtnerei hatte mir so gut gefallen, dass ich gar nicht mehr ins Kinderheim wollte. Die schriftliche Bewerbung um eine Lehrstelle bei der Gärtnerei Blum und die Anmeldung bei der Gewerbeschule wollte mir die Beraterin leider nicht abnehmen.

Wenn alles gut geht, bin ich nächstes Jahr gelernte «Topfpflanzen- und Schnittblumengärtnerin». Später könnte ich mich noch zur Obergärtnerin oder zur Gartenbauingenieurin ausbilden lassen. Wie das tönt! Ende gut, alles gut? Ich weiss nicht. Nachdem der Lehrmeister heute an mir herumgemäkelt hat, wäre ich am Nachmittag am liebsten zu Hause geblieben. Aber das ist ein anderes Kapitel.

Beispiel 6: Vom Baugesuch bis zum Baubeginn

Ein Grossverteiler besitzt zwei angrenzende Liegenschaften an der Ecke A-Strasse/ B-Gasse. Im Gebäude an der A-Strasse betreibt er ein Lebensmittelgeschäft. Die Ladenfläche soll um 130 m² auf 275 m² vergrössert werden. Zu diesem Zweck will die Firma das Gebäude umbauen. Das angrenzende Eckhaus befindet sich in einem schlechten baulichen Zustand und soll abgebrochen werden. Der Neubau erhielte an der Eckfront fünf und gegen die B-Gasse ein Geschoss. Durch den Um- und Anbau würde die Nutzung der Parzelle verbessert, und es könnte mehr Familienwohnraum vermietet werden. Ein Architekt erhält den Auftrag, den Bau zu planen und beim Bauinspektorat einzugeben. Gleichzeitig erwirkt er die erforderliche Abbruchbewilligung bei der Schlichtungsstelle für Mietstreitigkeiten. Die Baueingabe *erfolgt im Februar 1987.*

Nach einer Vorprüfung schreibt das Bauinspektorat den geplanten An- und Umbau am 25. 2. 1987 im Kantonsblatt und in den Tageszeitungen aus und legt die Pläne öffentlich auf. Innerhalb von 30 Tagen kann gegen das Vorhaben Einsprache erhoben werden. An der verkehrsreichen A-Strasse unmittelbar neben dem Lebensmittelgeschäft befindet sich ein Hotel. Sein Besitzer hat sich die Pläne beim Bauinspektorat angesehen. Dass der Neubauflügel gegen die B-Gasse nur eingeschossig werden soll, missfällt ihm. Ein mehrgeschossiges Gebäude würde den Strassenlärm vom Hof des Gevierts abhalten. Davon würden seine Hotelgäste und natürlich auch die andern Anwohner profitieren. Er formuliert eine Einsprache, *in der er eine höhere Überbauung verlangt. Daraufhin bittet das Bauinspektorat den Bauherrn um eine Stellungnahme. Der Grossverteiler ist* bereit, den beanstandeten Bauteil um zwei Geschosse zu erhöhen. Im März 1988 werden die überarbeiteten Pläne eingereicht. Kurz darauf kommt es zur zweiten Baupublikation in den Zeitungen. In einem Brief an den Hotelier verweist das Bauinspektorat auf die Überarbeitung des Projektes. Die Einsprache freilich wird formell abgewiesen. «Sie können», heisst es in der Begründung, «von Ihrem Nachbarn nicht verlangen, dass er ein Gebäude erstellt, das Ihnen als Schallschluckwand dient.»

In der Zwischenzeit hat der zuständige Bauinspektor überprüft, ob das Projekt den gesetzlichen Vorschriften bezüglich Bauhöhe, Bautiefe, Gebäudenutzung, Sicherheit usw. entspricht. Er leitet das Baugesuch nun an weitere Prüfungsinstanzen weiter. Die Allmendverwaltung verlangt etwa, dass genügend Stauraum für die Anlieferung an der B-Gasse vorgesehen wird, damit die Passanten auf dem Trottoir nicht behindert werden. Das Feuerwehr-Inspektorat erinnert an die vorschriftgemässe Markierung der Notausgänge. Die Beleuchtung der Hinweistafeln muss auch bei Netzausfall gewährleistet sein. Die Energiesparkommission macht den Bauherrn darauf aufmerksam, dass das Ladenlokal gegen die Strasse hin selbstschliessende Türen oder Drehtüren haben muss. Warmluftvorhänge seien aus Energie-

Die Rolle des Bauinspektorats im Baubewilligungsverfahren

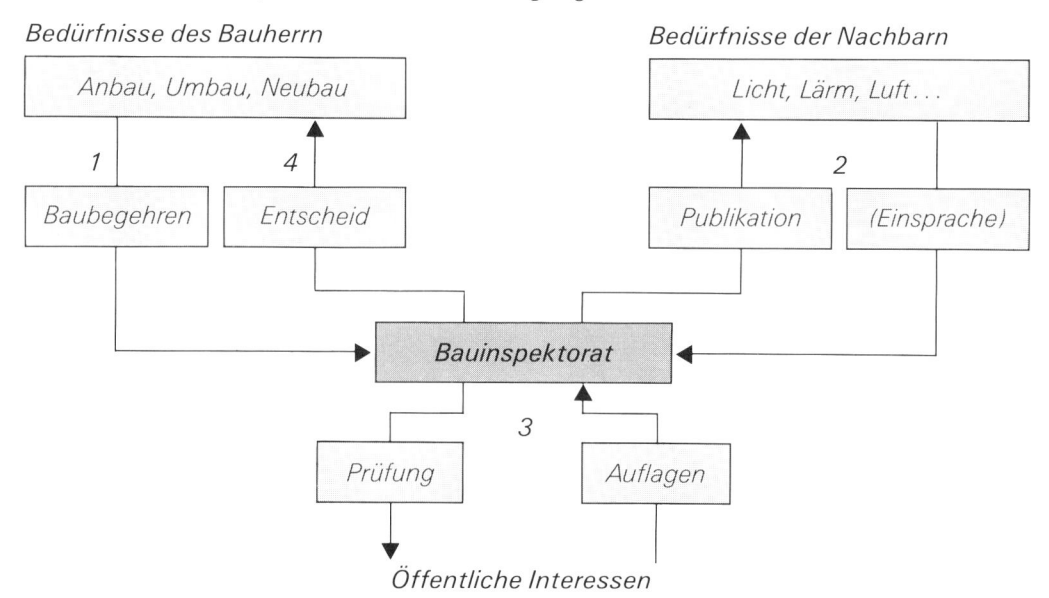

soweit sie in den Gesetzen und Verordnungen von Bund und Kanton festgelegt sind.
Sie betreffen:
Sicherheit, Bauhöhe, Bautiefe, Grenzabstand, Nutzung Gebäude, Denkmalschutz, Baumschutz, Brandschutz, Energiesparen, Gewässerschutz, Verkehrsverhältnisse, Nutzung der Allmend, Hygiene, Zivilschutz...

2. Wozu Staat?

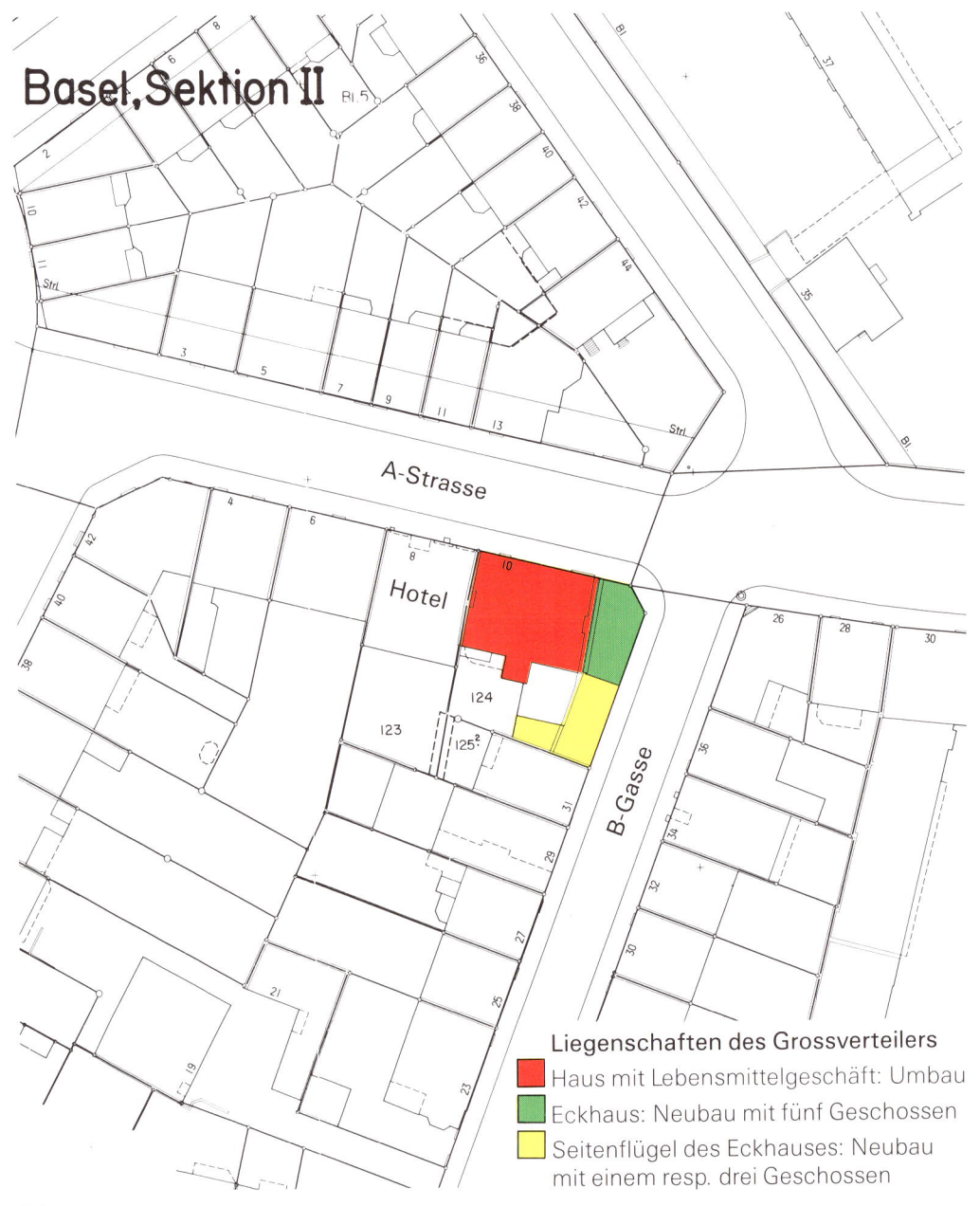

Basel, Sektion II

A-Strasse

Hotel

B-Gasse

Liegenschaften des Grossverteilers
- Haus mit Lebensmittelgeschäft: Umbau
- Eckhaus: Neubau mit fünf Geschossen
- Seitenflügel des Eckhauses: Neubau mit einem resp. drei Geschossen

spargründen unzulässig. Das Amt für Zivilschutzbau schliesslich legt fest, dass ein Schutzraum für 39 Personen vorzusehen ist. Im weiteren äussern sich auch das Amt für Kantons- und Stadtplanung, die Stadtbildkommission, das Gewässerschutzamt und das Lebensmittelinspektorat. Anfang August 1988 kann der Bauinspektor dem Architekten mitteilen, das Baugesuch sei bewilligt worden. In einem Anhang werden die verschiedenen Auflagen detailliert mitgeteilt.

Wenige Tage später wird die Eckliegenschaft abgebrochen. Der Bauherr will möglichen Besetzern zuvorkommen. Baubeginn ist im März 1989. Durch regelmässige Kontrollen überzeugt sich der Bauinspektor, dass allen Auflagen entsprochen wird.

Beispiel 7: Am Börsenring

Von einem kürzlich verstorbenen Onkel habe ich eine Chemie-Aktie geerbt. Auf dem Papier steht 100 Franken. Das ist der Nominalwert, jener Betrag also, mit dem der erste Käufer sich am Chemieunternehmen beteiligt hat. Bei gutem Geschäftsgang zahlt die Firma jährlich einen Gewinnanteil, die Dividende. Die Aktie, so wurde mir versichert, sei heute hoch im Kurs, sie sei über 2000 Franken wert, denn die Firma erwirtschafte Jahr für Jahr höhere Erträge. Dieser Kursgewinn sei das Hauptziel des Aktienkaufes. Ich könne ihn aber erst realisieren, wenn ich die Aktie an der Börse verkaufe.
Was soll ich mit einer jährlichen kleinen Dividende und mit der Aussicht auf weiteren

Kursgewinn? Ein Kundenberater meiner Bank war gerne bereit, meine Aktie am nächsten Morgen an der Basler Wertschriften-Börse zu veräussern. Er konnte ein Schmunzeln nicht verkneifen, als ich ihm erklärte, dass ich gerne dabei wäre. Der Handel daure nur Sekunden, die Aktie bleibe im Banktresor. «Aber wenn Sie darauf bestehen, die Börsensitzungen sind öffentlich und beginnen werktags um zehn Uhr.»

Die Basler Wertpapier-Börse ist über 100 Jahre alt und wird seit der Jahrhundertwende vom Staat in Zusammenarbeit mit den Banken geführt. Als ich mich kurz vor zehn auf der Tribüne einfand, hatten sich der Börsenkommissär und seine Mitarbeiter schon an ihren Schreibtischen im Börsenring eingerichtet. Am Ring standen die Händler der zugelassenen Banken. Sie können am Bildschirm jederzeit die Börsenkurse aus Zürich, aus der Londoner City oder aus der New Yorker Wall-Street abrufen. Hinter den Ringhändlern stehen die Assistenten, die den telefonischen Kontakt mit den Bankzentralen aufrecht erhalten. Jetzt begann der Börsenschreiber die zugelassenen Wertpapiere oder Titel in der festgelegten Reihenfolge zu verlesen, und ein lautes Geschrei ertönte. Mit vorgestrecktem Arm schrien die Ringhändler einander Worte und Zahlen zu. Die Rufe folgten oft so dicht aufeinander, dass ich nichts mehr verstand. Dann wurden die Stimmen lauter, die Bewegungen hektischer. Die Assistenten eilten in die Telefonkabinen, um geheimnisvolle Instruktionen zu holen, und hetzten zurück an den Ring.

Eine börsenkundige Zuschauerin erklärte mir, «Brief» riefen jene, die aufgerufene Aktien zum Verkauf anböten, mit «Geld» meldeten sich die Käufer, die Zahlen bedeuteten Preise. Der Börsenkommissär vermittle die Verträge. Notfalls lose er den Käufer aus.

«Ja gibt es denn bei diesem Tempo nicht dauernd Missverständnisse?» – «Höchst selten! Auch in diesen Fällen – sogar bei Verlust – gilt die eingegangene Verpflichtung.» Ich erfuhr, dass meine Aktie schon lange verkauft worden war, bei leicht gestiegenem Kurs. Zu dumm, warum hatte ich nicht noch einige Tage gewartet! Am nächsten Morgen erhielt ich die schriftliche Bestätigung und die Zahlungsanzeige. Meine Börsenkarriere war beendet.

Beispiel 8: Wer bezahlt das Theater?

In der kleinen Familienszene beim Abendessen spielen Vater, Mutter, Tochter (Maturandin), Sohn (Banklehrling).

Tochter (zum Vater) Angenommen die Theatervorführung heute abend koste 164 Franken. Würdet ihr hingehen?
Vater Wären die Preise derart übersetzt, hätten die Basler Theater längst schliessen müssen.
Tochter Soviel müsstet ihr aber bezahlen, wenn nicht Jahr für Jahr über 30 Millionen Steuergelder in euer Theater fliessen würden. Gut 80% der Betriebskosten.
Vater Das ist es ja. Es handelt sich um einen Betrieb mit 600 Mitarbeitern. Ein grosses professionelles Theater kann nicht kostendeckend arbeiten, nirgends. Deshalb muss der Staat einspringen.
Tochter Vom teuren Theater erwartet er Staatserhaltendes: Oper, Ballett, klassisches Theater. «Kulinarische» Genüsse für eine verwöhnte Elite.
Mutter (lacht) Heute werden Schillers «Räuber» gegeben, kein Drama,

	das den Mächtigen schmeichelt. Du hast kürzlich selbst von jenem Stück auf der kleinen Bühne berichtet, in dem die letzten Überlebenden einer Umweltkatastrophe auf einem Floss den Rhein hinuntertreiben.
Vater	Die Spielpläne macht ja nicht der Grosse Rat ...
Tochter	Bewahre, das gäbe bloss Schmierentheater!
Sohn	Ihr könntet in der Pause die Jennys aus Arlesheim fragen, wann die Theatermillionen aus Liestal kommen. Für die 35% Zuschauer aus dem Steuerparadies auf der Landschaft bezahlen wir Städter auch gleich Subventionen.
Vater	(zum Sohn) Du? (zur Tochter) Ihr vom Kulturtreffpunkt Kaserne versteht es auch gut, beim Staat die hohle Hand zu machen.
Mutter	30 Millionen fürs grosse Theater, und für die kleinen soll nichts abfallen? Wie sagst du immer: Das Kulturangebot muss breit sein, damit sich möglichst viele beteiligen können.
Sohn	Natürlich, das berühmte Giesskannenprinzip! Wirksamer wäre die gezielte und punktuelle Förderung bestimmter Veranstaltungen.
Tochter	Solche Einrichtungen gibt es. Der Theatergruppe «OD» wurde ein Werkjahr bezahlt, damit sie ein Stück einstudieren konnte.
Vater	Bezahlen, bezahlen! Will sich die Avantgarde immer beim Staat andienen? Vor einigen Jahren hat der verstorbene Galerist Felix Handschin ganz privat die berühmten Hammerausstellungen organisiert.
Sohn	Richtig, privates Sponsoring! Wenn die Bürokraten in den Ämtern es bloss nicht behindern.
Tochter	Eine Idee mehr: Die Banken fördern Kreativität, ganz ohne Hintergedanken.
Sohn	Na wenn schon! Kulturförderung muss bloss so betrieben werden, dass sie mit den vorhandenen Mitteln möglichst viel bewirkt. Ich zum Beispiel gehe jetzt ins Kino, bezahle Billettsteuer und fördere damit indirekt das Theater.
Mutter	Das Stichwort! Komm, unsere Vorstellung beginnt bald.

Vorhang

Beispiel 9: Ein Besuch in der öffentlichen Kunstsammlung

Ein Gast aus den USA hat sich angesagt. Ich treffe ihn vor dem Kunstmuseum, das er auf der Durchreise gerne besuchen möchte. Er hat schon viel davon gehört und kann sich nicht genug wundern, dass es sich um eine öffentliche Sammlung, das heisst, um ein staatliches Museum handelt. «Wie kommt euer Liliput-Staat in den Besitz einer so kostbaren Sammlung? Die muss ja Hunderte von Millionen Franken gekostet haben.» Ich erkläre ihm, dass es sich um die älteste öffentliche Kunstsammlung der Welt handelt, die kontinuierlich vergrössert worden ist. Aus dem Haus zur Mücke kam sie 1849 in die Augustinergasse, in den ersten Museumsbau der Schweiz. In diesem Palast wurden alle Museumsgüter des Kantons ausgestellt: Bilder, goldene Zunftbecher, Münzen, afrikanische Masken, Gesteine, ein Mammutskelett und vieles andere. In der Zwischenzeit sind diese Sammlungen derart angewachsen, dass sie auf über zwei Dutzend Museen

2. Wozu Staat?

Kunstmuseum: Figuren von Alberto Giacometti (1901–1966), Emanuel Hoffmann-Stiftung

verteilt werden mussten. Die Gemäldegalerie ist seit 1936 in diesem Haus untergebracht. Mit über 200 000 Besuchern im Jahr ist sie der grösste Publikumsmagnet unter den Basler Museen.

Natürlich will mein Gast Hans Holbeins Erasmus-Bildnis von 1532 sehen. Nach dem Tode des berühmten Humanisten hat der Kunstsammler und Gelehrte Bonifacius Amerbach dieses und andere Gemälde geerbt. 1661, in der Zeit von Bürgermeister Rudolf Wettstein, erwarb die Stadt die Sammlung oder wie es damals hiess das Kabinett Amerbach, um den Verkauf ins Ausland zu verhindern.

Später bleiben wir vor Marc Chagalls «Rabbiner» aus dem Jahre 1926 stehen. Dieses kostbare Bild hing ursprünglich in der Kunsthalle von Mannheim. 1939 hat es Georg Schmidt, der damalige Direktor des Basler Museums, für lächerliche 1600 Franken kaufen können, weil im Hitler-Staat kein Platz mehr für Bilder jüdischer oder avantgardistischer Künstler war.

Pablo Picasso (1881–1973) mit zwei geschenkten Bildern

Gut erinnern kann ich mich an den Erwerb von Picassos «Les deux frères» (1905). Das Bild, das dem Museum von einem privaten Sammler ausgeliehen worden war, sollte verkauft werden. In einer denkwürdigen

Volksabstimmung wurden 1967 sechs Millionen Franken für dieses und ein weiteres Bild bewilligt. Die fehlenden 2,5 Millionen sind bei Gönnern und an einem Volksfest gesammelt worden. Vor Freude schenkte Picasso der Stadt damals vier weitere Bilder.

Es versteht sich, dass der Staat solche Summen für den Kauf von Kunst nur in Ausnahmefällen aufbringen kann. Die staatlichen Museen sind auf private Gönner und Donatoren angewiesen. Seit 1933 ermöglicht zum Beispiel die Emanuel Hoffmann-Stiftung den Erwerb zeitgenössischer Kunst. Sie ist in einem eigenen Museumsbau untergebracht, den die gleiche Stifterin der Öffentlichkeit 1980 geschenkt hat. Das Museum für Gegenwartskunst will sich mein Gast beim nächsten Besuch in Basel ansehen.

Beispiel 10:
Sprechstunde beim Ombudsman

Eine jüngere Staatsangestellte hat sich beim Ombudsman des Kantons im ersten Obergeschoss eines Geschäftshauses in der Freien Strasse angemeldet. Sie ist von einer vorgesetzten Behörde ungerecht behandelt worden. Davon ist sie fest überzeugt. Ob sie hier Hilfe bekommt? Der Ombudsman sei vom Grossen Rat gewählt und damit verwaltungsunabhängig, heisst es in einem Faltblatt, das im Vorraum aufliegt. Er möchte all jenen Vertrauenspartner sein, die der Ansicht seien, dass sie «von Behörden der öffentlichen Verwaltung Basel-Stadt nicht korrekt oder gar rechtswidrig» behandelt worden seien. Alter, Wohnort und Staatsangehörigkeit spielten keine Rolle. Am Telefon ist ihr versichert worden, dass die Sprechstunde kostenlos sei. Die junge Frau wird hereingebeten und freundlich aufgefordert, ihr Anliegen vorzutragen.

Sie sei begeisterte Fussballerin und trainiere eine Juniorinnen-Mannschaft. Letztes Jahr besuchte sie in ihren Ferien den dreitägigen Leiterkurs I von «Jugend und Sport» (J+S). Später erfuhr sie von einem Arbeitskollegen, dass er für den Besuch eines J+S-Kurses einen bezahlten Urlaub bezogen habe. Als sie sich für den einwöchigen Leiterkurs II anmeldete, bat sie deshalb um bezahlten Urlaub. Ihre Abteilungsleiterin hat das Gesuch bewilligt und weitergeleitet. Nach der Kurswoche wurde der erstaunten Mitarbeiterin eröffnet, ihr Gesuch sei auf Departementsebene abgewiesen worden. Der Bescheid habe sich auf dem Dienstweg verzögert und sei erst nach Kursbeginn eingetroffen. Es würden ihr vier Ferientage abgezogen. Während des Berichts hat der Ombudsman aufmerksam zugehört und eine Akte angelegt. Vor dem Abschied verspricht er, die Angelegenheit abzuklären und sie bald zu informieren.

In seinem Archiv mit kantonalen Gesetzen, Verordnungen und Reglementen wird der Ombudsman bald fündig. In einer Weisung des Personalamtes von 1974 wird empfohlen, für J+S-Kurse bezahlte Freitage zu bewilligen. Die betroffenen Mitarbeiter hätten jedoch «keinen Rechtsanspruch». Aus «betrieblichen Gründen» könne der Urlaub verweigert werden. Die kantonalen Amtsstellen sind verpflichtet, dem Ombudsman alle erforderlichen Akten herauszugeben, auch die geheimen. Der Ombudsman beschliesst, zunächst die drei betroffenen Personalleiter zu befragen. Sie bestätigen die Angaben der Beschwerdeführerin. Der Personalchef des Departementes erklärt, er habe das Gesuch nach Rücksprache mit dem Vorsteher abgelehnt. Der Besuch eines Trainerkurses für Damenfussball schien ihm «unnötig». Der Ombudsman gibt ihm zu bedenken, dass er für diesen Entscheid

69

keine «betrieblichen Gründe» geltend machen könne, weil die Mitarbeiterin den Kurs in der fraglichen Zeit habe besuchen können. Der Ombudsman habe nicht die Kompetenz, einen gefällten Entscheid aufzuheben. Er empfehle ihm, die Angelegenheit zu überdenken. Alle Antragsteller sollten gleich behandelt werden. Es dürfe keine Rolle spielen, ob jemand einen J+S-Kurs für Herren- oder für Damenfussball besuchen wolle. Der Personalchef ermächtigt daraufhin den Ombudsman, der betreffenden Mitarbeiterin schriftlich mitzuteilen, dass die Amtsstelle nun doch einen bezahlten Urlaub bewillige. Abschliessend kann der Ombudsman dem Personalchef dafür danken, dass der Fall «auf unbürokratische Weise und mit sportlicher Fairness gelöst werden konnte».
(Vgl. S. 83)

2.2. Was will der Staat?

Die Menschen im Gebiet des Kantons haben sich auf Dauer zu einem Staat zusammengeschlossen, dem sie die oberste Gewalt anvertraut haben. Als Gliedstaat der Schweizerischen Eidgenossenschaft ist Basel-Stadt im Rahmen der Bundesordnung selbständig. Unser Staat nimmt zusammen mit andern (Private, Bund, andere Kantone usw.) die folgenden Aufgaben wahr:

DER STAAT WILL

- Für ein friedliches Zusammenleben in einer gerechten Ordnung sorgen
- Die Teilnahme der Schweizer Bürgerinnen und Bürger an den politischen Entscheiden fördern
- Eine gesunde und lebenswerte Umwelt erhalten
- Zur allgemeinen Gesundheit beitragen
- Mit den Kantonen und Staaten in der Nachbarschaft zusammenarbeiten
- Bildung und Kultur fördern
- Eine ausgeglichene Sozial- und Wirtschaftsordnung anstreben, die Benachteiligten schützen
- Die Rechte und Freiheiten der Menschen schützen

2.3. Mehr oder weniger Staat?

Immer mehr Staatsangestellte?

1875 begnügte sich der Kanton mit seinen 55 000 Einwohnern mit 622 vollamtlichen Mitarbeitern. Heute nimmt er die Dienste von über 15 000 Angestellten in Anspruch. Das heisst aber nicht, dass die staatliche Verwaltung sich zu einem unüberblickbaren Bürokomplex mit einem Heer von Kanzlisten aufgebläht hätte. Die Mehrzahl der Staatsangestellten versieht ihren Dienst heute in Spitälern, Schulen, Verkehrsbetrieben, in den Industriellen Werken und in anderen öffentlichen Diensten. In der Nachkriegszeit hat sich der Staat zum grössten Dienstleistungsunternehmen entwickelt. Auf die Wachstumseuphorie der goldenen 60er Jahre folgte der Einbruch der 70er Jahre. Die Bevölkerungszahl begann zu sinken, und die Staatsrechnungen wiesen wachsende Defizite auf. Der Leistungsstaat schien überfordert. 1974 beschloss der Regierungsrat eine zehnprozentige Reduktion der Stellen in der Verwaltung. Dieses Ziel ist in etwa zehn Jahren erreicht worden. Durch diese Einsparungen und durch eine Effizienzsteigerung der staatlichen Dienste soll die Handlungsfähigkeit des Kantons gesichert werden. Der Bedarf an staatlichen Leistungen nimmt aber trotz Bevölkerungsrückgang nicht ab, weil Basel-Stadt viele Zentrumsdienste (etwa im Gesundheits- und im Bildungswesen) für die Bewohner der umliegenden Kantone und Staaten erbringt.

Immer mehr Gesetze?

Nicht nur die Zahl der Staatsangestellten hat sich vervielfacht, sondern auch die der staatlichen Normen, der Gesetze und Verordnungen. Die zunehmende Regelungsdichte hat verschiedene Ursachen.

Zum einen werden immer neue Lebensbereiche durch das staatliche Recht erfasst. Technische, wirtschaftliche und gesellschaftliche Neuerungen machen oft neue Gesetze nötig. Beispiele auf Bundesebene wären: Zur Bewältigung des aufkommenden Flugverkehrs war die Schaffung des Luftrechts nötig. Die Risiken der Atomindustrie liessen sich nur mit neuen Gesetzen beschränken. Die ständig wachsende elektronische Datenverarbeitung und ihr Missbrauch riefen die Datenschützer auf den Plan. Die Umweltbelastung durch Industrie, Verkehr und Haushalt schliesslich kann ohne entsprechende Gesetze nicht reduziert werden. Einmal geschaffen, bedürfen die Gesetze aber ständiger Anpassung und Erweiterung.

Zum andern ist der Bürger den anonym gewordenen Behörden gegenüber kritischer geworden. Er ist häufig nicht bereit, ihr Handeln hinzunehmen, wenn es ihm persönlich Nachteile bringt. Die Möglichkeiten, staatliche Entscheide anzufechten, sind erleichtert worden: Jede Verfügung enthält heute eine Rechtsmittelbelehrung. Das hat zur

Entwicklung der Verhältniszahl «Einwohner pro Staatsangestellten»
(Besetzte Stellen am Jahresende, zu Ganzzeiten aufgerechnet)
1875 betrug die Verhältniszahl rund 88, 1910: 40 und 1970: 18,3.

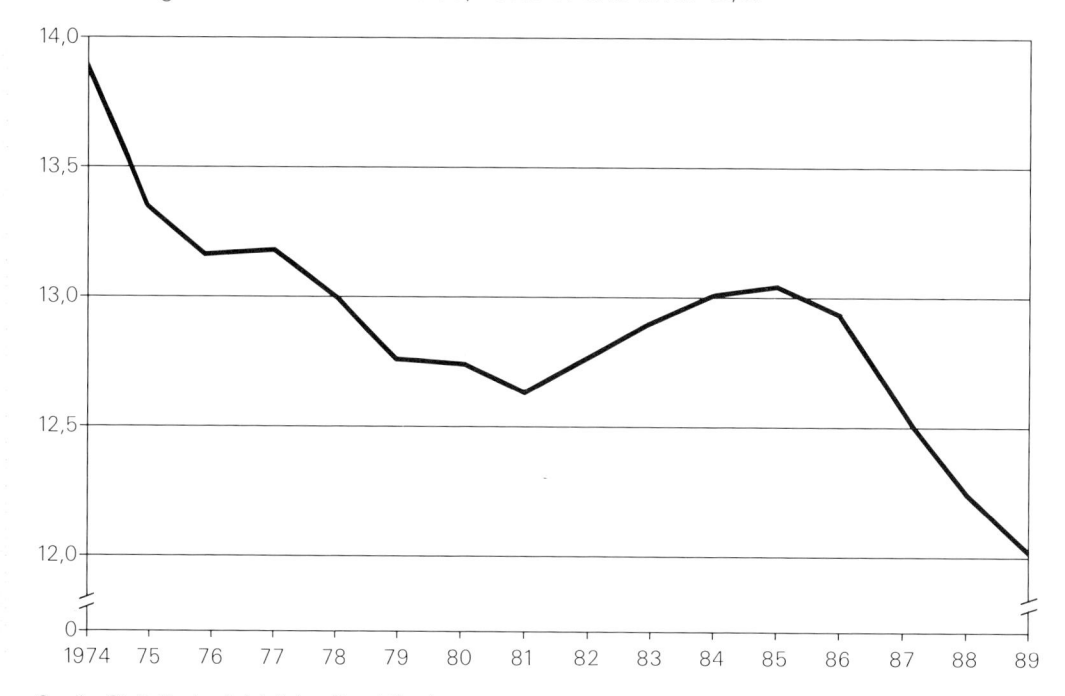

Quelle: Statistische Jahrbücher Basel-Stadt

Folge, dass der Ermessensspielraum der Behörden verkleinert wurde und dass staatliches Handeln in zunehmendem Mass detaillierter gesetzlicher Grundlagen bedarf.

Wachsender Staatsanteil?

Ein weiterer Gradmesser für die staatliche Aktivität ist der Staatsanteil, die sogenannte Bruttostaatsquote. Mit ihrer Hilfe lässt sich das Gewicht des Staates im Wirtschaftsganzen bemessen. Der Staatsanteil gibt die gesamten Staatsausgaben in Prozent des Bruttoinlandproduktes an (= Marktwert aller im Kanton produzierten Waren und geleisteten Dienste). Mit zunehmendem Entwicklungsstand steigen die Ansprüche an den Staat. Er muss die Infrastruktur ausbauen und Güter zur Verfügung stellen, die nicht privat produziert werden können.

Der höhere Staatsanteil kann aber Steuererhöhungen nach sich ziehen und die Wettbewerbsfähigkeit der Wirtschaft schwächen. Solange eine Unterversorgung an staatlichen Diensten besteht, werden diese Nachteile aufgewogen. Im Vergleich mit den übrigen westeuropäischen Staaten ist das Niveau des Staatsanteils in der Schweiz tief.

Staatsanteil in Basel-Stadt und im schweizerischen Durchschnitt

in Prozenten

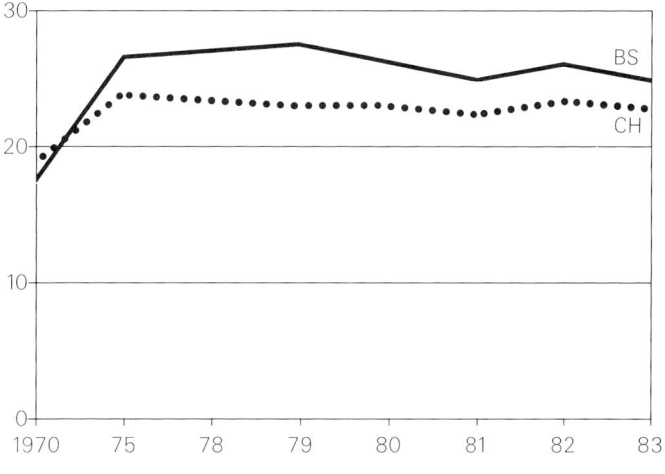

Quelle: R. L. Frey, G. Bombach: Zur Lage der Staatsfinanzen von Basel-Stadt. Basel 1986.

3. Macht und Gerechtigkeit: Grundsätze des Staates

In jedem Staat übt eine politische Führung Macht aus. Sie fällt Entscheide, die das Zusammenleben zwischen den Menschen regeln und die sich deshalb auf alle auswirken. Gesellschaftliche Prozesse lassen sich allerdings nicht beliebig mit politischen Mitteln steuern. Die Behörden können zwar hundert neue Stellen schaffen, aber sie können nicht die Vollbeschäftigung herbeibefehlen. Sie tun auch gut daran, die Existenz nichtstaatlicher Machtzentren zu berücksichtigen. Die wirtschaftliche Macht zum Beispiel folgt eigenen Gesetzmässigkeiten.

In diesem Kapitel geht es ausschliesslich um die staatliche Macht. Es werden die Grundsätze beschrieben, denen sie folgen muss, damit sie gerecht ist. Im alten Basel wurden die Ratsherren durch einen Bilderzyklus am und im Rathaus ermahnt, diese Macht gerecht auszuüben. Sie sollten nicht auf ihren eigenen Vorteil, sondern auf das Wohl der gesamten Bevölkerung bedacht sein. Heute vertrauen wir weniger auf moralische Appelle. Durch die Organisation und Verteilung der Macht soll dafür gesorgt werden, dass ein Höchstmass an Gerechtigkeit möglich ist. Der Kanton Basel-Stadt bemüht sich darum, ein demokratischer und sozialer Rechtsstaat zu sein.

- Als *Rechtsstaat* richtet er sein Handeln nach dem Gesetz. Er behandelt alle gleich und schützt die *Freiheitsrechte* aller Menschen.

- Als *demokratischer Staat* gibt er allen Schweizer Bürgerinnen und Bürgern die gleiche Chance, mitzubestimmen, indem er ihnen *politische Rechte* einräumt.

- Als *Sozialstaat* vermindert er die gesellschaftlichen und wirtschaftlichen Ungleichheiten. Er bemüht sich darum, die *Sozialrechte* zu gewährleisten und allen eine menschenwürdige Existenz zu sichern.

Freiheitsrechte, politische Rechte und Sozialrechte bilden zusammen die *Grundrechte*.

Rathaus, Marktfassade:
Justitia des Hans Bock (1608/09)

3.1. Der Rechtsstaat: Nicht Menschen, Gesetze sollen herrschen

Drei Merkmale kennzeichnen den Rechtsstaat:
– Die Garantie der Freiheitsrechte
– Der Grundsatz der Gesetzmässigkeit
– Die Einrichtung der Gewaltenhemmung.

3.1.1. Die Freiheitsrechte
(oder die traditionellen Menschenrechte)

Die Würde des Menschen ist unantastbar. Jeder Mann und jede Frau, seien sie nun Schweizer Bürger oder Ausländer, soll die Freiheitsrechte in Anspruch nehmen können. Zu ihnen gehören:

Rathaus, Marktfassade: Justitia am Uhrgehäuse (vor 1608 Madonna mit Kind)

- Rechtsgleichheit
- Schutz der körperlichen und geistigen Unversehrtheit (dazu gehören das Folterverbot und der Schutz der Privatsphäre)
- Glaubens- und Gewissensfreiheit
- Meinungs- und Pressefreiheit
- Versammlungs- und Vereinigungsfreiheit
- Eigentumsgarantie.

Für Schweizer Bürger und Niedergelassene gelten ferner die
- Berufs- und Wirtschaftsfreiheit
- Niederlassungsfreiheit.

Diese Rechte schränken die staatliche Macht zugunsten des einzelnen Menschen ein. Sie sind den Basler Behörden, das heisst der Familienherrschaft der «Gnädigen Herren», in der Revolution von 1798 nach dem französischen Vorbild ein erstes Mal abgerungen worden. Im demokratischen Staat müssen sie selbst vom Volk und seinen Vertretern bei der Gesetzgebung respektiert werden. Die Freiheitsrechte sind heute direkt oder indirekt in der Schweizerischen Bundesverfassung und darüber hinaus in der Europäischen Menschenrechtskonvention verankert. Notfalls werden sie vom Bundesgericht auch gegen die Basler Behörden durchgesetzt. In unserer Verfassung werden namentlich der Schutz vor willkürlicher Verhaftung in § 3, das Recht auf Eigentum in § 5 und die Glaubens- und Gewissensfreiheit in § 13 aufgeführt.

Das Beispiel: Lautsprechereinsatz im Abstimmungskampf

Die Progressiven gegen den Regierungsrat

Am 20. Mai 1979 sollten die Schweizer Stimmbürger an der Urne über eine Neuorganisation der Bundessteuern und die Einführung einer Mehrwertsteuer befinden. Eine Woche zuvor, am Samstag, dem 12. Mai, wollten die Progressiven Organisationen (POB) auf dem Basler Marktplatz eine Kundgebung durchführen, um für ihre Parole im

Abstimmungskampf zu werben. Am 7. April reichten sie deswegen ein Gesuch bei der Verwaltungsabteilung des Polizeidepartementes ein und baten, auf dem Marktplatz eine Lautsprecheranlage benützen zu dürfen. Am 10. April erhielten sie abschlägigen Bescheid. Gemäss einem Regierungsbeschluss von 1976 dürften im Freien vier Wochen vor Wahlen und Abstimmungen keine Lautsprecher zur politischen Propaganda eingesetzt werden. Man wolle Anwohner vor ständiger Lärmbelästigung verschonen. Bei den Nationalratswahlen von 1975 hätten sich zahlreiche Anwohner über lästige Megaphonduelle beklagt.

Drei Rekurse werden abgewiesen

Was sollte eine Kundgebung auf dem Marktplatz ohne Megaphon? Gegen das Verbot rekurrierten die POB am 12. April beim Polizeidepartement; ohne Erfolg. Die schriftliche Antwort kam erst am 27. August. Mittlerweile war der Abstimmungsentscheid längst gefallen, und die POB hatten am 12. Mai auf den Einsatz von Megaphonen verzichten müssen.

Vor der nächsten Abstimmung oder Wahl würde sich dasselbe Spiel wiederholen. Um beim Polizeidepartement nicht wieder abzublitzen, entschieden sich die POB, den Rekurs an den Gesamtregierungsrat weiterzuziehen. Dieser anerkannte das grundsätzliche Interesse, lehnte aber den Rekurs ebenfalls ab. Die Verfügung des Regierungsrates enthielt jedoch eine Rechtsmittelbelehrung. Den POB wurde eröffnet, sie könnten innert zehn Tagen an das Verwaltungsgericht rekurrieren.

Auch vor dieser Instanz erging es den POB nicht besser. Am 12. September 1980 lehnte das Verwaltungsgericht den Rekurs ab. Neben ihren eigenen Anwaltskosten hatten die POB jetzt noch eine Urteilsgebühr von 750 Franken zu bezahlen.

Das Bundesgericht entscheidet

Damit waren alle kantonalen Instanzen

3. Macht und Gerechtigkeit

durchlaufen. Die Beschwerdeführer hielten den Fall nicht für nebensächlich. Sie fühlten sich durch den regierungsrätlichen Entscheid in ihrem Recht auf freie Meinungsäusserung und Versammlung verletzt. Zur Durchsetzung ihres Standpunktes blieb ihnen jetzt noch der Gang nach Lausanne, die staatsrechtliche Beschwerde ans Schweizerische Bundesgericht. Hier wurde ihre Beschwerde am 25. März 1981 gutgeheissen. Der Entscheid des Verwaltungsgerichtes wurde aufgehoben, und der Kanton Basel-Stadt hatte den POB für das bundesgerichtliche Verfahren eine Entschädigung von 1000 Franken zu bezahlen. In der Begründung hiess es, die Rechte auf freie Meinungsäusserung und Versammlung seien ungeschriebene Verfassungsrechte, auch wenn sie in der Bundesverfassung fehlten. Die Regierung sei zwar befugt, zur Erhaltung einer wohnlichen Stadt Veranstaltungen auf öffentlichem Grund Beschränkungen zu unterwerfen, aber sie müsse diese Freiheitsrechte berücksichtigen. Es gehöre zum Leben der schweizerischen Demokratie, dass gerade vor Wahlen und Abstimmungen grössere politische Veranstaltungen im Freien stattfänden, ohne Megaphon seien sie jedoch praktisch nicht durchführbar. Das Bundesgericht beschied deshalb, die angefochtene Massnahme der Regierung sei unverhältnismässig und verfassungswidrig.
Quelle: Entscheidungen des Schweizerischen Bundesgerichts. Amtliche Sammlung 1981/Bd. 107, Ia.

Das Beispiel: Frauen an der Universität

Obschon sowohl die Bundesverfassung als auch die Kantonsverfassung die Gleichbehandlung beider Geschlechter fordern, ist dieser Anspruch in der Praxis noch lange nicht eingelöst. Das gilt auch für staatliche Einrichtungen, zum Beispiel die Universität.

Frauenanteil an der Universität Basel	1977	1990
Studierende	28,2%	38,7%
Mittelbau (Assistentinnen)	15,9%	16,0%
Dozenten	3,8%	6,7%
ordentliche Lehrstuhlinhaber (Professorinnen)	1,7%	1,5%

Zwar ist der Frauenanteil unter den Studierenden ständig gestiegen, aber neben 129 ordentlichen Professoren lehrten 1989/90 bloss zwei Professorinnen an der «Alma mater». Die Berufungsverfahren sind offensichtlich «männliche Selbstergänzungssysteme». Eine Frau, die nicht auf Kinder verzichten will, bringt es nicht auf gleichviele Publikationen und Auslandaufenthalte wie

ihre männlichen Kollegen. Im Vorstellungsgespräch, berichtet die Philosophieprofessorin Annemarie Pieper, gebe bei Frauen oft das äussere Erscheinungsbild den Ausschlag: «War die Bewerberin frisch beim Coiffeur, dann gilt sie als aufgemacht. Wenn sie schlecht frisiert erscheint, wird sie ebenfalls kritisiert. Schaut sie den Herren allzu direkt in die Augen, muss sie damit rechnen, als arrogant oder überheblich abqualifiziert zu werden. Guckt sie auf die Seite, kommt sie erst recht schlecht weg.»
Quelle: Universitätsverwaltung

3.1.2. Das Prinzip der Gesetzmässigkeit

Staatliches Handeln ist grundsätzlich immer an Verfassung und Gesetz gebunden. Nicht Menschen, sondern Gesetze, die für alle gültig sind, sollen herrschen. Nur dann ist die Rechtsgleichheit gewährleistet.

Alle Rechtssätze stehen in einer Rangordnung. In drei Stufen nimmt von unten nach oben die Geltungskraft der Rechtssätze zu. Jeder Rechtssatz muss sich letztlich auf eine vom Stimmvolk gebilligte Verfassungsbestimmung abstützen.

Diese Rangordnung, die sogenannte Normenhierarchie, gilt für Bund und Kantone.

Bund	Kanton
Bundesverfassung	Kantonsverfassung
Bundesgesetze	Kantonale Gesetze
Bundesverordnungen	Kantonale Verordnungen

Rangordnung der Rechtssätze im Kanton Basel-Stadt

Rang Rechtssatz	Inhalt	Erlass durch
Verfassung	Wichtige Grundsätze des Staates	Grosser Rat eventuell Verfassungsrat Stimmberechtigte (in jedem Fall)
↓ bestimmt		
Gesetze	Regelung der Einzelbereiche	Grosser Rat Stimmberechtigte (falls Referendum oder Initiative ergriffen werden)
↓ bestimmen		
Verordnungen	Details, Anweisungen für den Vollzug der Gesetze	Regierungsrat
↓		
Verfügungen	Anordnungen für den Einzelfall	Regierungsrat und Verwaltung

Aus der Tabelle geht hervor: Je grösser die Bedeutung eines Rechtssatzes ist, desto mehr Mitsprache wird den Stimmbürgern bei seiner Abfassung eingeräumt. Die Verfassungsbestimmungen sind grundsätzlich und knapp, Gesetze und Verordnungen regeln Einzelbereiche und Details und sind deshalb umfangreich. In der Sammlung der kantonalen Erlasse nimmt die Verfassung zehn Seiten ein, Gesetze und Verordnungen füllen zusammen aber etwa 5500 Seiten.

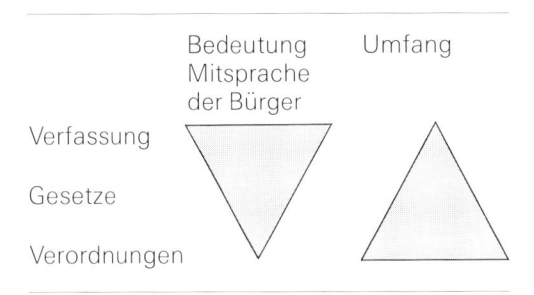

	Bedeutung Mitsprache der Bürger	Umfang
Verfassung	▽	△
Gesetze		
Verordnungen		

Amtlichen *Verfügungen* sind wir alle immer wieder unterworfen, vom Schulzeugnis über die Steuerveranlagung bis zur Bussgeldverfügung. Diese Verfügungen enthalten aber sogenannte Rechtsmittelbelehrungen. Der Betroffene erfährt, wie er den Entscheid anfechten kann, falls er ihm rechtswidrig erscheint.

Die Basler Verfassung

Die heutige Basler Verfassung ist 1875 unter Führung der Freisinnigen durchgesetzt und 1889 als Ganzes überarbeitet worden. Sie verschaffte den Mittel- und Unterschichten und den vielen zugezogenen Schweizer Bürgern zum ersten Mal die Möglichkeit, sich an der Herrschaft im Kanton zu beteiligen. Unsere Verfassung enthält die folgenden Teile:
Aufgaben des Staates
Rechte und Pflichten des Bürgers
Behörden und ihre Aufgaben
Verhältnis Staat – Gemeinden – Kirchen
Vorgehen bei einer Revision.

Eine *Totalrevision* kann durch einen Grossratsbeschluss (der dem fakultativen Referendum untersteht) oder durch ein Volksbegehren in Gang gesetzt werden. Die erneuerte oder revidierte Verfassung muss dem Volk zur Abstimmung vorgelegt werden. Seit 1889 sind nur einzelne Verfassungsbestimmungen geändert oder ergänzt worden. Die Änderungen gingen meist auf Grossratsbeschlüsse zurück, die vom Volk in einer Abstimmung gebilligt wurden. Eine *Partialrevision* oder *Teilrevision* kann auch mit einer Initiative verlangt werden. Im Gegensatz zur Bundesverfassung hat die Kantonsverfassung also ihr Gesicht seit ihrer Entstehung nur wenig verändert. Der demokratische und soziale Verfassungskern erwies sich als dauerhaft. Auch können die Stimmberechtigten auf kantonaler Ebene ohne Umweg über die Verfassung Einfluss auf die Gesetzgebung nehmen, was ihnen auf Bundesebene verwehrt ist. (Vgl. S. 92f. und 153)

Das Beispiel: Die Schulpflicht: vom Grundsatz zum Einzelfall

«Immer dieser Staat! Er verfolgt einen von der Wiege bis zur Bahre. Einmal nimmt er mir meine Zeit weg und bietet mich zum Militärdienst auf, ein andermal kassiert er Steuern und stiehlt mir meinen Lohn. Wenn ich Auto fahre, schreibt er mir meine Geschwindigkeit vor, und wenn ich den Dachstock ausbauen lasse, quält er mich mit Vorschriften und Einschränkungen. Sogar nach dem Tode entgehe ich ihm nicht. Er bestimmt den Zeitpunkt für mein Begräbnis und die Höhe des Grabkreuzes.» So oder ähnlich hadert Michael K. mit dem Staat. Er ist Vater einer sechsjährigen Tochter und hat eben die folgende Anzeige in der Zeitung gelesen:

SCHULPFLICHT
Anmeldung für die Primarschule

Nach Schulgesetz werden auf Beginn des neuen Schuljahres (Beginn: Montag, 13. August 1990) alle im Kanton Basel-Stadt wohnhaften Kinder schulpflichtig, die im Zeitraum vom **1.4.83 – 30.4.84** geboren sind. Es sind alle Kinder des genannten Zeitraums, ebenso solche, die im vorigen Jahre zurückgestellt worden sind, mündlich oder schriftlich anzumelden.

«Wieder eine amtliche Anordnung! Woher nimmt sich der Staat das Recht?» mag es ihm durch den Kopf schiessen, auch wenn er gegen die Schule vermutlich nichts einzuwenden hat.

Gehen wir der Frage nach! Jedes Handeln des Staates braucht eine gesetzliche Grundlage, damit gleiche Fälle auch immer gleich behandelt werden, und zwar so, wie es die Mehrheit der Stimmenden oder ihre Vertreter im Grossen Rat beschlossen haben. In unserem Fall stützt sich die Anordnung auf das 1929 vom Basler Grossen Rat beschlossene Schulgesetz. *In ihm werden Beginn und Ende der Schulpflicht und die Organisation der Schule geordnet. Die Dauer der Schulpflicht wurde 1964 von acht auf neun Jahre verlängert. Ihr Beginn fällt gemäss § 56 auf das sechste Altersjahr. Michael K. ist nicht so ohnmächtig, wie er vielleicht annimmt. Zusammen mit Gleichgesinnten könnte er versuchen, die Bestimmungen des Gesetzes durch eine Volksinitiative zu verändern oder zu ersetzen. Die Schulpflicht selbst gehört freilich zu jenen Grundsätzen unseres Staates, die schon 1875 in der* Verfassung *festgeschrieben wurden und denen die Stimmbürger damals an der Urne zustimmten. Die Durchsetzung der Schulpflicht und die Abschaffung des Schulgeldes gegen Ende des letzten Jahrhunderts ermöglichten eine nachhaltige Verbesserung der Bildungs- und Berufschancen der Arbeiter- und Handwerkerkinder.*

Michael K. unterlässt die Anmeldung seiner Tochter und wird vom zuständigen Rektorat gemahnt. Bleibt diese Mahnung erfolglos, wird er mit einem Bussgeld belegt. Notfalls wird die Anmeldung amtlich erzwungen. Wie das Schulgesetz im Detail anzuwenden und durchzusetzen ist, hat der Regierungsrat in einer Verordnung *festgelegt. Sie heisst* Schulordnung *und stammt aus dem Jahr 1975. Anzumelden, heisst es etwa, sind auch Kinder, die in einer Privatschule unterrichtet werden sollen.*

Nun könnte es sein, dass Michael K. und seine Frau ihre Tochter selbst zu Hause unterrichten möchten, etwa weil sie behindert ist. Das Ehepaar müsste dann ein entsprechendes Gesuch an das Erziehungsdepartement richten, damit überprüft werden kann, ob die Eltern dazu in der Lage sind und ob das Kind genügend gefördert werden kann. Das Amt teilt ihnen anschliessend schriftlich mit, ob dem Antrag entsprochen wird. Andernfalls kann Michael K. der Rechtsmittelbelehrung entnehmen, wie er vorgehen muss, wenn er diese Verfügung *anfechten will.*

	1875	1900	1925	1950	1975	2000
Verfassung	1875 Verfassung Grundsatz der Schulpflicht					
Gesetz			1929 Schulgesetz Dauer und Beginn der Schulpflicht			
Verordnung					1975 Schulordnung Durchsetzung der Schulpflicht	
Verfügung						1990 Entscheid im Einzelfall

3.1.3. Die Gewaltenhemmung

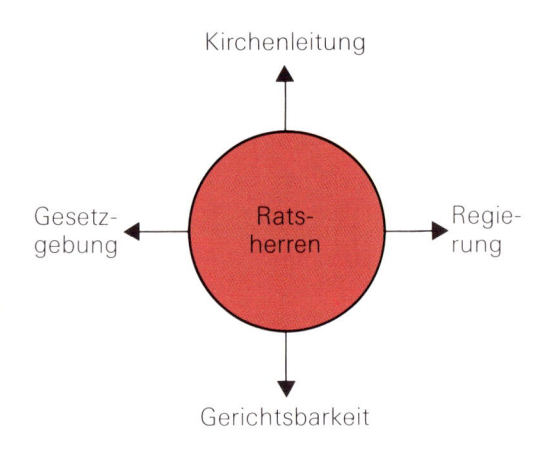

Die Idee der Gewaltenteilung

Bis 1798 waren im alten Basel ein und dieselben Ratsherren für die Gesetzgebung, die Regierung, die Kirchenleitung und die Gerichtsbarkeit zuständig.

Im 18. Jahrhundert hat der französische Staatsdenker Charles de Montesquieu (1689–1755) die Idee der Gewaltenteilung oder Gewaltentrennung entwickelt. Staatliche Machtausübung soll auf verschiedene voneinander unabhängige Behörden verteilt werden (=organisatorische Gewaltenteilung), die jeweils verschiedenen Personen anvertraut werden (=personelle Gewaltenteilung). Durch diese Massnahme soll Machtmissbrauch und Machtballung in den Hän-

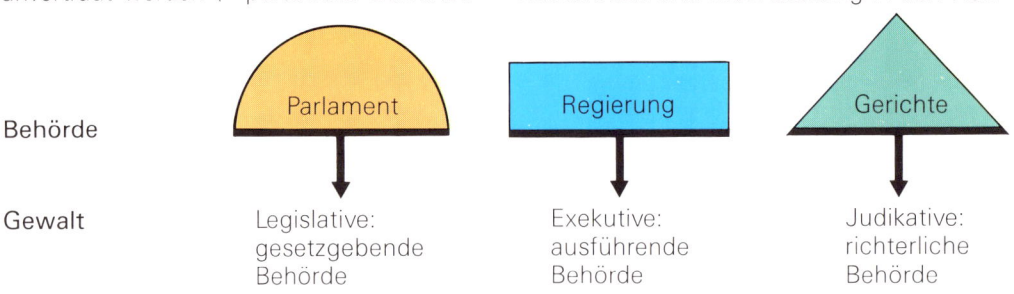

Behörde	Parlament	Regierung	Gerichte
Gewalt	Legislative: gesetzgebende Behörde	Exekutive: ausführende Behörde	Judikative: richterliche Behörde

Die Kirchen sind vom Staate getrennt und haben eigene Behörden.

den weniger verhindert werden. Im letzten Jahrhundert hat sich die Gewaltenteilung in Europa weitgehend durchgesetzt. Enge Verflechtungen zwischen staatlichen, gesellschaftlichen und wirtschaftlichen Machtzentren machen ausserdem wachsame Oppositionsparteien und unabhängige Medien als Kontrollinstanzen nötig.

Die Behörden haben im Bund, in den Kantonen und in den Gemeinden verschiedene Namen.

	Parlament	Regierung	Gericht
Bund	Bundesversammlung, bestehend aus Nationalrat (200 nebenamtliche Mitglieder) und Ständerat (46 nebenamtliche Mitglieder)	Bundesrat (7 vollamtliche Mitglieder)	Bundesgericht Eidgenössisches Versicherungsgericht
Kanton Basel-Stadt	Grosser Rat (130 nebenamtliche Mitglieder)	Regierungsrat (7 vollamtliche Mitglieder)	Appellationsgericht Strafgericht Zivilgericht
Kanton Basel-Landschaft	Landrat (80 nebenamtliche Mitglieder)	Regierungsrat (5 vollamtliche Mitglieder)	Verwaltungsgericht Obergericht Strafgericht Bezirksgericht
*Einwohnergemeinde Riehen**	Einwohnerrat (40 nebenamtliche Mitglieder)	Gemeinderat (7 nebenamtliche Mitglieder)	Einzelrichter

* (Die Einwohnergemeinde der Stadt Basel hat eine Sonderstellung. Ihre Geschäfte werden durch die kantonalen Behörden versehen. Vgl. S. 147f., Einwohnergemeinde Bettingen und Bürgergemeinden vgl. S. 147–150)

Die Verwirklichung

Die Gewaltenteilung ist wohl nirgends streng verwirklicht. Zumindest die Gerichte sind jedoch in Basel personell und organisatorisch streng von den übrigen Behörden getrennt. Ferner gilt, dass neben Richtern, Staatsanwälten und Kriminalkommissären auch Regierungsräte und einige Kategorien von Chefbeamten (Staatsschreiber, Departementssekretäre und deren Vertreter) nicht in den Grossen Rat wählbar sind. Regierungsrat und Grosser Rat erfüllen eine Reihe von Aufgaben gemeinsam: die Gesetzgebung, die Finanzhoheit, die Kontrolle über die Staatsverwaltung und zum Teil die Planung. Entscheidend ist nach dem Vorbild der Verfassung der USA, dass mehrere, etwa gleich mächtige Behörden einander gegenseitig kontrollieren und einschränken. Die Amerikaner sprechen von «checks and balances». In diesem Sinne spricht man heute von «Gewaltenhemmung».

Der Ombudsman

Weil die klassische Gewaltenteilung für den einzelnen Bürger offensichtlich noch zu wenig Rechtsschutz bot, ist in den letzten Jahren das Amt des Ombudsman geschaffen worden. Als Beauftragter des Parlamentes berät er alle jene, die sich von den staatlichen Behörden ungerecht behandelt fühlen. Die Einrichtung solcher Klagestellen verstärkt die Aufsicht über die Verwaltung. (Vgl. das Beispiel S. 69)

Das Beispiel: Grossrat oder Richter

Am 14. Juni 1989 schreibt Annemarie Bilgeri den folgenden Brief an den Präsidenten des Grossen Rates:

> **Abbitte vom Amt einer Zivilrichterin**
>
> Sehr geehrter Herr Präsident
>
> Im September 1985 wurde ich zu einer Richterin des Zivilgerichtes gewählt. Die im Januar 1988 erfolgte Wahl in den Grossen Rat hat zur Folge, dass ich als Richterin zurücktreten muss. Da die Validierung der Grossratswahlen bis jetzt nicht erfolgen konnte, stellte ich meinen offiziellen Rücktritt vorerst zurück. Nun zeigt sich, dass die Abklärungen rund um die Validierung noch längere Zeit dauern. Daher habe ich mich entschlossen, mit dem Rücktritt nicht länger zu warten. Selbstverständlich habe ich mein Richteramt seit der Wahl in den Grossen Rat nicht mehr ausgeübt.
>
> Mit freundlichen Grüssen
>
> A. Bilgeri

Erläuterungen

Richterin des Zivilgerichtes: Richterinnen und Richter des Zivilgerichtes arbeiten im Nebenamt.

Validierung der Wahlen in den Grossen Rat: Der Grosse Rat entscheidet auf Antrag seiner Wahlprüfungskommission über die Gültigkeit der Wahlen in den Grossen Rat. Wegen Unregelmässigkeiten bei den Wahlen von 1988 waren zeitraubende Abklärungen durch die Kommission nötig.

3.2. Demokratie: Herrschaft des Volkes?

3.2.1. Grundbegriffe

«Souverän» liessen sich in früheren Jahrhunderten die mit allen Machtbefugnissen ausgestatteten Könige nennen. Demokratie heisst Volksherrschaft. In der Demokratie herrschen der Idee nach die Bürgerinnen und Bürger, und die Freiheit aller ist der höchste Grundwert. Genau genommen ist aber nicht das Volk der Souverän, sondern die Gesamtheit der Stimmberechtigten. Demokratie gehört leider zu jenen Begriffen, die am häufigsten missbraucht werden. Sogar im besten Fall werden nie alle die gleichen Chancen haben, auf die politischen Entscheidungen Einfluss zu nehmen. An den Stimmberechtigten ist es zu sorgen, dass die Volksrechte nicht zu blossen Ritualen erstarren und dass die Volksvertreter ihren Namen auch verdienen. Es gilt, die Diktatur der sogenannten Sachzwänge zu verhindern. Die politischen Kernfragen müssen von der Öffentlichkeit diskutiert und entschieden werden.

Demokratie ist auch eine Methode staatlicher Entscheidungsbildung. Demokratische Staaten sind mit einem ganzen organisatorischen Apparat von Volksrechten ausgestattet. In diesem Kapitel geht es um die Ausgestaltung dieser Mitwirkungsrechte in Basel-Stadt. Die Frage, welchen Gebrauch die Bürgerinnen und Bürger von diesen Einrichtungen machen, wird im 5. Kapitel untersucht.

In den umliegenden Staaten bestehen die demokratischen Mitwirkungsrechte fast ausschliesslich in der Wahl der Parlamente. An den gewählten Volksvertretern oder Repräsentanten liegt es dann, im Auftrag der Bürger weitere Behörden zu wählen und in Sachfragen zu entscheiden. Von dieser *indirekten*, parlamentarischen oder repräsentativen Demokratie deutlich unterscheidbar ist die nur in kleinen Räumen realisierbare *direkte* Demokratie, in der die Bürger alle Sachentscheide, zum Beispiel an einer Gemeindeversammlung oder an der Urne, selber fällen. In Basel haben wir es, wie in den meisten Kantonen und beim Bund, mit einer *halbdirekten Demokratie* zu tun, in der Elemente direkter und indirekter Demokratie kombiniert sind. Halbdirekte Demokratie gibt es auch in 23 von 50 Bundesstaaten der USA.

3. Macht und Gerechtigkeit

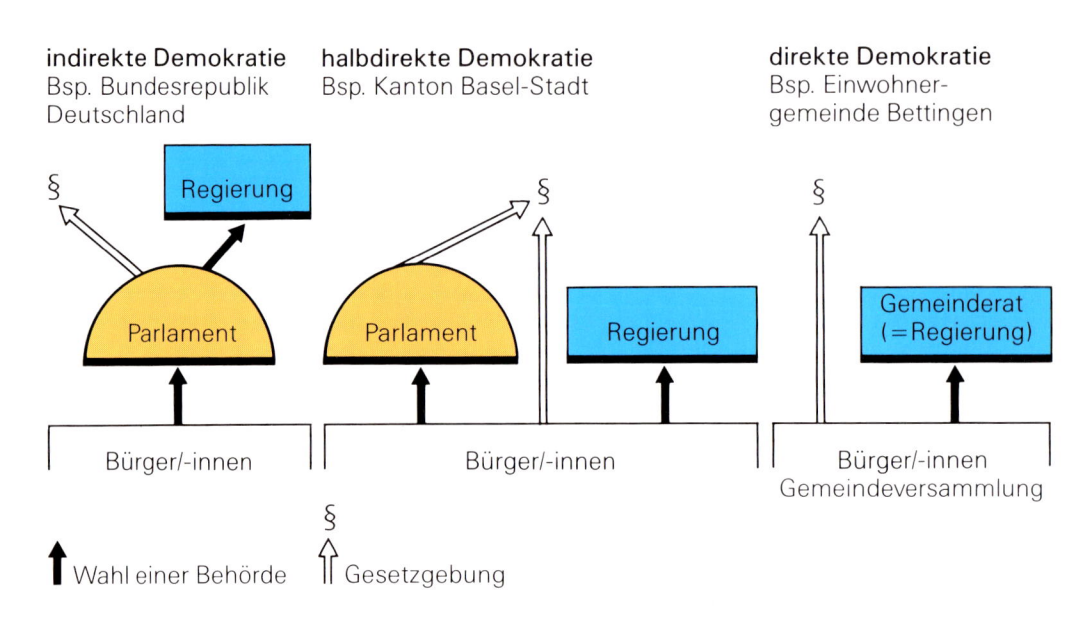

indirekte Demokratie
Bsp. Bundesrepublik Deutschland

halbdirekte Demokratie
Bsp. Kanton Basel-Stadt

direkte Demokratie
Bsp. Einwohnergemeinde Bettingen

⬆ Wahl einer Behörde   ⇧ Gesetzgebung

Seit 1875 ist Basel-Stadt ein demokratisch verfasster Staat. Jede Bürgerin und jeder Bürger hat das Recht, sich an Volkswahlen zu beteiligen (aktiv als Wähler und passiv als wählbarer Kandidat), das Recht, an Volksabstimmungen teilzunehmen und das Recht, mit anderen Initiativen einzureichen oder Referenden auszulösen. Abstimmungen und Wahlen sollen allgemein, gleich, frei und geheim sein. Die Gesamtheit dieser Rechte nennen wir Volksrechte oder – bezogen auf den Bürger – politische Rechte. Sie sind den Stimmberechtigten vorbehalten. Ihr Kreis ist seit 1875 erweitert worden:

Stimmberechtigte

1875 männliche Schweizer Bürger ab 20. Altersjahr (mit Wohnsitz im Kanton)
1966 zusätzlich: Schweizer Bürgerinnen (nur in Kantonsangelegenheiten, für Bundesangelegenheiten erst seit 1971)
1989 zusätzlich: 18- und 19jährige (nur in Kantonsangelegenheiten, für Bundesangelegenheiten seit 1991)

Die *Mündigkeit* erwerben die Jugendlichen in der Schweiz stufenweise.

Mündigkeit:	erfülltes Altersjahr:
Religiöse Mündigkeit (Beispiel: Besuch des Religionsunterrichtes)	16
Zivilrechtliche Mündigkeit (Beispiel: Abschluss eines rechtsgültigen Vertrages)	20*
Ehemündigkeit	
Frauen	18
Männer	20
Politische Mündigkeit	18

*Der Bundesrat möchte die zivilrechtliche Mündigkeit auf 18 Jahre herabsetzen.

Wohnbevölkerung und Stimmberechtigte 1988:

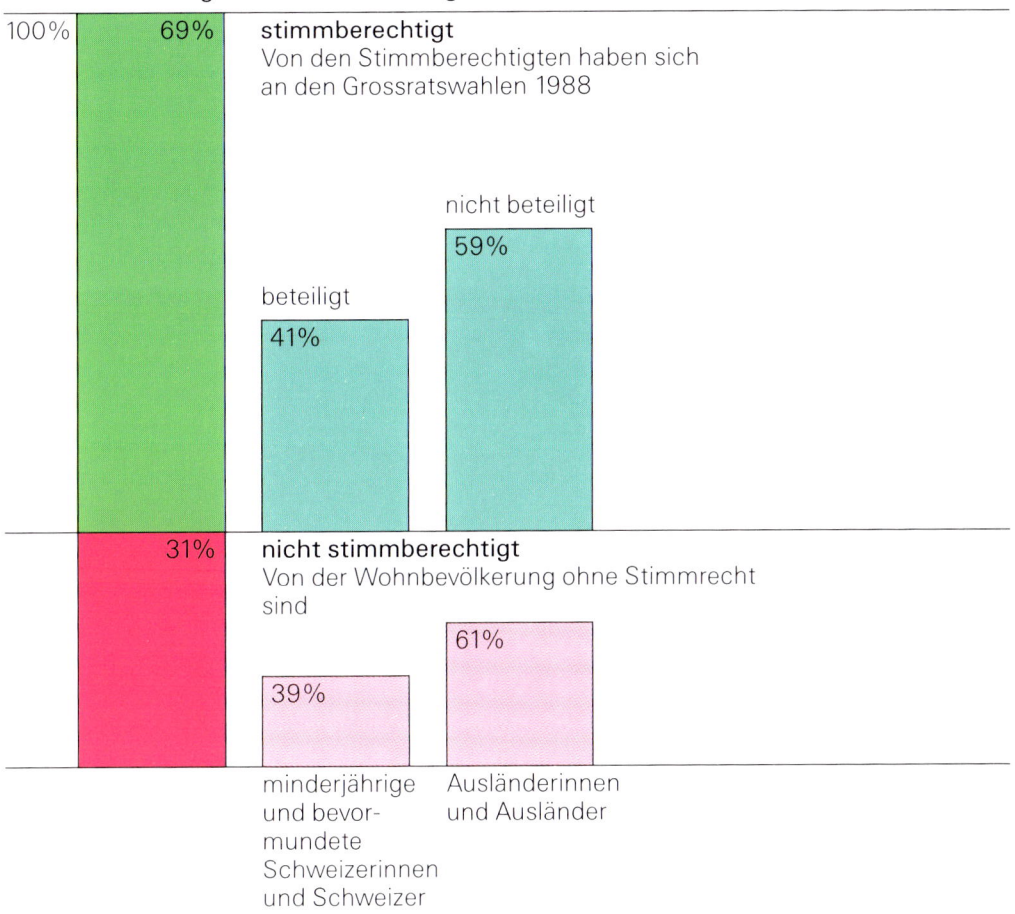

- 100% / 69% **stimmberechtigt**
  Von den Stimmberechtigten haben sich an den Grossratswahlen 1988
  - beteiligt: 41%
  - nicht beteiligt: 59%
- 31% **nicht stimmberechtigt**
  Von der Wohnbevölkerung ohne Stimmrecht sind
  - minderjährige und bevormundete Schweizerinnen und Schweizer: 39%
  - Ausländerinnen und Ausländer: 61%

Lediglich das Petitionsrecht steht allen Einwohnern zu. Es berechtigt jedermann einzeln oder gemeinschaftlich mit andern eine Bittschrift zu formulieren und an die Behörden (zum Beispiel an den Grossen Rat) einzureichen. Die Bittsteller haben Anspruch auf sachgemässe Prüfung ihres Anliegens.

3.2.2. Die Volkswahlen

Die Volkswahl der gesetzgebenden Versammlung gehört zu den wichtigsten Grundsätzen demokratischer Staaten. Die Parlamentarier amten darum als Volksvertreter. Seit der Schaffung der demokratischen Verfassung von 1875 wird auch der Grosse Rat von Basel-Stadt vom Volk gewählt. Später wurden die Wahlrechte des Volkes erweitert: Seit 1889 sind auch die Regierungsräte und der Ständerat und seit 1891 auch die Richter der Volkswahl unterworfen.

Ursprünglich galt für alle Volkswahlen in Basel-Stadt das Majorzwahlverfahren: Gewählt ist, wer die Mehrheit der Stimmenden hinter sich bringt. Seit 1905 wird bei den Grossratswahlen das Proporzwahlverfahren angewandt: Die Sitze werden den Parteien entsprechend ihrem Stimmenanteil zugeordnet.

Für die Grossratswahlen wird das Kantonsgebiet in fünf Wahlkreise geteilt, denen nach dem Verhältnis ihrer Bevölkerung Sitze zufallen.

Die beiden Wahlverfahren funktionieren wie folgt:

Majorz (Mehrheitswahlverfahren)

Wahlvorschläge können von einer festgesetzten Anzahl Stimmberechtigter eingereicht werden. Gewählt ist, wer die Mehrheit der Stimmen erhält. Im Basler Verfahren wird im ersten Wahlgang das *absolute Mehr* verlangt, das heisst, die Hälfte der gültigen Stimmen plus eine. Können nicht alle Sitze vergeben werden, ist ein zweiter Wahlgang nötig. Für eine Wahl genügt dann die einfache Mehrheit der Stimmen, das *relative Mehr*. Wenn ein Mitglied der gewählten Behörde vor Ablauf der Amtszeit zurücktritt, muss eine Ersatzwahl angeordnet werden.

Anwendung:	Wahl der Regierungsräte, der Richter und des Ständerates von Basel-Stadt
Vorteile:	Es ergeben sich klare Mehrheitsverhältnisse, weil die grossen Parteien begünstigt werden. Majorzwahlen gelten als Persönlichkeitswahlen.
Nachteil:	Die Minderheiten unter den Wählern gehen leer aus.
Beispiel:	Regierungsratswahlen von 1988

	1. Wahlgang	2. Wahlgang
Wahlberechtigte:	132 984	133 028
Wahlbeteiligung:	41,1%	43,5%
gültige Stimmzettel:	54 332	57 334
absolutes Mehr:	27 167	—
Stimmen erhielten:		
Kurt Jenny (FDP), bisher	30 663 gewählt	
Hans-Rudolf Striebel (FDP), bisher	24 950	30 336 gewählt
Peter Facklam (LDP), bisher	27 562 gewählt	
Mathias Feldges (SP), bisher	29 394 gewählt	
Remo Gysin (SP), bisher	28 068 gewählt	
Eugen Keller (CVP), bisher	29 051 gewählt	
Karl Schnyder (DSP), bisher	28 714 gewählt	
Beatrice Alder (SP)	22 700	26 375
Verena Labhardt (POB)	13 742	
Übrige	12 112	623

Quelle: Statistisches Jahrbuch Basel-Stadt 1988

Proporz (Verhältniswahlverfahren)

Parteien und andere Gruppen geben ihre Wahlvorschläge auf einer Liste ein. Nach der Wahl werden die Mandate, das heisst die Sitze, im Verhältnis der erreichten Stimmenzahlen auf die einzelnen Listen verteilt. Die Anzahl Stimmen einer Liste ergibt sich aus der Stimmenzahl, die auf ihre Kandidatinnen und Kandidaten entfallen und aus der Anzahl der leeren Linien auf Wahlzetteln mit ihrer Bezeichnung. Steht fest, wieviel Sitze oder Mandate jede Liste hat, so sind jeweils entsprechend der erreichten Zahl jene gewählt, die am meisten Stimmen haben. Ein Gewählter, der vor Ablauf der Amtszeit zurücktritt, wird durch jenen nicht gewählten Kandidaten der gleichen Liste ersetzt, der am meisten Stimmen auf sich vereinigt hat.

Zwei oder mehr Parteien können eine *Listenverbindung* eingehen, in der Hoffnung, dass ihre addierten Reststimmen nach der ersten Verteilung für ein (weiteres) Mandat reichen.

Wählerin und Wähler haben folgende Möglichkeiten:
Sie können eine *unveränderte Parteiliste* einlegen.

```
Liste 1    Partei A
1.1  Louis C.
1.2  Anna M.
1.3  Peter B.
1.4  Beat M.
1.5  Pia F.
```

Die Partei A erhält alle Listenstimmen des Wahlkreises und jeder einzelne Kandidat eine Kandidatenstimme.

Bevorzugte Kandidatinnen und Kandidaten dürfen sie *kumulieren,* das heisst, zwei- oder dreimal aufführen. (Bei den Nationalratswahlen darf ein Name allerdings nur zweimal auf die Liste gesetzt werden.)

```
Liste 1    Partei A
1.1  Louis C.
1.2  Anna M.
1.3  Peter B.
1.4  Beat M.    1.3 Peter B.
1.5  Pia F.     1.3 Peter B.
```

Die Partei erhält alle Listenstimmen. Der bevorzugte Kandidat Peter B. erhält drei Stimmen auf Kosten der beiden gestrichenen.

Sie können *panaschieren,* das heisst, einen oder mehrere Namen auf der gewählten Liste *streichen* und durch Kandidatennamen von anderen Listen (ihres Wahlkreises) ersetzen. Ihrer Liste entgehen entsprechend viele Stimmen.

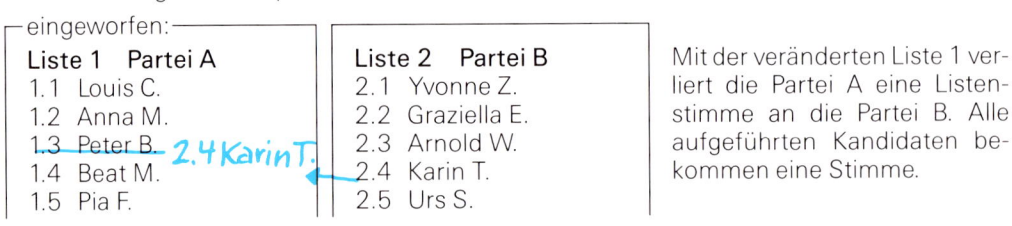

eingeworfen:

Liste 1 Partei A	Liste 2 Partei B
1.1 Louis C.	2.1 Yvonne Z.
1.2 Anna M.	2.2 Graziella E.
1.3 ~~Peter B.~~ *2.4 Karin T.*	2.3 Arnold W.
1.4 Beat M.	2.4 Karin T.
1.5 Pia F.	2.5 Urs S.

Mit der veränderten Liste 1 verliert die Partei A eine Listenstimme an die Partei B. Alle aufgeführten Kandidaten bekommen eine Stimme.

Schliesslich dürfen sie sich auf einer *Freien Liste* ihre Kandidatinnen und Kandidaten beliebig selbst zusammenstellen. Leere Zeilen fallen nur dann einer Partei zu, wenn die entsprechende Listennummer auf dem Blattkopf aufgeführt ist.

Freie Liste   *Partei C, Liste 3*
1.1 Louis C.
2.5 Urs S.
...
...
...

Die drei leeren Zeilen werden der Partei C angerechnet. Die Parteien A und B erhalten je eine Listenstimme. Den beiden aufgeführten Kandidaten wird je eine Stimme gutgeschrieben. Fehlt die Bezeichnung auf dem Blattkopf, gehen die drei leeren Zeilen verloren.

Diese Verfahren können auch miteinander kombiniert werden.

Anwendung: im Kanton: Wahlen in den Grossen Rat (seit 1905), Einwohnerrat der Gemeinde Riehen, Bürgergemeinderat der Stadt Basel
auf Bundesebene: Nationalratswahlen (seit 1919)
Vorteil: Dieses Wahlverfahren räumt grossen und kleinen Parteien gleichviel Chancen ein und schützt die Minderheiten.
Nachteil: Eine Aufsplitterung in viele kleine Parteien kann die Mehrheitsbildung erschweren.

Das Beispiel: Die Einführung des Proporzes in Basel-Stadt

Die Basler Verfassungsschöpfer von 1875 hatten für die Wahl des Grossen Rates das Majorzverfahren vorgesehen. Mehrere Vorstösse des parteilosen Mathematikprofessors Eduard Hagenbach-Bischoff zugunsten des Proporzwahlrechtes hatten keine Chance. Hagenbach-Bischoff (1833–1910), ein internationaler Experte auf diesem Gebiet, der in allen politischen Lagern der Stadt hohes Ansehen genoss und in der Bevölkerung äusserst populär war, liess sich nicht ermüden. Die herrschende Freisinnige Partei, die nach 1881 über eine ständige absolute Mehrheit im Grossen Rat verfügte, hatte jedoch kein Interesse an einem Wechsel des für sie günstigen Wahlrechts. Noch 1902 gelang es ihr, im dritten Wahlgang in einer

«Würgallianz» mit den Sozialdemokraten mit einem Stimmanteil von bloss 39,5% ihre absolute Mehrheit knapp zu halten.

Als die Partei 1904 in einer Nachwahl fünf Sitze und damit die absolute Mehrheit verlor, schlossen sich die Minderheitsparteien, die Konservativen (heute Liberale), die Sozialdemokraten und die Katholiken (heute CVP) trotz gegenseitigen Argwohns zu einem Proporzbündnis zusammen. Ihre Initiative für den Proporz passierte den Grossen Rat erfolgreich und erreichte in der Volksabstimmung ein knappes Mehr von zehn Stimmen.

Parteistärken in Prozenten 1884–1912 (Auszug)

Jahr	Freisinn	Konservative	Sozialdemokraten	Katholiken	übrige	insgesamt
1884	57,2	37,7	–	–	5,1	100
1890	48,6	37,1	4,1	1,7	8,5	100
1896	43,2	33,8	10,0	3,3	9,7	100
1902	39,5	31,6	18,5	3,6	6,8	100
1905	37,4	22,9	28,0	10,0	1,7	100
1911	26,3	18,3	32,5	12,8	10,1	100
1914	21,4	17,0	32,0	12,9	16,7	100

Verteilung der Grossratssitze 1884–1912 (Auszug)
(In Klammer: Abweichung von der theoretischen Sitzzahl, die sich aus der Parteistärke ergibt. Positive Zahlen geben Übervertretung im Rat an, negative Untervertretung.)

Jahr	Freisinn	Konservative	Sozialdemokraten	Katholiken	übrige	alle Sitze
1884*	87 (+13)	38 (–11)			5 (–2)	130
1890	74 (+11)	38 (–10)	5 (–1)	2	11	130
1896	69 (+13)	42 (–2)	11 (–2)	3 (–1)	5 (–8)	130
1902	67 (+16)	35 (–6)	22 (–2)	3 (–2)	3 (–7)	130
1905	51 (+2)	30	38 (+2)	10 (–3)	1 (–1)	130
1911	36 (+2)	23 (–1)	47 (+5)	17	7 (–6)	130
1914	28	22	44 (+3)	17	19 (–3)	130

Quelle: W. Lüthi: Die Strukturen des Basler Grossen Rates 1875 bis 1914. Basler Zeitschrift für Geschichte und Altertumskunde, Bd. 62/63. Basel 1962/63.

*Für die Wahlen von 1884 bedeuten diese Zahlen:
Auf die Freisinnigen entfielen 87 von 130 Grossratssitzen. Ihrer prozentualen Stärke nach hätten sie jedoch bloss 57,2% der Sitze, das heisst 74, erhalten sollen. Die Konservativen kamen dagegen deutlich zu kurz. Statt 37,7% der Sitze, nämlich 49, machten sie bloss 38 Mandate.

Am meisten Befürworter fand sie im konservativ beherrschten St. Alban-Quartier und im mehrheitlich sozialdemokratischen Bläsi-Quartier. In den dreissig Jahren seit 1875 hatte sich die Stadt freilich wie nie zuvor verändert. Die Zahl der Einwohner hatte sich mehr als verdoppelt und erreichte jetzt 122 750. Die erste Proporzwahl 1905 hat die Mehrheitsverhältnisse im Rat zugunsten der benachteiligten Minderheitsparteien gründlich verändert. Eine unbestreitbar positive Nebenwirkung des neuen Wahlrechts bestand im Anstieg der Stimmbeteiligung (um 9%). Dieser Trend hat sich in den folgenden Jahrzehnten fortgesetzt.*

3.2.3. Die Volksabstimmungen: Initiative und Referendum

Dank ihrem Stimmrecht können die Bürgerinnen und Bürger in der Schweiz in politischen Sachfragen mitentscheiden. Sie können auf zwei Wegen ins Geschehen eingreifen: Die *Initiative* (Volksinitiative, Volksbegehren) gibt jeder Gruppierung einer bestimmten Grösse das Recht, selbst neue Gesetzes- und Verfassungsbestimmungen vorzuschlagen, über die an der Urne abgestimmt werden muss. Von einem *Referendum* spricht man, wenn neue Gesetze oder Verfassungsbestimmungen nach ihrer Verabschiedung im Parlament einem Volksentscheid unterworfen werden. Initiativen machen auf Lücken aufmerksam, Referenden verhindern unerwünschte Entwicklungen. Die Gesetzesproduktion wird mit der Initiative vorangetrieben und mit dem Referendum verlangsamt.

Im Detail unterscheiden wir in Basel-Stadt:

Auf Verfassungsebene

Verfassungsinitiative
Mit ihrer Unterschrift unter einen entsprechenden Antrag können 4000 Stimmberechtigte eine Volksabstimmung verlangen, in der über eine Teil- oder Totalrevision der Verfassung entschieden wird.

Obligatorisches Verfassungsreferendum
Alle Verfassungsänderungen sind dem Volk zur Entscheidung vorzulegen, ohne dass deswegen Unterschriften gesammelt werden müssten.

Auf Gesetzesebene

Gesetzesinitiative
4000 Bürgerinnen und Bürger können durch ihre Unterschrift beantragen, dass ein neues Gesetz erlassen oder dass ein bestehendes geändert oder aufgehoben wird.

Liegt ein ausgearbeiteter Entwurf, ein bindender Text vor, handelt es sich um eine *formulierte* Initiative. Der Grosse Rat kann ihr einen eigenen Vorschlag gegenüberstellen. Die Initiative und der allfällige Gegenvorschlag sind dem Volk zu unterbreiten.

Wer eine *unformulierte* Initiative (allgemeine Anregung) einreicht, überlässt es den Behörden, das Begehren in einen Gesetzestext zu fassen. Schliesst sich der Grosse Rat der Sache an, arbeitet er entsprechende Bestimmungen aus, über die abgestimmt wird. Wenn er nicht darauf eintritt, muss der Bürger sofort an die Urne. Wird die Initiative gutgeheissen, so muss der Rat einen Entwurf ausarbeiten, der seinerseits vom Volk genehmigt werden muss.

Die Behörden sind gesetzlich verpflichtet, eingereichte Initiativen in fünf bis höchstens sechs Jahren zu behandeln. Allerdings kommen sie dieser Verpflichtung nicht immer nach. Einige Initiativen sind für Jahrzehnte schubladisiert worden.

Fakultatives Gesetzesreferendum
Gesetze und Grossratsbeschlüsse bedürfen dann der Zustimmung der Stimmberechtigten an der Urne, wenn innerhalb von sechs Wochen nach ihrer Veröffentlichung 2000 Unterschriften zusammen kommen. Kein Referendum kann ergriffen werden gegen Budgetbeschlüsse, einmalige Ausgaben bis zu einer Million Franken oder jährlich wiederkehrende Ausgaben bis zu 200 000 Franken, Beschlüsse persönlicher Art (zum Beispiel Wahlen) und Beschlüsse, die von einer Zweidrittelsmehrheit des Rats als dringlich erklärt werden.

Obligatorisches Gesetzesreferendum
Der Grosse Rat kann neue Gesetze oder Beschlüsse selbst dem Volk zur Abstimmung unterbreiten. Die Unterschriftensammlung erübrigt sich in diesen Fällen.

Das Beispiel: Initiative gegen den Abendverkauf

Stimmungsbild vom ersten Abendverkauf

Donnerstag, 19. März 1987, 18.30 Uhr
Nachdem die letzte Kundin sein Geschäft verlassen hat, schliesst der Drogist Konrad Sauter seine Ladentür. An der Glastür hängt ein kleines Plakat mit dem Text: «Tschuldigung, mir hänn Zobe nit offe.» Seinen Arbeitstag allerdings kann Konrad Sauter noch nicht beenden. Eine halbe Stunde hat er noch im Verkaufsraum, im Lager und vor allem am Schreibtisch zu tun.

Draussen herrschen trotz baldigem Frühjahrsbeginn winterliche Temperaturen. In einem grossen Haushaltgeschäft bleibt die Eingangstüre noch bis um 21 Uhr offen. Donnerstags ist hier Abendverkauf. Im ebenfalls geöffneten Schuhgeschäft einen Steinwurf davon entfernt: gähnende Leere. Sie hätten jetzt Zeit für eine Inventur, witzelt eine Verkäuferin. Gerammelt voll dagegen ist ein grosses Sportgeschäft, in dem heute Fussballstars Nachwuchstalente beraten. In der nahen Metzgerei bemühen sich drei Verkäufer um eine einzige Kundin. Die Strassen sind zwar nur mässig belebt, aber auch nicht so leer wie sonst um diese Tageszeit. Vor allem jüngere Leute, aber auch Einkaufslustige aus der südbadischen Nachbarschaft bevölkern die City. Am Marktplatz ist eine Musikgruppe darum bemüht, etwas Einkaufsstimmung zu schaffen, und ein Würstchenverkäufer hat daneben seine Bude aufgestellt. Im Augenblick bedient er einen Kunden, der auf Brust und Rücken zwei grosse Plakatwände zur Schau trägt. «Schluss mit dem Abendverkauf – den Lädeli zuliebe!» steht darauf zu lesen.

Auch Drogist Sauter hat sich nun auf einen Rundgang in der Innerstadt begeben. Die Tageseinnahmen lagen heute 3 bis 4% unter dem Durchschnitt. Ob ihm die Schliessung seines Geschäftes doch schaden wird, wie seine Frau befürchtet? Er selbst war schon immer gegen den Abendverkauf, schon seiner Familie zuliebe. Als er mit 21 Jahren seine Ausbildung hinter sich gebracht hatte, konnten seine Eltern zum ersten Mal einige gemeinsame Ferientage verbringen. Das soll sich nicht wiederholen. Seine Angestellten waren ohnehin erleichtert, als sie erfuhren, dass ihr Chef sich nicht am Abendverkauf beteiligen werde. Nein, gelohnt hätte es sich bestimmt nicht. Für die zweieinhalb Arbeitsstunden am Abend hätte er wegen der

3. Macht und Gerechtigkeit

Freizeitkompensation und der Essensentschädigung fast das Doppelte der üblichen Personalkosten bezahlen müssen. Billigeres Aushilfspersonal ohne Fachausbildung kann er seinen Kunden nicht zumuten.

Konrad Sauter entgeht nicht: Nur 70% der Geschäfte beteiligen sich am Abendverkauf. Ein Jahr später werden es noch 50% sein. Ob wohl eine Mehrheit der Basler Stimmbürgerinnen und -bürger gegen den Abendverkauf ist? Nun, sie werden Gelegenheit haben, über die Beibehaltung des Abendverkaufs zu entscheiden, dafür ist gesorgt worden. Ein Komitee, dem auch Konrad Sauter angehört, hat 6500 Unterschriften für eine Verbotsinitiative zusammengebracht, 2500 mehr als erforderlich.

Wie war es zum Abendverkauf gekommen?

1976 hatten die Stimmbürger dem Versuch, über die beiden Abendverkäufe vor Weihnachten hinaus eine regelmässige abendliche Öffnung der Geschäfte durch eine Gesetzesänderung zu ermöglichen, eine deutliche Abfuhr erteilt. Auch ohne die verworfene Änderung konnte der Regierungsrat, gestützt auf das geltende Gesetz, eine Abendöffnung unter bestimmten Bedingungen auf dem Verordnungsweg gestatten. Im «Gesetz betreffend das Offenhalten der Verkaufslokale an Werktagen» von 1942 heisst es nämlich:

«Der Regierungsrat ist befugt, die Öffnungszeiten der Verkaufslokale durch Verordnung abzuändern, sofern die beteiligten Arbeitgeber- und Arbeitnehmerorganisationen mit der betreffenden Änderung einverstanden sind.»

Diese Möglichkeit wollten sich die Grossverteiler, die Warenhäuser und einige Innerstadtgeschäfte zunutze machen. Sie schlossen sich zu einer Interessengemeinschaft zusammen und erzielten im Oktober 1986 nach zähen zweijährigen Verhandlungen eine Vereinbarung mit den Gewerkschaften. Für die Dauer von achtzehn Monaten sollte der Abendverkauf versuchsweise eingeführt werden. Aufgrund der Erfahrungen sollte später über eine definitive Einführung beschlossen werden. Für das Verkaufspersonal wurde unter anderem folgende Kompensation festgelegt:

1. Sofern der Abendverkauf im Rahmen der betriebsüblichen wöchentlichen Normalarbeitszeit stattfindet, gibt die Teilnahme an einem Abendverkauf ab 18.30 Uhr Anspruch auf 1½ Stunden Zeitzuschlag.
2. Sofern die Teilnahme am Abendverkauf zusätzlich zur betriebsüblichen wöchentlichen Arbeitszeit erfolgt, gibt die Teilnahme an einem Abendverkauf Anspruch auf Freizeit von 4 Stunden.
3. Die Kompensationsregelung findet auf Personal, das nur im Hinblick auf den Abendverkauf ab 17.00 Uhr angestellt worden ist, keine Anwendung.
4. Die Essenspause beträgt 30 Minuten und gilt nicht als Arbeitszeit. Sie ist jedoch zuschlagspflichtig, falls die Pause nach 18.30 Uhr gewährt wird.
5. Der Arbeitgeber sorgt für eine ausreichende Verpflegung innerhalb oder ausserhalb seines Betriebes. Ist dies nicht möglich, bezahlt der Arbeitgeber eine Essensentschädigung von Fr. 11.–.

Darauf erliess der Regierungsrat im Dezember eine Verordnung, welche den vereinbarten Versuch ab 19. März 1987 ermöglichte.

Der Kampf beginnt

Der Drogist Konrad Sauter und andere Detaillisten waren entschlossen, gegen diesen Versuch und vor allem gegen die definitive Einführung des Abendverkaufs zu kämpfen. Widerstand regte sich aber auch beim organisierten Verkaufspersonal und bei den Progressiven Organisationen (POB). Diese Partei lud alle Gegner noch im Oktober 1986 zu einem Gespräch ins Restaurant «Spalenbrunnen» ein. Für Konrad Sauter, Mitglied einer bürgerlichen Partei, waren die POB kein Wunschpartner. Trotzdem hat er mit seinen Freunden die Veranstaltung besucht. Ein Jurist erklärte den Anwesenden, dass der Abendverkauf nur mit einer Initiative wirksam bekämpft werden könne. Gegen eine regierungsrätliche Verordnung könne kein Referendum ergriffen werden und eine Petition hätte im jetzigen Grossen Rat wenig Aussicht auf Erfolg. Darauf beschlossen die anwesenden Detaillisten, Personalvertreter und POB-Mitglieder, ein gemeinsames, parteipolitisch neutrales Komitee zu gründen und eine Initiative zu lancieren. Schon an der zweiten Versammlung, im Dezember, lag der Initiativtext vor. Der oben zitierte Gesetzes-Abschnitt sollte neu lauten:

> «Der Regierungsrat ist befugt, die Öffnungszeiten der Verkaufslokale durch Verordnung für den Vorweihnachtsverkauf im Dezember abzuändern, sofern die beteiligten Arbeitgeber- und Arbeitnehmerorganisationen mit der betreffenden Änderung einverstanden sind.»

Konrad Sauter ging diese Einschränkung etwas weit, trotzdem war er bereit, im 18köpfigen Vorstand mitzuarbeiten. In diesen Vorstand wurden auch zwei Grossräte gewählt.

Die Abstimmung wird durchgesetzt

Konrad Sauter hat die Initiativbögen in seiner Drogerie zur Unterschrift aufgelegt. Fast alle Kunden haben für seinen Einsatz Verständnis bekundet, Hunderte waren bereit, ihre Unterschrift zu leisten. Nach zweieinhalb Monaten, noch vor Beginn des Versuchs, konnte das Komitee der Staatskanzlei über 6000 Unterschriften präsentieren. Die Initiative war zustande gekommen. Im April 1987 beschloss der Grosse Rat erwartungsgemäss, nicht auf die Initiative einzutreten und sie «der Gesamtheit der Stimmbürger zum Entscheid vorzulegen.» Dann verging Monat um Monat, ohne dass der Regierungsrat einen Abstimmungstermin festgelegt hätte.

Gegen den Abendverkauf

Dem Lädeli zuliebe:

(Durch den Abendverkauf wird der Umsatz noch stärker auf die Grossverteiler und Warenhäuser verlagert. Mütter mit kleinen Kindern und ältere Leute sind aber weiterhin auf das Lädeli um die Ecke angewiesen.)

Initiative ♥JA

Komitee gegen den Abendverkauf
Postlagend. 4015 Basel, PC 40-33 255 3

Am 3. Dezember, nach acht Monaten Abendverkauf, riss dem Komitee der Geduldsfaden. Ein Anwalt wurde beauftragt, eine staatsrechtliche Beschwerde gegen den Regierungsrat beim Verwaltungsgericht einzureichen. Ein baldiger Abstimmungstermin sollte gerichtlich durchgesetzt werden. Der Regierungsrat beantragte dem Gericht, die Beschwerde abzuweisen. Gleichzeitig gab er aber bekannt, die Abstimmung werde am 8. Mai 1988 durchgeführt. Daraufhin wurde die Beschwerde zurückgezogen.

Im Entscheidungskampf

Zwei Monate vor dem Abstimmungstermin vom 8. Mai haben gegen zweihundert Mitglieder des Initiativkomitees an einer Vollversammlung die Waffen bereitgestellt und die Strategie festgelegt: Das Komitee rüstete sich für den Entscheidungskampf. Die Kassiererin präsentierte das folgende Budget:

Gesamtausgaben	Fr. 22 000.–	
davon:	Fr. 4 800.–	grosse Inserate im «Baslerstab»
	Fr. 4 000.–	Druck und Aushang von Plakaten
	Fr. 4 000.–	Anwaltskosten
	Fr. 3 300.–	Grafiker
	Fr. 2 400.–	Inserate in Tageszeitungen
	Fr. 1 030.–	kleine Plakate für Schaufenster
	Fr. 800.–	Inserate in Quartierzeitungen
	Fr. 800.–	Versandspesen
Gesamteinnahmen	Fr. 20 814.–	
davon:	Fr. 15 814.–	Mitgliederbeiträge, Spenden
	Fr. 5 000.–	Gewerkschaftsbeitrag

Anschliessend stellten ein Vorstandsmitglied und der Grafiker die Werbeslogans und Plakate vor. Schliesslich wurden Rednerinnen für Partei- und Verbandsversammlungen, Debattierer für Radio- und Podiumsdiskussionen, Leserbriefschreiber, Helferinnen für Standaktionen auf drei öffentlichen Plätzen, Verpacker und Verträgerinnen von Werbematerialien gesucht.

Längst hatte sich das Hinterzimmer der Drogerie in ein Abstimmungsbüro verwandelt. Überall lag Werbematerial bereit, das verpackt und versandt werden musste. Zwei grosse Ordner hatte Konrad Sauter mit Zeitungsausschnitten, Protokollen und persönlichen Notizen gefüllt; sie dienten bei der Auflistung eines Argumentenkatalogs. Konrad Sauter arbeitete jetzt wie alle andern Vorstandsmitglieder jede Woche etwa einen halben Tag für den Abstimmungskampf, und das ehrenamtlich. Ja, man erwartete von ihm noch zusätzlich eine Spende. Schon im November 1986 hatte er einen Beitrag für die «Basler Zeitung» geschrieben, im Mai 1987 vertrat er sein Anliegen in einer Radiosendung. Eine bittere Niederlage musste er an der Parteiversammlung der «Liberalen» einstecken. Trotz seines engagierten Plädoyers sprachen sich die Delegierten einstimmig gegen die Initiative aus. Sie wollten sich den gewerblichen Handlungsspielraum nicht einschränken lassen. Zu einem Kopf-an-Kopf-Rennen kam es bei der Parolenfassung seiner eigenen Partei, der CVP. «Wenn es den Grossverteilern gut geht, verlieren wir Kleinen Terrain», gab er den Delegierten zu bedenken. «Auch das Verkaufspersonal hat sich zu zwei Dritteln gegen den Abendverkauf ausgesprochen.» Seine Gegnerin, die Präsidentin der Konsumentenvereinigung, hielt ihm entgegen: «Veränderte Lebensgewohnheiten, wie die Berufstätigkeit der Frau, machen neue Einkaufsmöglichkeiten nötig. Ohne Abendverkauf verlieren die Basler Innerstadtgeschäfte den Konkurrenzkampf mit der ausländischen und schweizerischen Nachbarschaft.» Sogar ein anwesender Regierungsrat warf sich in den Kampf. Kein Geschäft sei verpflichtet, am Abendverkauf teilzunehmen. Konrad Sauter und seine Freunde behielten mit 29 gegen 27 Stimmen die Oberhand.

Inzwischen hatten aber auch die Gegner nicht geschlafen. «Basel ist voller Krämergeist», hiess es, auf die Initianten gemünzt, in einem Leitartikel der «Nordschweiz». Längst hatte sich ein gegnerisches Komitee gebildet, an den Plakatwänden leuchteten auch die Slogans der Gegner, und in den Zeitungen hielten sich die Leserbriefe der beiden Parteien die Waage.

3. Macht und Gerechtigkeit

"Wir geniessen es, gemeinsam ohne Zeitdruck einkaufen zu können."

Wer den Abendverkauf wünscht, stimmt: **NEIN**

Abstimmungs-Wochenende vom 6./7./8. Mai

Komitee "Pro Abendverkauf"

Der Erfolg: ja heisst nein

Als am Sonntag, dem 8. Mai, die Abstimmungslokale geschlossen wurden, hatten 35,6% der Stimmbürgerinnen und Stimmbürger sich für oder gegen die Initiative ausgesprochen. Die Sache war etwas verzwickt: Wer ja schrieb, stimmte für die Initiative und sagte nein zum Abendverkauf. Wer für den Abendverkauf war, musste nein schreiben. Gegen vier Uhr konnten Konrad Sauter und seine Mitstreiter die Champagnerkorken knallen lassen. Mit 55% hatte der Souverän ihnen recht gegeben. In einigen bürgerlich dominierten Abstimmungslokalen ergaben sich allerdings knappe Mehrheiten gegen die Initiative: in Riehen, auf dem Bruderholz, im Sevogel. Wuchtige Zustimmung fand die Initiative im Bläsi- und im Isaak-Iselin-Schulhaus. Der Chefredaktor der «Basler Zeitung» bedauerte den Abstimmungsausgang: «Es ist ein immer enger und bedrückender werdendes Netz von Verordnungen und Bestimmungen, das der [...] Stadt ihre Möglichkeiten nimmt.»

Donnerstag, 19. Mai 1988
18.30 Uhr ist vorbei, der letzte Kunde verlässt den Laden. Konrad Sauter kann sein Geschäft schliessen. Bald wird auch für das Personal der grossen Geschäfte am Marktplatz Feierabend sein.

3.2.4. Die politischen Rechte heute und morgen

Heutiger Stand der politischen Rechte im Kanton

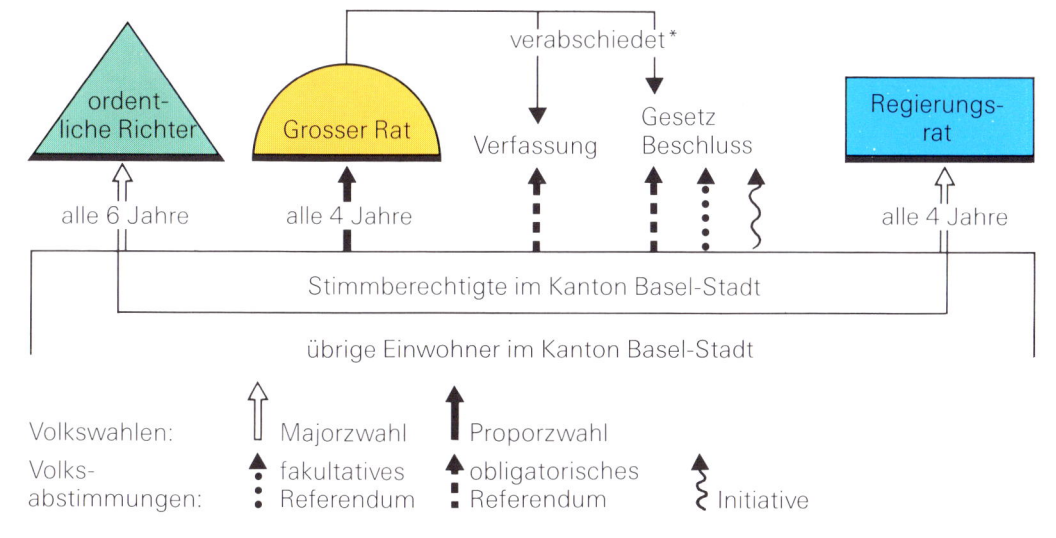

| Volkswahlen: | ⇧ Majorzwahl | ⬆ Proporzwahl |
| Volksabstimmungen: | ⭡ fakultatives Referendum | ⬆ obligatorisches Referendum | ⚡ Initiative |

*verabschieden: einen Beschluss fällen

Die politischen Rechte morgen

Dem gesellschaftlichen Wandel können sich auch unsere staatlichen Einrichtungen nicht entziehen. Die Demokratie und die Ausgestaltung der politischen Rechte dürfen nicht erstarren, wenn auch in Zukunft möglichst viele Menschen an den politischen Entscheidungen beteiligt sein sollen. Aus der laufenden Diskussion seien zwei Beispiele herausgegriffen.

Stimmrecht für Ausländerinnen und Ausländer

Die Grenzen zwischen den europäischen Nationen werden immer durchlässiger. In den Staaten der Europäischen Gemeinschaft gilt die volle Freizügigkeit der Personen als Voraussetzung für wachsenden Wohlstand. Es ist darum nicht verwunderlich, dass der Anteil der ausländischen Bevölkerung in allen europäischen Ländern zunimmt. Die entstehende «multikulturelle Gesellschaft», in der Menschen aus verschiedenen Kulturkreisen auf engem Raum zusammenleben, verlangt vom einzelnen mehr Toleranz gegenüber dem Andersartigen. Staat und Gesellschaft müssen ihre Integrationskraft steigern. Einen wichtigen Beitrag zur Integration von Zugezogenen kann die Einführung des Stimmrechtes für Ausländer leisten. In den nordischen Staaten, in den Niederlanden, im Kanton Jura und seit 1849 schon im Kanton Neuenburg wird den Ausländern dieses Recht auf Gemeindeebene zugestanden, sofern sie eine bestimmte Zahl von Jahren im Gastland ansässig sind. Die Erfahrungen zeigen, dass die Verschiebungen im Parteienspektrum minimal sind. Ausländische Parteien treten nicht auf. Die Gewährung des Stimmrechts an bestimmte Gruppen von Ausländern verlangt auch eine Initiative in Basel-Stadt. Im Text heisst es: «Ausländer und Ausländerinnen, ausgenommen Asylbewerber, haben in Kantons- und Gemeindeangelegenheiten das Stimmrecht und das aktive Wahlrecht [...], sofern sie während acht Jahren ununterbrochen in der Schweiz ansässig gewesen sind, davon drei Jahre im Kanton und im letzten Jahr vor Erteilung des Stimm- und Wahlrechts ununterbrochen im Kanton wohnhaft gewesen sind.» Das Recht, für ein Amt zu kandidieren, wird also ausgeschlossen. (Vgl. S. 87ff.)

5%-Sperrklausel für die Wahlen in den Grossen Rat

Durch einen anderen Vorstoss soll die Parteienzersplitterung im Grossen Rat aufgehalten werden. Der Regierungsrat will zu diesem Zweck das Wahlgesetz revidieren. «Listen, die das Quorum von fünf Prozent der gültigen Stimmen in einem Wahlkreis nicht erreicht haben, sind von der Sitzverteilung ausgeschlossen», lautet § 64 des vorgeschlagenen Wahlgesetzes. Eine solche Sperrklausel hätte bei den Grossratswahlen von 1988 bewirkt, dass bloss acht statt der jetzigen dreizehn Parteien im Rat vertreten wären. Diese acht Parteien hätten alle Fraktionsstatus, das heisst mindestens fünf Sitze gehabt.

Von der Einführung der 5%-Hürde verspricht sich die Regierung zwei Vorteile:
1. In den letzten Jahrzehnten habe eine wachsende Zahl von Listen und Kandidaten zur Wahl gestanden. Für den Wähler sei es infolgedessen schwieriger geworden, den Standort der vielen Gruppierungen auszumachen. Eine Beschränkung der Listenzahl würde die Orientierung verbessern; statt drei grünen Parteien gäbe es zum Beispiel nur noch eine.
2. Gehörten weniger Parteien dem Grossen Rat an, sei die Mehrheitsbildung einfacher. Das Parlament sei handlungsfähiger und

gewinne gegenüber der Regierung an Gewicht.

Eine unerwünschte Wirkung dieser Veränderung könnte sein, dass gesellschaftliche Minderheiten im Rat schlechter vertreten wären und dass Stimmen für Kleinparteien unter Umständen ohne Wirkung blieben. Die kleinen Parteien können an der Sperrklausel natürlich keine Freude haben.

Ähnliche Quotenregelungen gibt es bereits in der Bundesrepublik Deutschland und in den Westschweizer Kantonen. Den gleichen Effekt hätte auch eine Verkleinerung der Wahlkreise. Den Stein hat die DSP durch eine Initiative ins Rollen gebracht. 1989 hat der Grosse Rat das Volksbegehren an die Regierung überwiesen. Nach der Behandlung im Rat werden die Stimmberechtigten das letzte Wort haben. (Vgl. S. 92)

3.3. Der Sozialstaat: Ein menschenwürdiges Leben für alle

Freiheitsrechte verkümmern zu Vorrechten weniger, wenn die materiellen Grundlagen für ihre Verwirklichung fehlen. Wo Wohnungen unerschwinglich sind, hilft auch die Niederlassungsfreiheit nicht weiter. Dem Hilfsarbeiter nützt die Freiheit der Berufswahl nichts, wenn ausschliesslich Arbeitsplätze für Qualifizierte angeboten werden. Wo Menschen keine Arbeit finden, wo Alte verelenden, wo Behinderte sich selbst überlassen sind, ist die Menschenwürde gefährdet, auch wenn die Freiheitsrechte garantiert sind. Der Sozialstaat macht es sich zur Aufgabe, die Ungleichheiten in Gesellschaft und Wirtschaft zu mindern und die sozialen Risiken, wie Krankheit, Invalidität, Arbeitslosigkeit und Armut, zu reduzieren. Den Menschen soll geholfen werden, ihren Ort und ihre Stellung in der Wirtschafts- und Sozialordnung selbst zu bestimmen.

Schon die Kantonsverfassung von 1889 verpflichtete den Staat, «für die Wohlfahrt des Volkes» zu wirken «und dessen Erwerbsfähigkeit» zu heben (§ 11). Auch wenn die *Sozialrechte,* das Recht auf Arbeit, auf Wohnung, auf Bildung, auf Gesundheit und auf soziale Sicherheit nicht ausdrücklich in der Verfassung aufgeführt sind, so trifft unser Staat doch Vorkehrungen, sie zu gewährleisten.

Anliegen des *Arbeitnehmerschutzes* war es zunächst, den Arbeiter in der Fabrik vor Unfällen und Ausbeutung zu schützen. In den heutigen Arbeitsgesetzen werden alle Arbeitnehmer in den Schutz einbezogen. Geregelt werden der Gesundheitsschutz, die Kinderarbeit, die Arbeitszeit, der Ferienanspruch usw. Mit Hilfe der *Sozialversicherung* (Altersversicherung, Invalidenversicherung, Arbeitslosenversicherung, Unfallversicherung und Krankenkasse) werden die sozialen Risiken für die Masse gemindert. Unter staatlicher Aufsicht bilden die Versicherten eine solidarische Vorsorgegemeinschaft. Im Risikofall geniesst der einzelne die vorgesehene Leistung, unabhängig von seinen wirtschaftlichen Verhältnissen. Etwas in den Hintergrund geraten ist demgegenüber die *Fürsorge,* die aus der Armenpflege hervorgegangen ist. Überflüssig freilich wird sie nie sein, weil auch ein engmaschiges soziales Netz nicht jeden Einzelfall auffängt. Menschen in Notlagen müssen jedoch ihre Bedürftigkeit nachweisen, falls sie Sozialhilfe, das heisst Leistungen der Fürsorge, in Anspruch nehmen wollen. Dies empfinden viele als diskriminierend.

Das Massenelend der Farbrikarbeiter im 19. und zu Beginn des 20. Jahrhunderts war die erste grosse soziale Herausforderung für den modernen Staat. Mit Streiks und Demonstrationen, mit dem Aufbau von Konsumgenossenschaften (ACV, gegründet 1865) und der Schaffung von Gewerkschaften, aber auch an der Urne und im Rat, kämpfte die Arbeiterbewegung für bessere Arbeits- und Lebensbedingungen. Basel war ein Pionier in der schweizerischen Sozialpolitik. 1869 kam der Kanton zu einem der ersten schweizerischen Fabrikgesetze. Schon 1909 schuf die Regierung eine staatliche Arbeitslosenkasse mit Teilobligatorium und 1914 die bis heute bestehende Öffentliche Krankenkasse. In den dreissiger und vierziger Jahren, in der Zeit des «Roten Basel» (linke Mehrheit in Regierung und kurze Zeit auch im Parlament), wurde diese Führungsrolle ausgebaut. Siebzehn Jahre vor der eidgenössischen AHV wurde in Basel eine kantonale Altersversicherung gegründet. Der 1936 eingeführte «Arbeitsrappen» gestattete die Beschäftigung einiger Hundert Arbeitsloser. Nach dem Zweiten Weltkrieg sind das Arbeitsrecht und die Sozialversicherungen durch den Bund geregelt worden, um die sozialen Lasten landesweit gleichmässig zu verteilen. Dem Kanton blieben wichtige Vollzugs- und Ergänzungsmassnahmen.

Im internationalen Vergleich steht der schweizerische Wohlfahrtsstaat relativ gut da. Nutzniesser der sozialen Sicherheit sind heute vor allem die Arbeitnehmer. Von versteckter oder «neuer Armut» bedroht ist eine wachsende Zahl Erwerbsunfähiger: alleinerziehende Mütter, Rentner, ausgesteuerte Arbeitslose. Der Ausbau des Sozialstaates wurde seit den siebziger Jahren verlangsamt, weil seine Finanzierung Probleme schafft und weil eine wachsende Zahl von Bürgern Angst hat, von den reglementierenden und bürokratischen Sozialdiensten entmündigt zu werden. Gefragt ist Hilfe zur Selbsthilfe.

Die Aufgabe des Staates wird heute nicht nur in der materiellen Hilfe an Menschen in Notlagen gesehen, sondern auch im Bestreben, alle Gruppen in der Gesellschaft zu *integrieren*.

Das Wirken des Sozialstaates soll an sechs Beispielen illustriert werden:

Beispiel 1: Drei Einkommenssteuer-Rechnungen

Einer alleinstehenden Frau, einem verheirateten Arbeiter und einem verheirateten Arzt mit Wohnsitz in der Stadt Basel wurden 1990 folgende Einkommenssteuern verrechnet:

Steuerpflichtige Person	Steuerbares Jahreseinkommen in Fr.	Kantonaler Steuersatz	Einkommenssteuer Betrag in Fr.
alleinstehende Frau	*40 000.–*	*14,250%*	*5 700.–*
verheirateter Arbeiter	*40 000.–*	*10,725%*	*4 290.–*
verheirateter Arzt	*250 000.–*	*23,224%*	*58 060.–*

Die unterschiedlichen Steuersätze ergeben sich aufgrund der progressiven Steuerskala. Mit zunehmendem Einkommen steigt nicht nur die frankenmässige Belastung, sondern auch der prozentuale Steuersatz. Dank dem Mehrertrag, der bei mittleren und höheren Einkommen abgeschöpft wird, kann die soziale Sicherheit der unteren Einkommensschichten verbessert werden. Eine progressive Steuerskala gibt es in Basel bereits seit 1840.

Beispiel 2: Entschädigung und Hilfe für eine Arbeitslose

Am 1. Februar spricht die arbeitslose Frau B. beim Arbeitsamt vor. Die verheiratete 45jährige Frau hat bis zum Vortag in einem mittelgrossen Betrieb als kaufmännische Angestellte gearbeitet. Zuerst wird sie zum Stellenvermittler gewiesen. Nach einigen Abklärungen kann er ihr ein Stellenangebot vermitteln. Falls sie keinen Erfolg hat, soll sie die täglichen Stelleninserate in den Zeitungen aufmerksam durchgehen. Über alle Bewerbungen muss sie zu Handen der Arbeitslosenkasse sorgfältig Buch führen.

Nun muss abgeklärt werden, ob Frau B. Anspruch auf eine Entschädigung der eidgenössischen Arbeitslosenversicherung hat und wie gross diese gegebenenfalls sein wird. Nachdem sie ein vierseitiges Formular ausgefüllt hat, wird sie bei der Sachbearbeiterin vorgelassen. «Versichert sind Sie, von ihrem Lohn ist mindestens sechs Monate die Versicherungsprämie von 0,3% abgezogen worden, und auch der Arbeitgeber hat seinen Prämienanteil bezahlt. Ihrem Antrag entnehme ich ferner, dass Sie vor einem Monat gekündigt haben. Was unternahmen Sie seither?» – «Ich habe mich zweimal erfolglos um eine Stelle bemüht. Hier», Frau B. nestelt in ihrer Tasche, «sind die Absagen.» – «Warum haben Sie dann nicht weitergesucht?» – «Ich war mit den Nerven fertig. Die Spannung im Betrieb hat mich hergenommen.» Frau B. erfährt, dass ihre Entschädigung aufgrund der eidgenössischen Bestimmungen um zwei Taggelder gekürzt werden müsse, weil sie sich zu wenig um eine neue Arbeit bemüht habe.

Ein weiterer Sachbearbeiter überprüft anschliessend, ob ihr noch weitere Taggelder abgezogen werden müssen, weil sie selbst gekündigt hat. Ist die Arbeitslosigkeit selbst verschuldet, erhält der Arbeitslose einige Tage kein Taggeld. Dem zuständigen Beamten erklärt Frau B., sie habe die ständigen Konflikte mit dem Chef nicht mehr ausgehalten. Einerseits seien seine Anweisungen oft unklar gewesen, andererseits habe er sich ständig über ihren angeblichen Arbeitsrückstand beschwert. Eine telefonische Rücksprache im Betrieb ergibt, dass auch vom Arbeitgeber bald eine Kündigung erfolgt wäre. Die selbständige Arbeitsweise habe Frau B. überfordert. Damit liegt also kein Verschulden vor.

In der Zwischenzeit hat Frau B. gestempelt. Zweimal wöchentlich musste sie sich beim Arbeitsamt melden. Nach einem weiteren Gespräch mit dem Stellenvermittler hat sie sich für einen zweiwöchigen Kurs des Arbeitsamtes angemeldet. Sie soll in die EDV eingeführt werden, damit ihre Anstellungschancen sich verbessern. Anfang März wird ihr die erste Entschädigung überwiesen. Sie beträgt 80% ihres vorherigen Gehalts. Abgezogen werden zwei Taggelder und 5,05% AHV-Prämie. Mit ihrer fünfzehnten Bewerbung hat sie Ende März schliesslich Erfolg. Bis zum Beginn des neuen Arbeitsvertrages am 1. April wird ihr noch die Arbeitslosenentschädigung ausbezahlt.

Beispiel 3: Ein Fall für die Fürsorge

Frau L. hat sich von ihrem Mann getrennt. Vom Richter wurde ihr ein monatlicher Unterhaltsbeitrag von 1750 Franken zugesprochen. Damit muss sie sich und ihre drei kleinen Kinder, die einjährige Nadine, den dreijährigen Oliver und den vierjährigen Peter durchbringen. Für Erwerbsarbeit bleibt ihr keine Zeit, eine Berufsbildung hat sie ohnehin nicht. Trotz bescheidenen Ansprüchen und einer neuen, billigeren Wohnung reicht ihr das Geld schon im ersten Monat nur äusserst knapp. Im August, als sie noch eine Arztrechnung und die Kosten für den Umzug bezahlen muss, fehlen ihr 721 Franken. In ihrer Not wendet sie sich an die Fürsorge, obwohl ihr dieser Gang äusserst schwer fällt. Frau L. wird dem Fürsorger B. zugewiesen. Nachdem er sie angehört hat, versucht er ihr verständlich zu machen, dass sie sich nicht zu schämen braucht und dass sie Anspruch auf Hilfe hat. Sie soll an jedem Monatsende vorbeikommen, damit sie gemeinsam die Lebenskosten für den nächsten Monat berechnen können. Das Amt wird ihr die nötigen Mittel zur Verfügung stellen und das Inkasso der Unterhaltsbeiträge übernehmen. Durchschnittlich kann sie in den folgenden Monaten über 2000 Franken verfügen.

Eineinhalb Jahre später wird die Scheidung ausgesprochen. Die psychische Belastung während des Prozesses überfordert die alleinstehende Mutter. Sie muss sich in psychiatrische Pflege begeben. Die Kinder, von denen die beiden älteren unter schweren Entwicklungsstörungen leiden, werden vom Jugendamt unter Vormundschaft gestellt und in einem Heim versorgt. Nach ihrer Genesung kann auch die Mutter zu ihren Kindern ins Heim ziehen. Die Kosten für die Unterbringung belaufen sich monatlich auf 3500 Franken. Die Fürsorge bezahlt die Differenz zum Unterhaltsbeitrag. Nach einiger Zeit kann die Mutter ihren eigenen Unterhalt durch Teilzeitarbeit selbst finanzieren.

Während der vierjährigen Betreuung hat der Fürsorger durch viele Gespräche und durch regelmässige Haus- und Heimbesuche das Vertrauen seiner Schützlinge erwerben können. Er freut sich, dass es gelungen ist, eine Entfremdung zwischen der Mutter und den Kindern zu verhindern. Dennoch scheint es ihm wichtig, Nadine und Oliver, die den Anschluss an ihre Altersgenossen gefunden haben, wieder völlig in die Verantwortung der Mutter zurückzuführen. Es wird vereinbart, dass die Mutter sich in Basel eine Wohnung einrichten soll und dass die beiden Kinder nach einiger Zeit nachziehen, so dass sie später die öffentlichen Schulen besuchen können. Ausgewählt wird eine Dreizimmerwohnung für 1050.– Franken in einer kinderreichen Umgebung. Keine billige Kommunalwohnung; die Familie soll Gelegenheit erhalten, in einem unbelasteten Milieu Kontakte zu knüpfen.

Das Fürsorgeamt der Stadt Basel ist eine Institution der städtischen Bürgergemeinde. Im Auftrag des Kantons betreut es jene Einwohner der Stadt, die in Not geraten sind. Für den Aufwandüberschuss (1988: 16,7 Mio. Franken) kommt der Kanton auf.

Beispiel 4: Ein Medizinstudent erhält ein Stipendium

Hans G. hat die Matur bestanden und möchte nach Abschluss der Rekrutenschule an der Basler Universität Medizin studieren. Seine Studien- und Lebenskosten wären für das bescheidene Budget seiner Eltern eine grosse Belastung. Mit seinem Lohn von Fr. 46 000.– muss der Vater für die vierköpfige Familie aufkommen, zu der auch die jüngere, schulpflichtige Schwester von Hans gehört. Vermögen ist keines vorhanden. Beim kantonalen Amt für Ausbildungsbeiträge beantragt Hans ein Stipendium. Auf einem vierseitigen Formular muss er Auskunft geben über die Familie und ihre finanziellen Verhältnisse, über seinen Ausbildungsstand und seine Studienpläne und über seine Lebenskosten. Nach zwei Monaten erhält er Bescheid, dass ihm für das Studienjahr 1989/90 ein Stipendium von Fr. 3850.– zugesprochen wurde. Bei der Verlängerung des Stipendiums im folgenden Jahr wird er dann nachzuweisen haben, dass seine Leistungen der Ausbildungsstufe entsprechen.

Beispiel 5: Ein Wohnhaus, das nicht abgebrochen werden darf

Ein Immobilienbesitzer will die Rendite seiner Liegenschaften erhöhen. Mit einem Architekten geht er die Liste seiner Häuser durch.

«Da ist das sechzigjährige Wohnhaus am Riehenring. Es ist viergeschossig, gehört aber zur Zone 5a, in der fünf Geschosse zugelassen sind. Die langjährigen Mieter der Dreizimmerwohnungen zahlen nur sehr bescheidene Zinsen. Brächte ein fünfgeschossiger Neubau mit mehr Komfort auf die Dauer nicht bessere Erträge?»

«Die staatliche Schlichtungsstelle für Mietstreitigkeiten würde den Abbruch nie bewilligen. Das Haus das damals vom bekannten Bauunternehmer W. E. Baumgartner errichtet worden ist, hat noch heute einen überdurchschnittlichen Wohnwert: Die Wohnungen sind 70 bis 80 m² gross, mit Küche und Bad ausgestattet und handwerklich sauber ausgeführt. Auch die Grundrisse sind durchdacht. Ich rate zu einer einfachen Renovation. Sie würde sich auszahlen.»

Das «Gesetz über Abbruch und Zweckentfremdung von Wohnungen» von 1975 schränkt das Grundrecht auf Eigentum ein, um preisgünstigen Wohnraum zu erhalten. Grosse Unterschiede zwischen preisgünstigen Altwohnungen und teuren Neuwohnungen fördert freilich die Unterbelegung von Familienwohnungen. (Vgl. Haushaltzyklus S. 37)

Beispiel 6: Das Drop-In: Anlaufstelle für einen Fixer

An einem Nachmittag erscheint Rolf im Drop-In. Er ist verladen, elend, ausgebrannt und will vom Heroin weg. Auf der Gasse hat er vom Drop-In gehört. Es biete Hilfe bei Drogenproblemen. Man müsse sich nicht anmelden, habe keine Formulare auszufüllen und könne frei ein- und ausgehen. Vor allem sei es keine Staatsstelle. Die Mitarbeiter würden einen nicht bei der Polizei verpfeifen. Rolf hat einen Kaffee bekommen und ist mit Susi ins Gespräch gekommen. Sie ist Sozialarbeiterin und arbeitet im Drop-In. Nach einiger Zeit bittet sie Rolf in ihren Arbeitsraum und fordert ihn auf, seine Geschichte zu erzählen. Er ist 27jährig, HIV-positiv, arbeitslos und ohne festen Wohnsitz. Vor einigen Tagen hat sich seine Mutter das Leben genommen. Nein, seinen Vater kenne er nicht. Zum grossen Teil sei er in verschiedenen Heimen aufgewachsen. Mit vierzehn Jahren habe er zum ersten Mal Haschisch konsumiert, seit neun Jahren ist er heroinsüchtig. Vor fünf Jahren ist er wegen Drogenhandels und Einbrüchen verurteilt worden. Ja, eine Therapie habe man mit ihm versucht. Das war damals im Strafvollzug auf dem Arxhof. Eine Zeitlang kam er ohne Drogen aus, *aber jetzt fixt er wieder. Er treibt sich auf der Gasse herum und lebt von gelegentlichen Jobs und von der Fürsorge. Susi empfiehlt ihm einen stationären Entzug. Davon will Rolf jedoch nichts wissen. Von Polizisten, Fürsorgern, Sozialarbeitern und Richtern habe er endgültig die Nase voll. Freiwillig setze er keinen Fuss in eine Klinik. Bleibt nur noch der ambulante Entzug. Die Sozialarbeiterin macht sich keine Illusionen. Beide unterschreiben einen Entzugsvertrag: Rolf muss sich täglich in nüchternem Zustand zu einem einstündigen therapeutischen Gespräch im Drop-In einfinden. Er erhält dann von Susi Medikamente zur Linderung der Entzugssymptome. Während des zehntägigen Entzugs glückt es der Sozialarbeiterin, eine Beziehung mit ihrem Patienten zu knüpfen.*

Rolf erleidet mehrere Rückfälle. Wegen kleinerer Delikte wird er mehrmals in Haft genommen. Trotzdem erscheint er auch weiterhin im Drop-In. Die Sozialarbeiterin beschliesst deshalb, es mit dem Ersatzstoff Methadon zu versuchen. Dank ihrer Empfehlung erhält Rolf die Bezugserlaubnis in der Psychiatrischen Universitätsklinik. Gleichzeitig vermittelt ihm ein anderer Mitarbeiter des Drop-In eine Wohnung und Arbeit auf einer Baustelle der «Ökumenischen Genossenschaft Arbeitshilfe». Kurze Zeit darauf wird Rolf erwischt, als er im Drop-In einbricht, um Geld zu erbeuten. Trotzdem hat die Sozialarbeiterin die Therapie auch während der Gefängniszeit aufrecht erhalten. «Er wollte die Beziehung austesten», erklärt sie verständnisvoll.

Die Jugend- und Drogenberatungsstelle Drop-In wird von einem privaten Verein getragen. Aufgrund eines Subventionsvertrages zahlten die beiden Basler Halbkantone 1988 über eine halbe Million Franken oder 96% der Betriebskosten.

4. Wie funktioniert der Staat?

Der Staat bei uns, das ist der Kanton Basel-Stadt. Seine Behörden versehen aber nicht nur die kantonalen Aufgaben; seit 1875 führen sie auch die Geschäfte der Einwohnergemeinde der Stadt Basel. Dieser schweizerische Sonderfall ist auf die Bedürfnisse des Stadtkantons zugeschnitten und ermöglicht eine rationale Verwaltung ohne Doppelspurigkeiten. Der Grosse Rat von Basel-Stadt hat also auch die Befugnisse eines Gemeindeparlamentes der Stadt Basel, und der Regierungsrat amtet zugleich als Stadtrat.

4.1. Der Grosse Rat

4.1.1. Stellung und Aufgaben

Noch heisst es in der Basler Verfassung, der Grosse Rat mit seinen 130 nebenamtlichen Mitgliedern sei «die höchste Gewalt» im Staat. Nach modernem Verständnis jedoch bilden Grosser Rat und Regierungsrat als gleichwertige Behörden gemeinsam die Staatsführung. Dem Grossen Rat fallen im besonderen folgende Aufgaben zu:

1. Als *Volksvertretung* repräsentiert er das Staatsvolk oder die Wählerschaft. Alle grösseren Gruppen der Bevölkerung mit ihren Interessen und Anschauungen sollten im Rat vertreten sein.
2. Er ist *Legislative,* zuständig also für die Gesetzgebung. Diese Funktion erfüllt er zusammen mit dem Regierungsrat. Die Gesetzesentwürfe werden in der Regel vom Regierungsrat vorgelegt. Der Grosse Rat fällt die erforderlichen Beschlüsse, nachdem er die Vorlage beraten und allenfalls abgeändert hat. (Vgl. Kapitel 4.3, S. 128)
3. Ihm obliegt die *Oberaufsicht über Regierung und Verwaltung.* Die Kontrolle übernimmt vorab die Prüfungskommission des Rates. (Vgl. S. 108) Jedes Ratsmitglied kann aber auch selbst entsprechende Auskünfte vom Regierungsrat verlangen. (Vgl. Interpellation und Kleine Anfrage, S. 113)
4. Die *Finanzgewalt* verpflichtet ihn zur Kontrolle über Staatseinnahmen und -ausgaben. Der Grosse Rat genehmigt den Haushaltplan (Budget) und die Staatsrechnung, nachdem sie durch seine Finanzkommission geprüft worden sind. Auch für die Festlegung von Steuern und die Bewilligung höherer Abgaben ist der Rat zuständig. (Vgl. Kapitel 4.7, S. 156) Schliesslich kann jedes Ratsmitglied individuelle Budgetanträge stellen. (Vgl. Budgetpostulat, S. 112f.)
5. Er *wählt* den Regierungspräsidenten und Vizepräsidenten, die Ersatzrichter, die Gesamtbehörde der Staatsanwaltschaft, den Ombudsman und wichtige Verwaltungskommissionen.

4.1.2. Organisation

Präsidentin oder Präsident, Statthalter, Büro
Jedes Jahr wählt der Rat einen neuen Präsidenten. Er leitet die Verhandlungen und bildet zusammen mit dem Statthalter, seinem Vertreter und Nachfolger, und fünf weiteren Ratsmitgliedern das Büro. Präsident und Büro bestellen die Spezialkommissionen. Sie folgen dabei den Fraktionsvorschlägen und berücksichtigen den Fraktionsproporz, das heisst die zahlenmässige Stärke der Fraktionen.

Ständige Kommissionen
Zur Vorberatung wichtiger wiederkehrender Geschäfte werden in jeder Legislaturperiode ständige Kommissionen gewählt. Sie sind nach Fraktionsproporz zusammengesetzt.

4. Wie funktioniert der Staat?

Präsidentin oder Präsident
Statthalter, 5 Beisitzer

| Grossratskanzlei | Büro | Grossratssekretäre |

acht ständige Kommissionen
(9 oder 11 Mitglieder)

Spezialkommissionen
(in der Regel
15 Mitglieder)

**Grosser Rat
130 Mitglieder**

- CVP 15
- 13 POB
- LDP 15
- 10 UVP
- FDP 19
- 1990: 9 Fraktionen
- 10 LDU, GM
- 9 DSP
- SP 27
- 7 VEW
- 5 –

Fraktionslose
(aus PdA, GAB)

Proporzwahl alle vier Jahre

| Grossbasel Ost 36 Sitze | Grossbasel West 47 Sitze | Kleinbasel 33 Sitze | Riehen 13 Sitze | Bettingen 1 Sitz | 5 Wahlkreise |

Beispiele:
- Finanzkommission: Sie prüft in erster Linie das Budget und die Staatsrechnung.
- Prüfungskommission: Sie kontrolliert die Staatsverwaltung und prüft den Verwaltungsbericht des Regierungsrates.
- Petitionskommission (Vgl. S. 87)

Spezialkommissionen
Sie werden zur Vorberatung einmaliger Vorlagen bestellt und sind nach Fraktionsproporz zusammengesetzt.

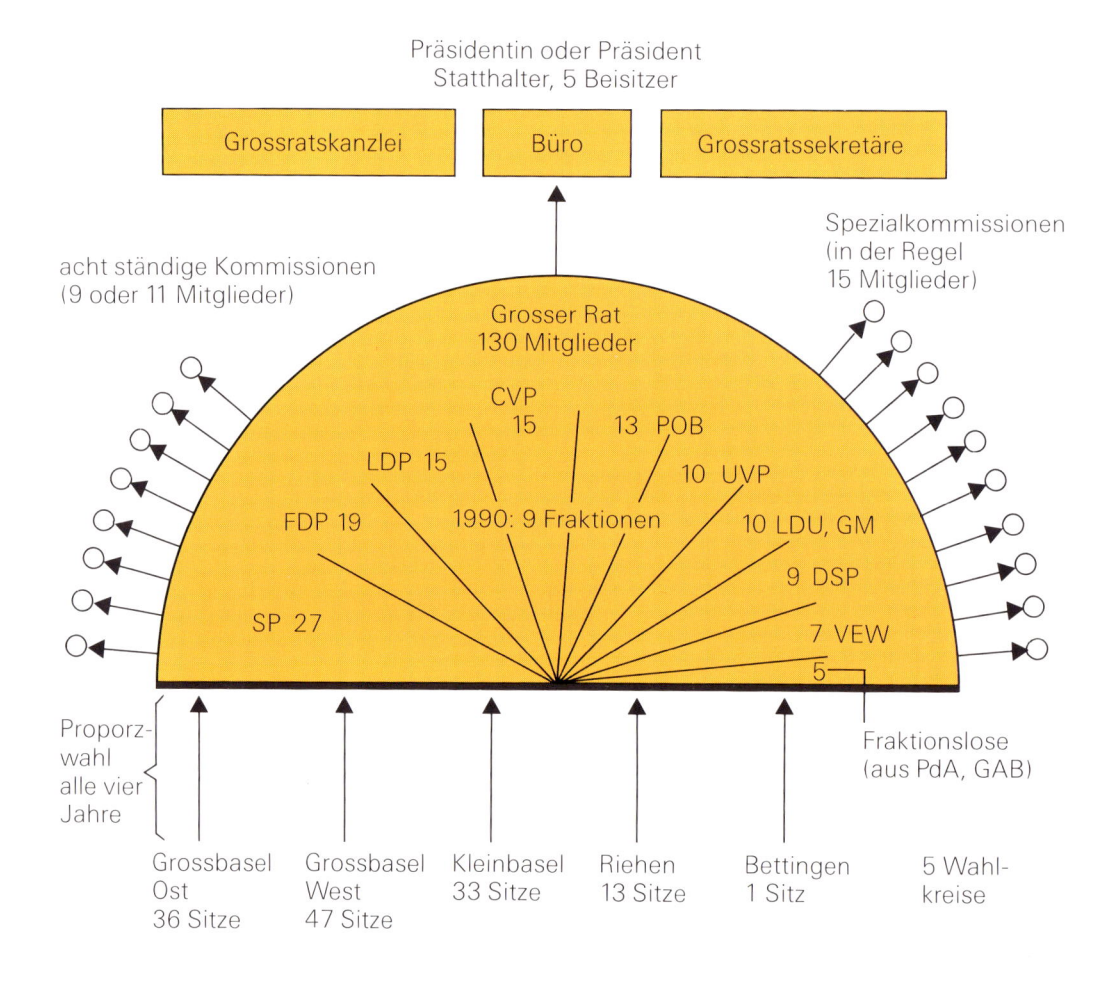

Beispiele:
- Kommission Schulreform (1983–1988)
- Kommission Masterplan Bahnhof SBB (seit 1986)
- Kommission Umweltschutz (seit 1983)

Parlamentarische Untersuchungskommis-

Der Grosse Rat

Rathaus, Marktfassade: Mittelteil (1504–1514)

sionen (PUK) mit erweiterten Kompetenzen (Zeugeneinvernahme, Recht auf Einsicht sämtlicher Regierungs- und Gerichtsakten) sind in Basel-Stadt nicht vorgesehen. Auf Bundesebene hat eine solche PUK 1989 die Tätigkeit der Politischen Polizei im Zusammenhang mit der Überwachungs- oder Fichenaffäre untersucht. Auf kantonaler Ebene war die Prüfungskommission damit betraut.

Fraktionen
Falls einer Gruppe oder Partei im Rat mindestens fünf Abgeordnete angehören, kann sie eine eigene Fraktion bilden und sich in den Kommissionen vertreten lassen. Die Angehörigen der Fraktion treffen sich vor den Ratssitzungen, um ihre gemeinsame Haltung abzusprechen.

Legislaturperiode und Neuwahl
Alle vier Jahre wird der Grosse Rat neu gewählt. Seine Amtszeit heisst Legislaturperiode. Im Mai 1988 hat die 36. Legislaturperiode seit der Schaffung der Verfassung von 1875 begonnen. Die Neuwahl des Rates erfolgt nach dem Proporzverfahren. (Vgl. Kap. 3.2.2, S. 89f.)

Amtszeitbeschränkung
Nach drei ununterbrochenen Legislaturperioden kann sich ein Ratsmitglied nicht mehr wählen lassen. Angebrochene Amtszeiten gelten als volle. Mit dieser Einschränkung der Wahlfreiheit soll für regelmässige Verjüngung des Rates gesorgt werden.

Plenumssitzungen
Plenumssitzungen sind Versammlungen des ganzen Rates. Sie finden gemäss Verfassung mindestens neunmal jährlich, jeweils am zweiten Mittwoch eines Monats statt. Nach Bedarf werden ausserordentliche Sitzungen anberaumt. 1987 tagte der Rat drei-

Rathaus, Innenhof mit Standbild des Munatius Plancus (1580)

zehnmal, mit den Fortsetzungssitzungen ergab das 27 Tage. Diese Sitzungen müssen öffentlich sein; jedermann kann sie von der Tribüne aus mitverfolgen.

Tagesordnung
Die Tagesordnung des Grossen Rates wird vom Präsidenten im Einvernehmen mit dem Regierungsrat aufgestellt und im Kantonsblatt veröffentlicht. Auf ihr erscheinen vor allem:
– Berichte und Ratschläge (Gesetzes- und Finanzvorlagen) aus dem Regierungsrat

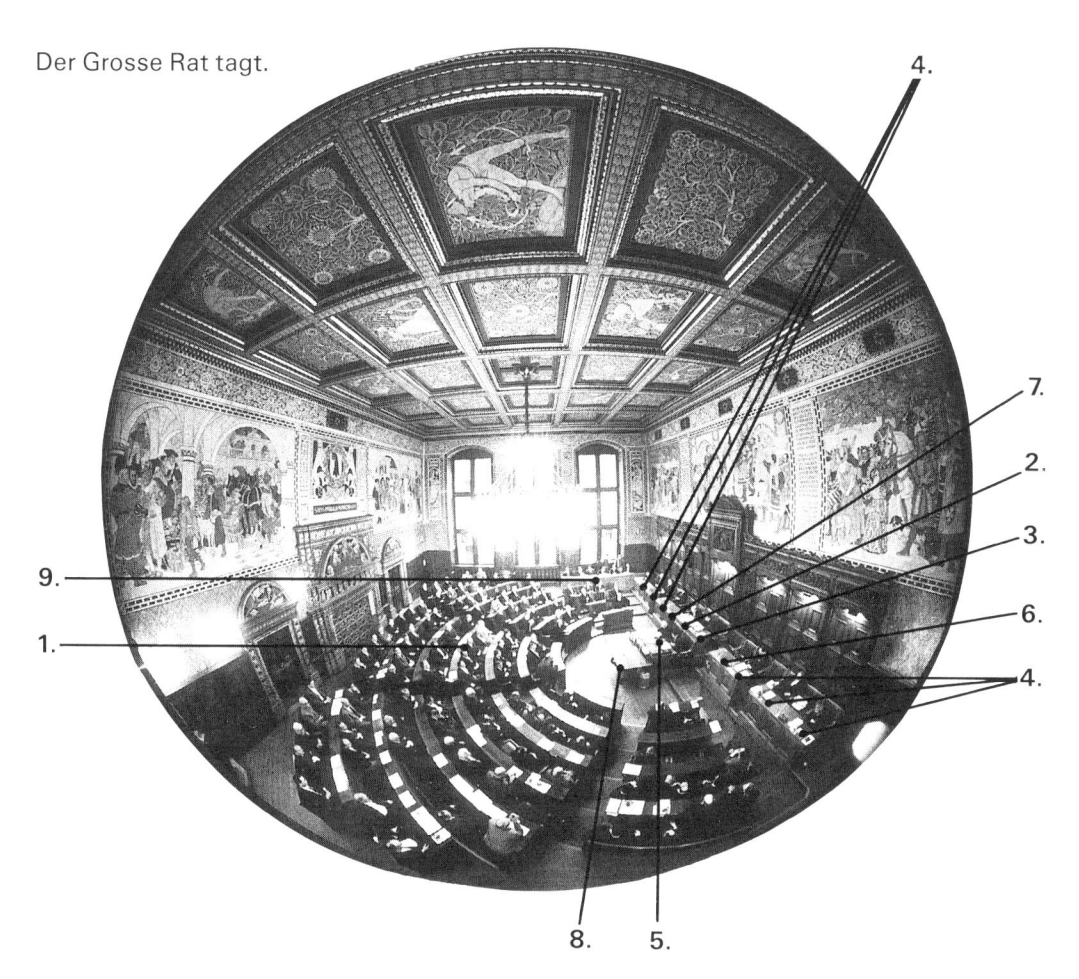

Der Grosse Rat tagt.

Erläuterung:
1. Mitglieder des Grossen Rates: Ihre Sitzordnung richtet sich nicht nach dem Spektrum der Fraktionen von links nach rechts, sondern nach den Wahlkreisen. Innerhalb der Wahlkreise gilt die Reihenfolge der von den Parteien und den Kandidaten erreichten Stimmenzahl.
2. Präsidentin oder Präsident des Grossen Rates
3. Statthalter
4. Regierungsräte
5. Sekretäre: Sie führen das Protokoll und zählen die Stimmen.
6. Sitz für Votanten: Die Parlamentsmitglieder müssen von hier aus votieren.
7. Sitz für Referenten, zum Beispiel den Sprecher einer Kommission.
8. Tisch des Hauses: Hier liegen unter anderem Berichte, Ratschläge und die Korrespondenz des Rates.
9. Pressetribüne

- Berichte und Gesetzesvorlagen aus den Grossratskommissionen
- Vorstösse aus den Reihen des Rates
- Petitionen und Initiativen aus dem Volk
- Begnadigungen und Aufnahmen ins Bürgerrecht
- Wahlgeschäfte.

Sitzungsgelder
Die Tätigkeit im Grossen Rat ist nebenamtlich. Für die Beratung im Plenum und in den Kommissionen erhalten die Abgeordneten pro Halbtag ein Sitzungsgeld von Fr. 100.–. Einen Teil davon müssen viele ihrer Partei abgeben. Aktenstudium, Fraktionssitzungen usw. sind unbezahlt. Selbständige können einen Erwerbsersatz beantragen.

Immunität
Für ihre mündlichen und schriftlichen Äusserungen in den Plenums- und Kommissionsberatungen können Grossräte und Regierungsräte nur dann gerichtlich belangt werden, wenn zwei Drittel des Rates es beschliessen. Die Immunität, das heisst die rechtliche Unverletzlichkeit, soll es dem Parlamentarier ermöglichen, ohne Angst vor gerichtlicher Verfolgung zu kritisieren und Missstände aufzudecken.

4.1.3. Vorstösse aus dem Grossen Rat

Die Parlamentarier können im Bereich der Gesetzgebung und Verwaltung auch selbst initiativ werden, zum Beispiel um Anliegen aus der Wählerschaft zu vertreten. Zu diesem Zweck verfügen sie über unterschiedliche *Arbeitsmittel,* von denen sie regen Gebrauch machen. Im Geschäftsjahr 1987/88 wurden 90 Anzüge, 16 Budgetpostulate, 144 Interpellationen und 69 Kleine Anfragen eingereicht. Diese Flut von Vorstössen bringt die Tagesordnung häufig durcheinander. Gelegentlich sprechen Ratsmitglieder bei der Begründung ihrer Vorstösse «zum Fenster hinaus», genauer gesagt zu den Journalisten auf der Pressetribüne. Mit Beschränkungen der Redezeit und des Vorstossrechtes versucht der Rat, die Behandlung der dringenden Geschäfte zu sichern. Manchmal helfen nur noch Nachtsitzungen.

Arbeitsmittel, die auf Änderungsbeschlüsse hinzielen:

Anzug
Schriftlich formulierte Anregung zum Entwurf von Gesetzen, Beschlüssen oder zu Massnahmen der Verwaltung (heisst in anderen Kantonen Postulat)

Behandlung:
Beschliesst der Grosse Rat Eintreten, weil ihm die Anregung prüfenswert erscheint, so überweist er den Anzug dem Regierungsrat, dem Büro oder einer Grossratskommission zur Prüfung. Diese haben innerhalb von zwei Jahren zu berichten und allenfalls Anträge zu stellen. Aufgrund des Berichtes kann der Grosse Rat den Anzug abschreiben, das heisst erledigt erklären, oder stehen lassen. In diesem Fall muss er in derselben Frist erneut bearbeitet werden.

Budgetpostulat
Schriftlich formulierter Antrag zur Erhöhung der Ausgaben oder zur Verminderung der Staatseinnahmen.

Behandlung:
Überweist der Grosse Rat das Budgetpostulat dem Regierungsrat, so hat dieser rechtzeitig zu berichten, damit es noch vor der Sommerpause im Rat behandelt werden kann.

Hans Geisen nimmt die Verhältnisse im Landrat, im Parlament des Kantons Basel-Landschaft, aufs Korn. (Basler Zeitung vom 24. 6. 1988)

Gegenüber Bund und anderen Kantonen fehlt gegenwärtig:

Motion
Verbindlicher Auftrag zum Entwurf eines Gesetzes oder eines Parlamentsbeschlusses

Kritische Nachfragen:

Interpellation
Sofortige Auskunft über aktuelle Kantonsangelegenheiten (zum Beispiel Klage über die Verwaltung).

Behandlung:
Nachdem der Regierungsrat mündlich oder schriftlich Stellung genommen hat, kann der Interpellant erklären, ob ihn die Antwort befriedigt hat oder nicht. Der Rat kann eine Diskussion beschliessen.

Kleine Anfrage
Schriftliche Auskunft über meist weniger gewichtige Kantonsangelegenheit.

Behandlung:
Der Regierungsrat hat binnen Jahresfrist schriftlich zu antworten. Eine Diskussion findet nicht statt.

Politische Willenskundgebung:

Resolution
Auf Antrag eines Ratsmitgliedes kann der Grosse Rat mit Zweidrittelsmehrheit zu einer Angelegenheit, die nicht in die Zuständigkeit der kantonalen Verwaltung fallen muss, öffentlich Stellung nehmen.

4. Wie funktioniert der Staat?

Beispiel für einen Anzug: Schaffung eines staatsbürgerlichen Lehrbuchs

Im Juni 1981 forderten Stefan Cornaz (FDP) und Konsorten in einem Anzug die Schaffung einer staatsbürgerlichen Informationsbroschüre für die Schulen, die «anhand konkreter politischer Vorlagen und unter Verwendung anschaulicher Illustrationen und Grafiken die staatlichen Instanzen und das politische Instrumentarium des Kantons Basel-Stadt darstellt». Die vorhandenen Lehrbücher seien eher umgeschriebene Gesetzestexte als anschauliche Schilderungen. Der Grosse Rat überwies den Anzug oppositionslos.

Die Verwaltung arbeitete zunächst eine abschlägige Antwort aus. Im Juni 1984 rang sich der Regierungsrat aber doch zu einer positiven Stellungnahme durch. Deshalb liess der Rat den Anzug im Februar 1985 und im Januar 1988 stehen. Eine verwaltungsinterne Kommission nahm die Vorarbeiten an die Hand. Auf ihren Vorschlag wurde im Herbst 1986 ein Autor gesucht und vom Regierungsrat gewählt. Seine Schrift sollte aber nicht nur darstellen, wie der Staat funktioniert, sondern auch «geschickt einführen in die aktuellen Probleme des städtischen Staatswesens». Aufgrund dieses Auftrags entstand ein Entwurf, der in einer Vernehmlassung von verschiedenen Experten und Amtsstellen begutachtet wurde. Nach Ablehnung eines ersten Kreditantrages bewilligte der Regierungsrat 1990 die nötigen Mittel für eine erste Auflage.

Beispiel für ein Budgetpostulat: Subventionen für die Knabenkantorei

Im Februar 1987 stellte Peter Meier (CVP) den Antrag, die Staatsausgaben um Fr. 50 000.– zu erhöhen. In den Genuss der Mehrausgaben sollte die Basler Knabenkantorei kommen. Sie habe sich zu einem international angesehenen Chor entwickelt und sei bei ihren Konzerten im Ausland zu einer Botschafterin der Stadt geworden. Die verlangte Subvention entspreche nur einem Viertel des Jahresbudgets. Sie erlaube eine seriöse Grundausbildung der Sänger und solle deshalb auch für die kommenden Jahre bewilligt werden. Der Grosse Rat überwies dieses Budgetpostulat an die Regierung.

In seiner Antwort bestätigte der Regierungsrat das hohe Niveau und das internationale Ansehen des Chores. Mit einer regelmässigen Unterstützung war er einverstanden. Er wollte dafür jedoch nur Fr. 20 000.– bewilligen, weil der Basler Staatsbeitrag den des Kantons Basel-Landschaft anteilmässig nicht übersteigen dürfe. Von den 103 Mitgliedern des Chores stammten nämlich 60 aus dem Kanton Basel-Landschaft und bloss 37 aus Basel-Stadt.

In der letzten Ratssitzung vor der Sommerpause setzte sich Alfred Kunz (VEW) für den ursprünglichen Antrag zur Wehr. Nach fünf weiteren Voten entschied sich der Rat gegen den Willen der Regierung mit 53 gegen 17 Stimmen für einen Kredit von Fr. 50 000.–.

Beispiel für eine Interpellation: Demonstrationen in der Innerstadt

In einer Interpellation kritisierte Felix Eymann (FDP) Ende Dezember 1988 die Häufung von Demonstrationen in der Innerstadt. Während der Adventszeit seien die Ladeninhaber und Geschäftsleute der City geschädigt worden, weil die Kundschaft teilweise ausblieb. Überdies hätten sie erst noch Zerstörungen und Gewalt befürchten müssen. Er bittet die Regierung «zu prüfen und zu berichten», ob nicht das Demonstrationsrecht eingeschränkt werden könne.

In seiner Antwort schreibt der Regierungsrat im Januar, dass die Zahl der Demonstrationen tatsächlich zugenommen habe. Er verstehe «die Verärgerung breiter Kreise über die Häufung samstäglicher Demonstrationen». Die Regierung sei aber nicht untätig geblieben. Einerseits seien Demonstrationszüge in der Innerstadt schon seit einem Jahr nicht mehr oder nur mit Einschränkung bewilligt worden. Um den Auflagen Nachachtung zu verschaffen, seien zwei Demonstrationen verhindert, vier räumlich eingeschränkt und acht polizeilich aufgelöst worden. Durch das Polizeiaufgebot konnten die Ausschreitungen in Grenzen gehalten werden. Anderseits sei die Demonstrationsfreiheit als «Teilgehalt der Versammlungs- und Meinungsäusserungsfreiheit anerkannt» und könne nicht beliebig eingeschränkt werden.

In der Nachtsitzung vom 16. März 1989 gab der Interpellant zu Protokoll, dass ihn die Antwort nicht befriedigt habe. (Vgl. Das Beispiel: Lautsprechereinsatz im Abstimmungskampf, S. 76–78)

Beispiel für eine Kleine Anfrage: Fussgängersignal am Morgartenring

An der Sitzung des Grossen Rates vom 21. Mai 1987 reichte Hanspeter Mattmüller (VEW) folgende Kleine Anfrage ein: «Am Morgartenring kreuzt vor dem Tramdepot ein Fussgängerstreifen die Tramlinie 6. In gewissen Schaltphasen kommt es vor, dass das Tram in beiden Richtungen freie Fahrt hat, zugleich aber das Fussgängersignal Grün anzeigt. Diese Signalisation ist besonders für Kinder und Betagte ausnehmend gefährlich. Ich frage die Regierung an, ob diese Gefahrenquelle ausgeschaltet werden könnte.»

In der schriftlichen Antwort, die der Regierungsrat am 27. April 1988 erteilte, heisst es: «Auf einen Einbezug muss verzichtet werden, weil die Priorität des öffentlichen Verkehrs erheblich zurückgestuft werden müsste, was den vom Grossen Rat beschlossenen Prinzipien zuwiderlaufen würde. Hingegen werden die Gleisbereiche durch Warnblinker mit Tramsymbol abgesichert.»

Beispiel für eine Resolution: Brandkatastrophe vom 1. November 1986

Nach dem Grossbrand im Werk Schweizerhalle der Sandoz AG, bei dem grosse Mengen vergifteten Löschwassers in den Rhein gelangten und das Ökosystem vernichteten, schlug Gian Reto Plattner (SP) die Verabschiedung einer Resolution vor. Der Rat folgte seinem Antrag in der Sitzung vom 27. November 1986 mit 77 gegen 0 Stimmen, bei 11 Enthaltungen. In der Resolution erwartet der Rat von der Regierung, dass sie Ursachen und Folgen des Grossbrandes aufklärt, dass sie die Verantwortlichen zur Rechenschaft zieht und Massnahmen zur Verhinderung weiterer Katastrophen trifft. Von der Sandoz AG und anderen Chemiebetrieben wird verlangt, dass sie die Massnahmen der Regierung vorbehaltlos unterstützen und eine offene und ehrliche Informationspolitik betreiben.

Der dritte und vierte Absatz lauten:
«Mit Blick auf die weltweite schleichende Vergiftung von Luft, Wasser und Boden, die sich auch ohne plötzliche Katastrophen in unverantwortbarer Weise akkumuliert, fordern wir die politischen und industriellen Führungsgremien unseres Kantons, aber auch jenseits unserer Grenzen auf,
– [...] risikoarme, ökologisch sinnvolle und energiesparende Verfahren zu entwickeln,
– den Verzicht auf Produktion und Einsatz lebensgefährdender Substanzen rasch voranzutreiben [...].
Die Katastrophe von Schweizerhalle hat uns mit einem Schlag wieder ins Bewusstsein gerufen, welche schwere Last wir unserer Mitwelt und damit letztlich uns selbst durch unseren gedankenlosen Umgang mit der Natur aufbürden. Wir bitten alle Menschen, dies zu bedenken und ihre eigenen Konsequenzen zu ziehen.»
(Vgl. Kapitel 7.1, S. 190)

4.1.4. Die Struktur des Grossen Rates (im Mai 1988)
Frauenanteil

Wahl	1968	1972	1976	1980	1984	1988
Frauen im Rat	15	21	21	21	33	35
Prozentanteil	12%	16%	16%	16%	25%	27%

Nur im Parlament des Kantons Genf ist der Frauenanteil mit 28% ein wenig höher.

Alter

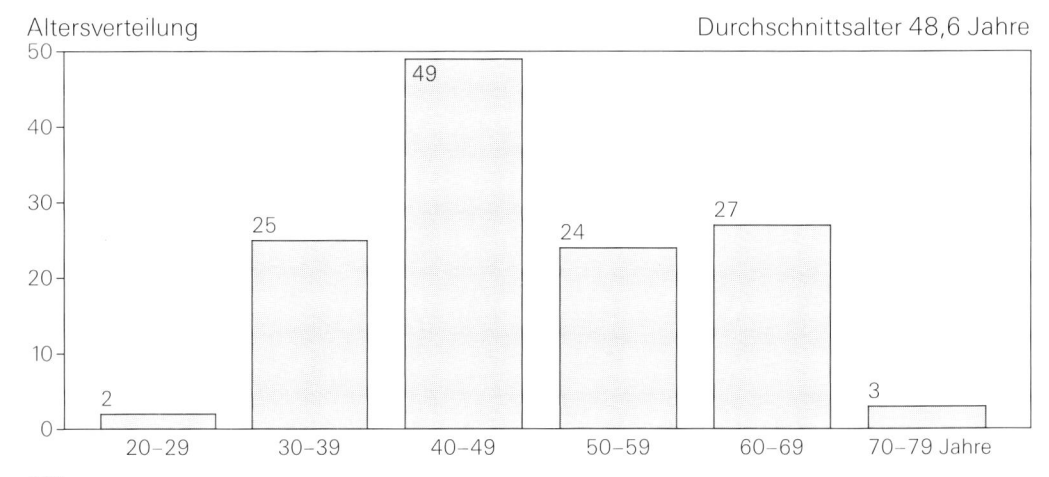

Altersverteilung   Durchschnittsalter 48,6 Jahre

Alter	20–29	30–39	40–49	50–59	60–69	70–79 Jahre
Anzahl	2	25	49	24	27	3

Amtszeit

- 37 erste
- 53 zweite
- 40 dritte
- 130

25 Ratsmitglieder sind nach einem Unterbruch wiedergewählt worden.

Berufsbildung

- 54 Akademiker (davon 16 Juristen)
- 39 mittlere Ausbildung
- 28 Lehre
- 9 keine Berufsbildung/keine Angabe
- 130

Arbeitgeber

- 41 Kantone, Gemeinden, Bund (davon 31 Kanton Basel-Stadt)
- 32 Privatwirtschaft
- 27 Freie Berufe, Unternehmer
- 9 Pensionierte

Berufliche Position

- 48 höhere Kader, Selbständige
- 38 mittlere Kader
- 20 übrige Angestellte
- 8 Facharbeiter

Branchen

- 20 Ausbildung (Lehrer)
- 16 Gesundheitswesen, Soziales (davon 8 Ärzte)
- 12 Politik (Partei- und Verbandsfunktionäre)
- 10 Chemie
- 8 Hausfrauen und -männer (teilweise mit Nebenbeschäftigung)
- 7 Gewerbe
- 6 Bau, Planung
- 4 Banken, Versicherungen

Das Beispiel: Interview mit einer Grossrätin

Christine Keller wurde 1959 in Basel geboren. Sie sitzt seit 1984 als Mitglied der sozialdemokratischen Fraktion im Grossen Rat. Die Juristin ist Gerichtsschreiberin am Zivilgericht. Seit Oktober 1987 ist sie Mutter.

Wie sind Sie zur Politik gekommen?

Mein Geschichtslehrer hat es verstanden, mich für die Politik zu interessieren. Wir haben damals in der Schule unter anderem über die Atomkraftwerke und die Überfremdungsinitiativen diskutiert. Diese Gespräche gingen dann am Mittagstisch weiter. Meine Mutter hatte ähnliche Standpunkte wie ich, und wird sind dann später im gleichen Jahr in die Sozialdemokratische Partei eingetreten. Als es 1976 zu einer Kampfwahl für den Regierungsrat kam, habe ich zum ersten Mal Flugblätter verteilt. Etwas später habe ich begonnen, mich für die Sache der Frau zu engagieren. Nach acht Jahren Basisarbeit in der Partei, vom Unterschriftensammeln über Standaktionen bis zur Mitarbeit bei den Jungsozialisten und in der Frauenkommission, bin ich aufgefordert worden, für den Grossen Rat zu kandidieren. Gerade Junge und Frauen gebe es zu wenig im Rat. Diese Rechnung ging auf. 1984 wurde ich in den Rat gewählt.

Welchen Eindruck hat Ihnen der Ratsbetrieb gemacht?

Von Besuchen auf der Tribüne wusste ich längst, dass der Grosse Rat keine Sonntagsschule ist. Da wird ungeniert Zeitung gelesen und diskutiert, während sich ein Redner vorne vergeblich abmüht. Viele treffen sich auch während der Sitzung im Foyer oder im Café; nur wenn abgestimmt wird, strömen alle in den Saal. Ich hatte mir insgeheim vorgenommen, den Verhandlungen besonders aufmerksam zu folgen. Nach dem ersten Ratstag war ich völlig erschöpft. Die Ratsarbeit hatte mich viel mehr hergenommen als ein gewöhnlicher Arbeitstag. Mittlerweile habe ich gelernt, wählerischer zu sein. Wenn ein Kollege das Rednerpult für langfädige Selbstdarstellungen benutzt, gönne ich mir eine Kaffeepause. Ich versuch's mit Gleichmut zu tragen, denn drastische Einschränkungen der Redezeit würden auch die wichtigen Vorstösse behindern.

Wer hat das Sagen im Rat?

Wenn die Verhandlungen im Ratsplenum beginnen, sind die Würfel meist schon gefallen. Nur gelegentlich gelingt es angesehenen Ratsmitgliedern, ihre Kolleginnen und Kollegen noch während der Debatte in einer wichtigen Frage von ihrer Meinung abzubringen. Bezogen wurden die Positionen in den Kommissionssitzungen, in denen echte Kompromisse möglich sind, und vor allem in den Fraktionsbesprechungen.

Dann müssen Sie sich also an die Fraktionsdisziplin halten?

Ich bin um die Fraktionsbeschlüsse froh. Da ich mich unmöglich in alle Sachgeschäfte einarbeiten kann, bin ich in vielen Bereichen, etwa in der Finanz- oder Schulpolitik, auf unsere entsprechenden Fraktionsexperten angewiesen. Als ich einmal in einer wichtigen Frage nicht mit der Fraktion stimmte, habe ich das an der Fraktionssitzung angekündigt und begründet.

Können Sie sich noch an ihre Jungfernrede im Rat erinnern!

Aber natürlich! Nachdem ich etwa zwei Monate nur zugehört hatte, erhielt ich zum ersten Mal eine persönliche Hausaufgabe von der Fraktion. Die Regierung hatte damals beschlossen, dass jene, welche gegen die Verwaltung eine gerichtliche Beschwerde einreichen wollten, einen Kostenvorschuss zu bezahlen hätten. Einmal mehr sollte es

dem Bürger erschwert werden, sich notfalls gegen den Staat zur Wehr zu setzen. «Du als Juristin kannst uns am besten darüber referieren!» hat mich unser Fraktionspräsident aufgemuntert. Nach meinem Bericht wurde ich in dieser Sache zur Fraktionssprecherin ernannt. Ich habe meine erste kleine Rede zu Hause sorgfältig aufgesetzt, und als ich dann im Saal nach vorn schritt, war ich meiner Sache sicher. Im Café habe ich nachher von Fraktionsfreunden viel Lob bekommen, und auch ein paar Frauen aus anderen Parteien haben mir freundlich zugenickt.

Wieviel Arbeit bringt ein Grossratsmandat?
Im Durchschnitt mindestens einen bis eineinhalb wöchentliche Arbeitstage, für Mitglieder wichtiger Kommissionen auch mehr. Mein politischer Terminkalender sieht für die kommenden zehn Tage so aus:

Sonntagnachmittag		Aktenstudium für die nächste Grossratssitzung, Vorbereitung eines Votums für die Fraktionssitzung
Montag	14–16 Uhr 17.30–20 Uhr	Sitzung der Kommission für Wohnfragen Fraktionssitzung: Vorbereitung der Grossratssitzung
Dienstag	20–22 Uhr	Delegiertenversammlung der Partei
Donnerstag	9–12 und 15–18 Uhr	Sitzung des Grossen Rates
Dienstag	18–20 Uhr	Sitzung der Stiftung Frauenhaus
täglich		Aufarbeiten der Post, Zeitungslektüre

Dann sind Sie ja fast schon Berufspolitikerin?
Nein, Grossratssitzungen gibt es in der Regel nur zweimal im Monat. In diesen Wochen bleibt halt vieles liegen. Morgens bin ich mit Ausnahme von Donnerstag als Gerichtsschreiberin tätig. Neben dieser Teilzeitarbeit betreue ich zusammen mit meinem Partner noch unser Kind.

Der Grosse Rat ist gemäss Verfassung die höchste Gewalt im Staat. Lassen Sie das Regierung und Verwaltung spüren?
Da ist oft ein Gefühl der Ohnmacht. Wenn in einer Kommissionssitzung ein Chefbeamter referiert, ist sein Informationsvorsprung meist so gross, dass es äusserst schwer ist, gegen ihn zu argumentieren. Mit Interpellationen ist es noch schwieriger, etwas zu bewirken. Meist bin ich mit der Anwort der Regierung «nicht zufrieden».

Sie gehören doch zu einer Regierungspartei?
Gegenüber den Bürgerlichen bilden unsere beiden Regierungsräte eine Minderheit. Darum sind wir eher Opposition.

Werden Sie von keiner Lobby bearbeitet?
Mein Briefkasten quillt täglich über. Gewerbeverband, Handelskammer, Kernkraft-Befürworter, Verkehrsverbände, Gewerkschaften

und Umweltschutzorganisationen beliefern mich regelmässig mit Informations- und Werbematerial. Sie wollen systematisch Einfluss auf das Ratsgeschehen nehmen und versuchen deshalb, eine Gruppe von wohlgesinnten Ratsmitgliedern zu gewinnen. Natürlich spielen auch die beruflichen Kontakte bei der Entscheidungsfindung eine grosse Rolle. Oft treffen sich Parlamentarier aus verschiedenen Parteien in privaten Vereinigungen. Bestimmt ist schon manche politische Entscheidung im Clubkeller einer Fasnachtsclique gefallen.

Wo finden Sie den Kontakt mit dem Bürger?

Ich nehme regelmässig an den Versammlungen meiner Partei teil. Dann bin ich Stiftungsrätin im Frauenhaus, Mitglied einer Frauenorganisation und einer kritischen Juristenvereinigung. Gelegentlich schreibe ich Leserbriefe. Manchmal wenden sich Bürgerinnen und Bürger aus meinem weiteren Bekanntenkreis mit politischen Ideen oder Anliegen an mich, aber das geschieht leider eher selten.

Schildern Sie doch ein Beispiel!

Vor einiger Zeit hat sich eine Lehrergruppe an mich gewandt. Die Abwartsstelle in ihrem Schulhaus war nicht mehr besetzt worden. Statt dessen wurde eine private Firma mit der regelmässigen Reinigung beauftragt. Die Schule verlor damit eine wichtige Bezugsperson. Weil das auch in anderen Schulhäusern geschah, habe ich dann eine Interpellation eingereicht, aber die Regierung war, hauptsächlich aus Kostengründen, nicht bereit, auf ihren Entscheid zurückzukommen.

Von den Sitzungsgeldern werden Sie nicht reich.

Nein, davon muss ich erst noch einen Viertel an die Parteikasse abliefern.

Weshalb nehmen Sie diese Mühe dann auf sich?

Ich möchte vor allem für zwei Anliegen eintreten. Das erste ist die Gleichberechtigung der Frau. Frauen sollten nicht länger zwischen Familie und Beruf wählen müssen. Der Staat soll ihnen dabei helfen, beides zu vereinen, zum Beispiel durch Einrichtung von Tagesschulen oder durch vermehrte Schaffung von Teilzeitstellen in der Verwaltung. Mein zweiter Schwerpunkt hängt mit meinen beruflichen Erfahrungen zusammen: Ich will dafür kämpfen, dass der Staat gegenüber dem Bürger nicht den grossen Bruder spielen kann. Volks- und Freiheitsrechte dürfen nicht beschnitten werden.

4.2. Der Regierungsrat

4.2.1. Funktion

Aufgaben

Gemäss Kantonsverfassung ist der Regierungsrat die «oberste leitende und vollziehende Behörde» und übernimmt die folgenden Aufgaben:
1. Als *Exekutive* vollzieht er die Gesetze und Beschlüsse des Grossen Rates. In vielen Fällen muss er zunächst in Verordnungen festlegen, wie diese Gesetze im Detail anzuwenden sind.
2. Ihm ist die *Verwaltung des Staatshaushaltes* übertragen. (Vgl. Kapitel 4.7, S. 156)
3. Er steht an der *Spitze der Staatsverwaltung* und wählt die höheren Beamten und Verwaltungskommissionen. Er weist den Staatsangestellten ihre Aufgaben zu und beaufsichtigt sie. (Vgl. Kapitel 4.4, S. 135)
4. Er ist in Zusammenarbeit mit dem Grossen Rat für die *Planung* zuständig und erlässt Regierungsrichtlinien.

Rathaus, Regierungsratssaal (16. Jahrhundert)

5. Er *wirkt bei der Gesetzgebung* mit, indem er Gesetzesentwürfe vorbereitet und mit entsprechenden «Ratschlägen» an den Rat weiterleitet. An den Plenums- und Kommissionssitzungen des Grossen Rates nehmen die zuständigen Regierungsräte mit beratender Stimme teil. (Vgl. Kapitel 4.3, S. 128)
6. Er *vertritt den Kanton* nach innen und aussen.

Verhältnis zum Grossen Rat

Die Verfassungsschöpfer wollten den Grossen Rat über den Regierungsrat stellen. In der Praxis hat sich das Kräfteverhältnis beinahe ins Gegenteil verkehrt. Einmal hat der Regierungsrat, seit er direkt vom Volk gewählt wird, eine stärkere Position, zumal die im Proporzverfahren gewählten Grossräte einen kleineren Wähleranteil zum Wahlerfolg benötigen. Zum andern verschaffen ihm das Vollamt, die unbeschränkte Möglichkeit der Wiederwahl und die Verfügung über die Verwaltung einen grossen Vorsprung an Informationen und Sachkunde. Grossräte hingegen arbeiten nebenamtlich, verfügen nur über eine mangelhafte Infrastruktur und haben eine beschränkte Amtszeit. Häufig ist der Grosse Rat durch eine Flut von persönlichen Vorstössen überlastet. Schliesslich ist das Regierungskollegium politisch meist einheitlicher als der Grosse Rat mit seinen vielen Fraktionen.

4.2.2. Wahl und Organisation

Wahl und personelle Zusammensetzung der Regierung

Dem Regierungsrat gehören sieben vollamtliche Mitglieder an. Sie werden alle vier

Jahre vom Volk im Majorzverfahren gewählt. (Vgl. Kapitel 3.2.2, S. 88) Im ersten Wahlgang gilt das absolute, im zweiten das relative Mehr. Die personelle Zusammensetzung der Basler Regierung ist ausserordentlich stabil. Durchschnittlich bleiben Regierungsräte vier Wahlperioden im Amt. Während einer vierjährigen Amtsperiode können sie nicht abgesetzt werden, und nur ganz selten sind Regierungsräte, die sich um eine weitere Amtszeit bewarben, nicht wiedergewählt worden, die letzten Male 1923, 1935 und 1984.

Organisation

Der Regierungsrat ist ein Kollegium mit gleichberechtigten Mitgliedern. Er ist Volk und Parlament gesamthaft verantwortlich. Einerseits haben also alle sieben Regierungsräte sich grundsätzlich mit sämtlichen Geschäften zu befassen. Anderseits steht aber jeder einem Departement, das heisst, einem Ministerium oder einem bestimmten Zweig der Verwaltung vor. Einmal wöchentlich treffen sich die Regierungsräte zur Regierungssitzung, die im Gegensatz zur Parlamentssitzung nicht öffentlich ist. In diesen Sitzungen werden alle Regierungsentscheide gefällt. Wenn keine Einstimmigkeit erzielt werden kann, wird abgestimmt. Den Vorsitz in den Regierungssitzungen hat der Regierungspräsident. Er wird jährlich vom Grossen Rat aus der Reihe der Regierungsräte neu gewählt. Dabei wird seit jeher ein regelmässiger Turnus beachtet. Der Regierungspräsident ist kein Staatsoberhaupt, er ist bloss Erster unter Gleichrangigen und kann keine Vorrechte in Anspruch nehmen.

4.2.3. Regierungsparteien und Konkordanz

In der Basler Regierung sind nicht nur eine oder zwei verbündete Parteien vertreten, wie in den Regierungen der Nachbarländer, sondern alle grossen traditionellen Parteien. Von 1950 bis 1976 setzte sich die Regierung aus drei Sozialdemokraten und vier bürgerlichen Politikern zusammen: zwei Freisinnigen, einem Liberalen und einem Vertreter der CVP. Nach Abspaltung der DSP von der SP ging ein sozialdemokratischer Sitz an die neuentstandene Partei über. Seit 1984 gilt die neue Formel: 2 SP, 1 DSP, 2 FDP, 1 LDP, 1 CVP.

Die gemeinsame Regierungsverantwortung zwingt zum Kompromiss und bewirkt eine Annäherung der unterschiedlichen Parteipositionen. Das Zusammenrücken der Parteien, die im Regierungsrat vertreten sind, wird als *Konkordanz* bezeichnet. Da sich diese Parteien trotzdem nicht zu einem Bündnis zusammenschliessen und im Grossen Rat zum Teil verschiedenen Lagern angehören, kommt es immer wieder vor, dass einzelne von ihnen Regierungsvorlagen im Rat oder an der Urne bekämpfen. Die Gegensätze zwischen Bürgerlichen und Linken können trotz Kollegialprinzip auch im Regierungsrat selbst aufbrechen.

In den Nachbarstaaten bildet die zweitgrösste Partei oder das zweitgrösste Parteienbündnis meist die *Opposition*. Sie kritisiert und kontrolliert die Regierung und bietet sich dem Wähler als Alternative an. Die Ablösung grosser Parteien in der Regierungsverantwortung und in der Oppositionsrolle kennt die Schweiz nicht. In dauernder Opposition befinden sich nur kleine Parteien, die nicht miteinander verbündet sind. In die Rolle der Opposition schlüpfen aber zeitweise auch Regierungsparteien. Schliesslich können die Stimmberechtigten selbst dank Referendum und Initiative höchst wirksame Opposition leisten.

4.2.4. Kollegium und Kabinett: ein Vergleich mit dem Ausland

Der schweizerische Bundesrat und die Regierungen in den Kantonen werden anders gewählt und sind anders organisiert als die Regierungen der umliegenden Staaten. Während sich in der Schweiz das Kollegialprinzip entwickelt hat, gilt in den Nachbarstaaten das Kabinettssystem.

Kollegialprinzip
Bsp. Basel-Stadt

Wahl

Grosser Rat

7 Regierungsräte (keine Entlassung während der Amtszeit möglich)

Wahl

Wahl

Wähler

Die Regierungsräte sind Mitglieder verschiedener Parteien. Diese haben sich nicht verbündet und gehören teilweise zu verschiedenen politischen Lagern.

Kabinettssystem
Bsp. Bundesrepublik Deutschland

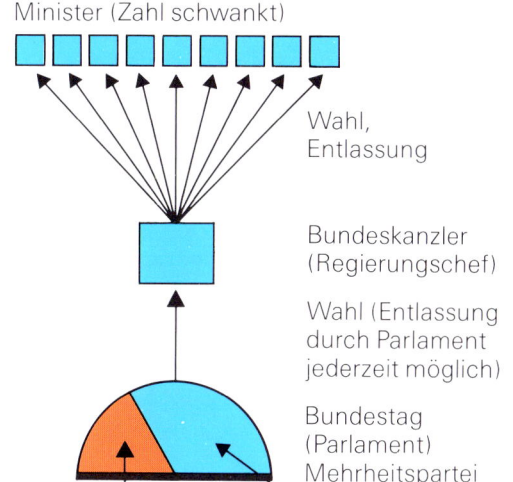

Minister (Zahl schwankt)

Wahl, Entlassung

Bundeskanzler (Regierungschef)

Wahl (Entlassung durch Parlament jederzeit möglich)

Bundestag (Parlament) Mehrheitspartei (eventuell Bündnis)

Opposition

Wähler   Wahl

Der Regierungschef und die Minister bilden das Kabinett. Sie gehören der gleichen Partei oder dem gleichen Parteienbündnis an.

Organisation

Der Regierungspräsident leitet die Sitzungen.

Die Regierungsräte sind gleichrangig. Alle Beschlüsse fallen im Kollegium, das als Ganzes die Verantwortung trägt.

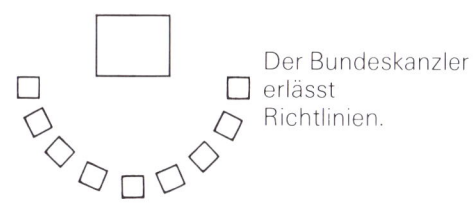

Der Bundeskanzler erlässt Richtlinien.

Die Entscheide fallen unter der Leitung des Regierungschefs. Jeder Minister ist für seinen Fachbereich verantwortlich.

Das Beispiel: Arbeitstag eines Regierungsrates

Hans Rudolf Striebel, geboren 1930, ist seit 1984 Vorsteher des Erziehungsdepartementes. Vor seiner Wahl war er Physikprofessor und freisinniger Grossrat.

«Um halb sieben schrillt der Wecker. Angenehm klingt mir dann die Mozart-Symphonie aus dem zweiten Radioprogramm in den Ohren. Auch heute nehme ich mir Zeit für ein ausgiebiges und gemütliches Frühstück mit meiner Frau. Während ich die Morgenzeitung lese, kommen auch die Kinder schnell vorbei. Für den Weg zu meinem Amtssitz im Haus ‹zur Capelle› auf dem Münsterplatz brauche ich nur fünf Minuten. Ich nehme das Velo, denn ein Regierungsrat begegnet heute den Bürgern nicht anders als vor der Wahl. Die Zeiten sind vorbei, in denen er Zylinder und Gehrock trug. Um halb acht Uhr sitze ich schon an meinem Schreibtisch und entnehme dem Tagesprogramm, das meine Sekretärin am Vortag geschrieben hat, was heute ansteht. Dann gebe ich die kurze, zu Hause aufgesetzte Grussadresse für die heutige Vernissage zum Schreiben weiter. Akten nehme ich grundsätzlich keine nach Hause, aber Ansprachen und launige Tischreden gedeihen in der Amtsstube schlecht.

Eine Stunde kosten mich verschiedene Abklärungen für die Regierungssitzung von morgen. Insgesamt wende ich etwa einen Viertel meiner Arbeitszeit für die wöchentliche Regierungssitzung und ihre Vorbereitung auf, und auch dieses Wochenende habe ich sechs Stunden Aktenstudium im Büro hinter mich gebracht. Meist haben wir über mindestens sechzig Traktanden zu befinden. Fünfzehn Zentimeter Akten türmen sich dann auf meinem Schreibtisch, aber morgen geht es nur um 41 Geschäfte,

eine kleine Sitzung also. Die Atmosphäre im Regierungsrat ist sachlich, und die meisten Geschäfte werden speditiv erledigt, aber wenn etwas Wichtiges, wie der Theaterratschlag oder das Psychiatriekonzept, verhandelt wird, diskutieren alle sieben mit. Wir suchen nach Möglichkeit einen Konsens, doch es kommt jede Sitzung vor, dass wir abstimmen müssen. Auch dann wird aber nicht laut gesprochen, wird sind ja schliesslich alle erwachsen. Aus meinem Departement kommen morgen unter anderem die folgenden Traktanden: die Wahl eines Leiters für das Gewerbemuseum, Lohnansätze für Putzhilfskräfte und die Bitte um einen Beitrag für die schweizerischen Faustballmeisterschaften. In einem Ratschlag zu Handen des Grossen Rates geht es um den Einbau eines Kompaktmagazins in der Universitätsbibliothek, ein Millionengeschäft. Ferner gilt es, einen Bericht für den Grossen Rat über die Risiken der Gentechnologie zu verabschieden.

Um halb neun reicht es gerade noch für ein kurzes Gespräch mit der Kulturbeauftragten. Wegen der Löhne in den subventionierten Kulturbetrieben liegen wir im Clinch mit dem Finanzdepartement. Dann muss ich mich aufs Velo schwingen, um den Zug nach Bern noch zu erreichen. An der Sitzung der Schweizerischen Hochschulkonferenz treffe ich die Erziehungsdirektoren aus den anderen Universitätskantonen. Während der Bahnfahrt studiere ich die Unterlagen. Zufällig treffe ich den ehemaligen Generaldirektor der Schweizerischen Radio- und Fernsehgenossenschaft in der Bahn; solche spontanen Kontakte sind oft von grossem Nutzen für die Regierungsarbeit. Auf der Rückfahrt wieder: Aktenstudium für die Regierungssitzung.

Nach dem Mittagessen treffe ich mich um

halb drei Uhr in meinem Büro mit meinem ersten Mitarbeiter, dem Departementssekretär. Ich habe 5500 Mitarbeiterinnen und Mitarbeiter in meinem Departement und über vierzig Chefbeamte: Museumsdirektoren, Universitätsdekane, Schulrektoren, den Denkmalpfleger, interne Abteilungsleiter. Der Departementssekretär hilft mir, die eingegangenen Geschäfte an den richtigen Sachbearbeiter weiterzuleiten. Er ist mein Stabschef und Vertrauensmann in allen Sach- und Personalentscheiden und hält mir viel Routine- und Verwaltungsarbeit vom Leib, damit ich regieren, das heisst Neues entwickeln kann. Stolz bin ich zum Beispiel auf den systematischen Aufbau der Informatikausbildung an der Universität.

Zwanzig Minuten später ergiesst sich die tägliche Postflut über meinen Schreibtisch. Zu mir kommt alles, was persönlich adressiert ist oder was einen Entscheid nötig macht. Zwar gebe ich mir redlich Mühe, in jedem Gebiet meines Departementes einigermassen zu Hause zu sein, aber wenn die Richtlinien gezogen sind, wird jedes Geschäft weiterdelegiert. Ich notiere Auftrag und Entscheid auf einen Laufzettel und leite die Angelegenheit an einen Sachbearbeiter weiter, in wichtigen Fällen bespreche ich mich mit ihm. Heute bringt die Post unter anderem vier Zeugnisrekurse, zwei Beitragsgesuche von privaten kulturellen Einrichtungen, einen Bericht über die Pharmazie an der Universität und einen über die technische Ausrüstung der Kunsteisbahn. Dann habe ich vier Einladungen bekommen, von denen ich zwei ausschlagen muss. Als Ehrengast der Schmiedenzunft werde ich zum ersten Mal Gelegenheit haben, am berühmten Zürcher Sechseläuten teilzunehmen. Heute abend muss ich meine Frau fragen, ob sie mit mir nächste Woche zur 60-Jahr-Feier der Claraspitals kommen kann.

Während ich die Unterschriftenmappe mit Berichten, Anträgen an die Regierung, Beförderungen, Pensionierungen usw. durchgehe, kommt ein weiterer Sachbearbeiter. Er muss für mich einen Bericht an den Regierungsrat abfassen, in dem es um die Ingenieurschule in Muttenz geht. Diese Schule betreiben wir zusammen mit unserem Partnerkanton Basel-Landschaft. Der Kollege aus Liestal hat mir seinen Vorschlag für die Vertragserneuerung zukommen lassen; dazu gilt es, Stellung zu nehmen.

Nach vier Uhr treffe ich mich mit meinen Mitarbeitern in der Departementszentrale zur täglichen Kaffeerunde. Sie bietet Gelegenheit, sich formlos nach diesem oder jenem zu erkundigen, und viele kleine Probleme finden hier ganz nebenbei eine Lösung.

Dann stellt mir meine Sekretärin eine Reihe von Telefongesprächen durch. Viele Bürger wenden sich mit allen möglichen Beschwerden über die Verwaltung an mich. Ich betrachte es als meine Aufgabe, ihnen persönlich zu antworten, und leite sie an die richtige Stelle weiter. Die meisten Anrufer halten meine Macht für beinahe unbegrenzt, dabei kann ich allein keinen einzigen Mitarbeiter einstellen oder entlassen, und auch in Sachfragen ist mein Entscheidungsspielraum kleiner, als ich mir das vorgestellt hatte.

Abends bin ich selten frei: Da gilt es, Konzerte, Theatervorstellungen, Jubiläumsfeiern, Sportveranstaltungen, Quartierfeste und vieles andere zu besuchen. Aber die Repräsentationspflichten, die vielen Gespräche, die Ansprachen und die festlichen Mahlzeiten sind mir keine Last. An diesen Veranstaltungen werden viele Anliegen an mich herangetragen. Schon mancher hat mir spontan sein Herz ausgeschüttet. Oft schreibe ich mir eine Notiz und stecke sie in die Gilettasche.

Das sind dann die berüchtigten kleinen Zettel, die ich tags darauf einem Mitarbeiter zur Abklärung weitergebe.

Heute bin ich in die Barfüsserkirche an eine Vernissage des Historischen Museums eingeladen. Zum fünfzigjährigen Bestehen zeigt der ‹Circulus numismaticus Basiliensis›, der Verein der Basler Münzensammler, Münzen und Medaillen aus Privatbesitz. Auf die Begrüssung durch die Museumskonservatorin folgt der Fachvortrag eines Professors. Er zeigt anschaulich, welche Bedeutung Münzenfunde für die Geschichtsforschung haben, dass mit ihrer Hilfe etwa Ausgrabungen datiert und Handelswege nachgewiesen werden können. Anschliessend übermittle ich Gruss und Dank der Regierung. Die Ausstellung sei ein Paradebeispiel für das fruchtbare Zusammenwirken privater Sammler und öffentlicher Museen. Nach dem kommentierten Rundgang komme ich beim Aperitif ins Gespräch mit deutschen Museumsdirektoren. Sie zeigen sich an einer Übernahme der Ausstellung interessiert.

Um acht werde ich dann ‹Beim Goldenen Löwen›, im Parteibüro der FDP, zu einer Sitzung der Geschäftsleitung erwartet. Von Amtes wegen gehöre ich allen kantonalen Führungsgremien meiner Partei an. Diskutiert werden Zeitplan und Strategie bei der Verwirklichung unserer Ziele für die nächste Legislaturperiode. Eine zeitraubende, aber notwendige Arbeit besteht dann im Versuch, eine möglichst repräsentative neue Geschäftsleitung zusammenzustellen.

Um halb elf komme ich nach Hause und bin froh, dass ich nun endlich etwas Zeit finde, um ein wenig in jenem Geschichtsbuch zu lesen, das schon seit drei Wochen auf meinem Nachttisch liegt. Einmal mehr ist für mich selbst wenig Zeit geblieben. Ich vertröste mich mit dem Ferienbeginn nächste Woche.»

Das Beispiel: Spaltung des Kollegiums?

Am 1. Dezember 1986 titelte die Basler Zeitung: «Nordtangente: Offener Graben im Regierungsrat» und am 25. Juni 1988 lautete die Schlagzeile auf der Frontseite der Nordschweiz: «Stadtgärtnerei spaltet die Basler Regierung». In beiden Fällen haben die zwei 1984 gewählten sozialdemokratischen Regierungsräte ihren Minderheitsstandpunkt öffentlich bekannt gemacht. Sind solche Stellungnahmen erlaubt oder verletzen sie das Kollegialprinzip? Die Streitfrage soll am Beispiel Nordtangente erörtert werden.

Die Nordtangente ist ein rund drei Kilometer langes Autobahnteilstück, das die schweizerische N2 mit der französischen A35 im Norden Basels verbinden soll. Das Teilstück war schon im Nationalstrassennetz von 1960 vorgesehen und ist damals von der Bundesversammlung beschlossen worden. Der Basler Regierungsrat entschied sich im April 1984 – noch in alter Besetzung – für die Ausführungsvariante «Dreirosen-Tief». Ihr Bau erfordert eine zehnjährige Bauzeit und kostet insgesamt 1,2 Milliarden Franken (Preisbasis 1990). Der Bund übernimmt 65% der Baukosten.

Um den Autobahnbau in der Stadt zu verhindern, sammelten die POB 1981 die erforderlichen Unterschriften für folgende kantonale Initiative: «Der Kanton Basel-Stadt reicht der Bundesversammlung eine Standesinitiative mit folgendem Wortlaut ein: (...) Die geplante Autobahn Nordtangente wird aus dem Nationalstrassennetz herausgenommen und darf nicht gebaut werden.» Wäre die kantonale Initiative an der Urne erfolgreich gewesen, hätten der National- und der Ständerat über eine entsprechende Standesinitiative von Basel-Stadt befinden müssen. Die Mehrheitsverhältnisse liessen freilich eine Verwerfung in beiden eidgenössischen Parlamentskammern erwarten.

Der Regierungsrat und der Grosse Rat empfahlen den Stimmbürgern, die Initiative abzulehnen. Die Nordtangente werde den Verkehr kanalisieren und die Wohnviertel entlasten. Die Befürworter der Initiative befürchteten dagegen eine Zunahme des Verkehrs und der motorisierten Pendler mit den bekannten Folgen für die angrenzenden Wohnviertel. Nachdem sie ihre Kollegen informiert hatten, bezogen die Regierungsräte Mathias Feldges und Remo Gysin Stellung gegen den Bau der Nordtangente. Ihre längere Presseerklärung schloss mit den Sätzen: «Wir beiden neuen Mitglieder in der Regierung weigern uns, ein gigantisches Strassenprojekt mit unverantwortlichen Folgen für unser Gemeinwesen mitzutragen. Unser Gewissen für Mensch und Umwelt verbietet es.» Das gegnerische Aktionskomitee antwortete mit einem scharfen Protest.

Eine Reihe von bürgerlichen Politikern warfen den beiden Regierungsräten vor, sie höhlten das Kollegialprinzip aus und schwächten die Autorität der Regierung. Ihr Handeln vertrage sich nicht mit der Konkordanz der Regierungsparteien. Andere verteidigten die Angegriffenen. Mit ihrem Einsatz gegen die Stadtautobahn lösten die beiden Regierungsräte ihr Wahlversprechen ein. Im übrigen seien die Bürgerinnen und Bürger als Wähler darauf angewiesen, die Positionen und die Kräfteverhältnisse im Regierungsrat zu kennen. Sie wiesen darauf hin, dass das Beschlussprotokoll der Regierungssitzungen keine entsprechenden Hinweise enthält und dass es überdies nur für Mitglieder des Grossen Rates zugänglich sei. Ein Historiker verwies auf die Zwischenkriegszeit, in der die linke Regierungsmehrheit Minderheitserklärungen der bürgerlichen Kollegen geduldet hat.

In der Abstimmung hat der Souverän der Mehrheit im Regierungsrat Recht gegeben. Bei einer Stimmbeteiligung von 38,6% stimmten 52,5% für die Nordtangente und gegen die Initiative.

4. Wie funktioniert der Staat?

4.3. Der Weg zum Gesetz

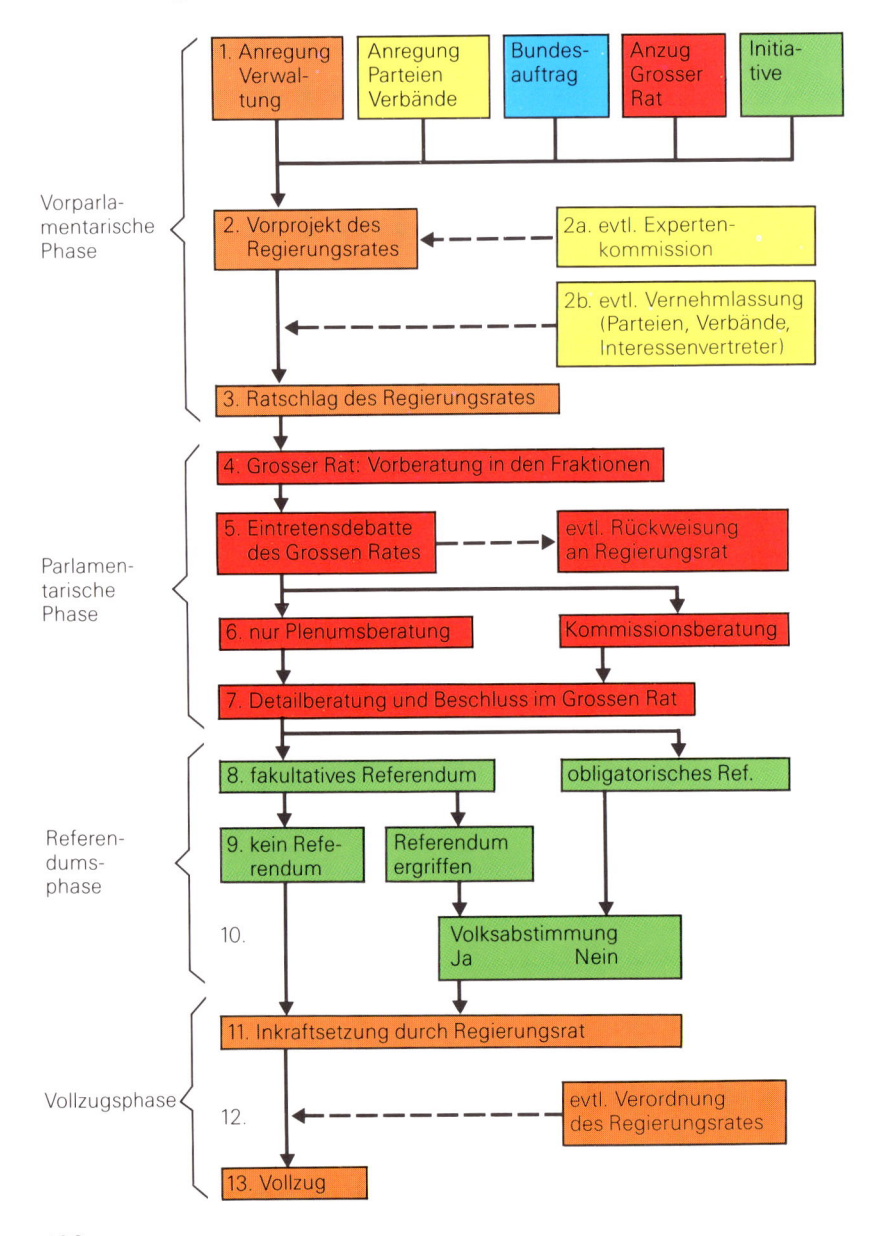

Vorparlamentarische Phase
- 1. Anregung Verwaltung | Anregung Parteien Verbände | Bundesauftrag | Anzug Grosser Rat | Initiative
- 2. Vorprojekt des Regierungsrates ← 2a. evtl. Expertenkommission
- ← 2b. evtl. Vernehmlassung (Parteien, Verbände, Interessenvertreter)
- 3. Ratschlag des Regierungsrates

Parlamentarische Phase
- 4. Grosser Rat: Vorberatung in den Fraktionen
- 5. Eintretensdebatte des Grossen Rates → evtl. Rückweisung an Regierungsrat
- 6. nur Plenumsberatung | Kommissionsberatung
- 7. Detailberatung und Beschluss im Grossen Rat

Referendumsphase
- 8. fakultatives Referendum | obligatorisches Ref.
- 9. kein Referendum | Referendum ergriffen
- 10. Volksabstimmung Ja / Nein

Vollzugsphase
- 11. Inkraftsetzung durch Regierungsrat
- 12. ← evtl. Verordnung des Regierungsrates
- 13. Vollzug

Der Weg zum Gesetz

Der Politikwissenschaftler Wolf Linder schlägt vor, den Weg der Gesetzgebung als *Kreislauf* darzustellen. Ein solcher Kreislauf hätte für Basel-Stadt das folgende Aussehen:

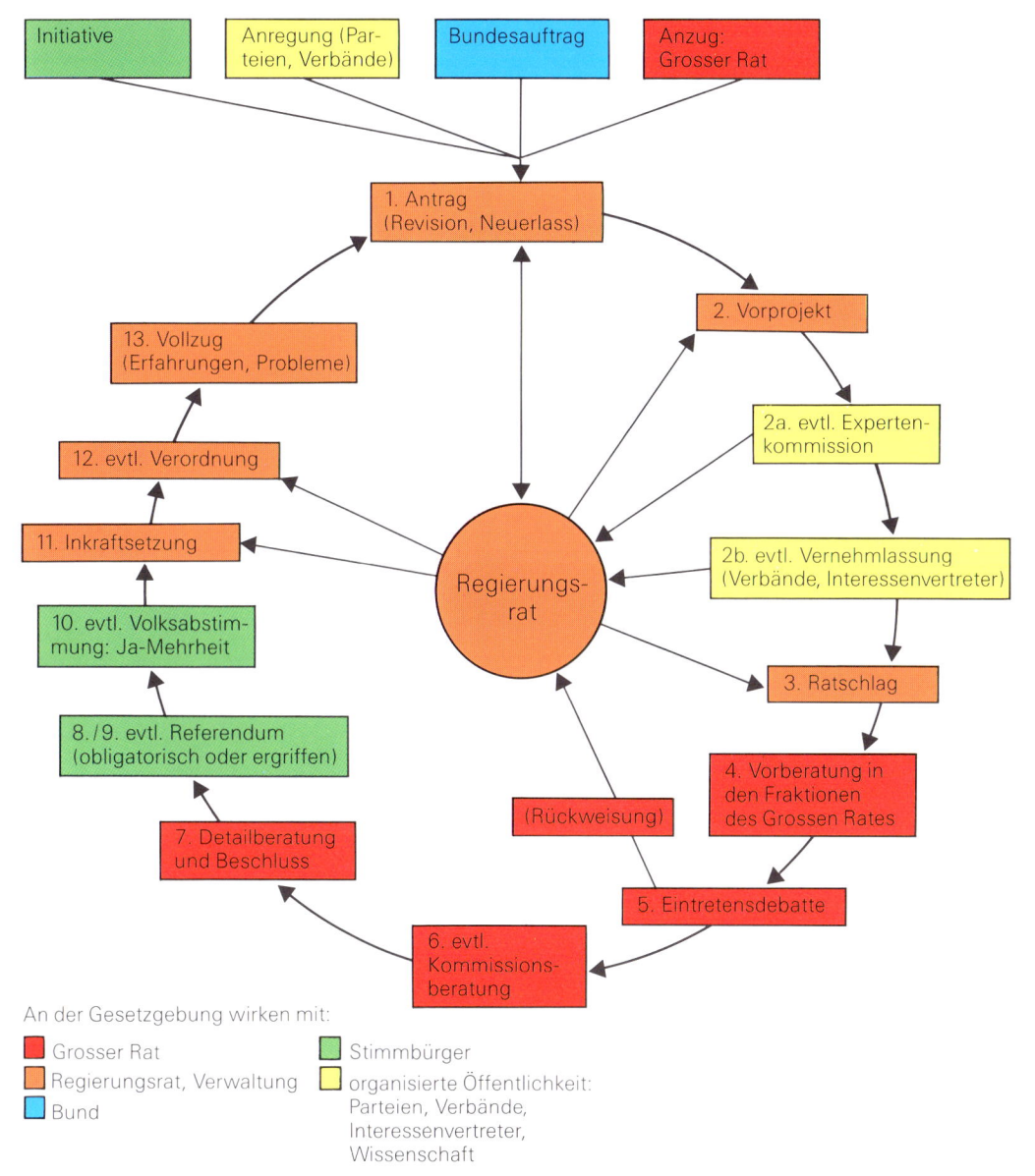

- Initiative
- Anregung (Parteien, Verbände)
- Bundesauftrag
- Anzug: Grosser Rat

1. Antrag (Revision, Neuerlass)
2. Vorprojekt
   - 2a. evtl. Expertenkommission
   - 2b. evtl. Vernehmlassung (Verbände, Interessenvertreter)
3. Ratschlag
4. Vorberatung in den Fraktionen des Grossen Rates
5. Eintretensdebatte
6. evtl. Kommissionsberatung
7. Detailberatung und Beschluss
8./9. evtl. Referendum (obligatorisch oder ergriffen)
10. evtl. Volksabstimmung: Ja-Mehrheit
11. Inkraftsetzung
12. evtl. Verordnung
13. Vollzug (Erfahrungen, Probleme)

(Rückweisung)

Regierungsrat

An der Gesetzgebung wirken mit:
- Grosser Rat
- Regierungsrat, Verwaltung
- Bund
- Stimmbürger
- organisierte Öffentlichkeit: Parteien, Verbände, Interessenvertreter, Wissenschaft

**Das Beispiel:
Das Schulgesetz wird revidiert**

Ein Besuch im Grossen Rat

Donnerstag, 18. Februar 1988. Die Rathausuhr zeigt kurz vor neun. Die beiden Glocken im vergoldeten Dachreiter rufen schon seit einer Viertelstunde zur Verhandlung. Während die Grossräte die Freitreppe im Hof des Rathauses hochsteigen, gehe ich an der Pfeilerstatue des angeblichen Stadtgründers, Munatius Plancus, vorbei zum Tribünenaufgang. Ich habe mir vorgenommen, einen ganzen Tag lang den Verhandlungen des Grossen Rates zu folgen. Vor einigen Tagen habe ich den befreundeten Grossrat Hansruedi gebeten, mir bei der Vorbereitung zu helfen. Zuerst hat er mir die gedruckte Tagesordnung gezeigt, in der alle Geschäfte, die behandelt werden sollen, der Reihe nach aufgeführt sind. Dann hat er alle schriftlichen Unterlagen: Berichte, Ratschläge, Anzüge und Interpellationen vor mir aufgehäuft, insgesamt mehrere hundert Seiten; Lektüre für Tage also. «Du hast grosses Glück mit dieser Sitzung», urteilt Hansruedi. «Im Mittelpunkt steht die spannende Debatte um die Schulreform. Sie ist auch ein wenig mein Kind. Ich hoffe sehr, dass die Revision des Schulgesetzes eine Mehrheit findet.» Seinem Ratschlag folgend, habe ich mich dann auf die sorgfältige Vorbereitung dieses Hauptgeschäftes beschränkt. Ich las den immerhin zweihundertseitigen Bericht zur Schulreform.

Jetzt blicke ich von der Zuschauertribüne aus in den tieferliegenden Grossratssaal, der um die Jahrhundertwende entstanden ist. Mit Hilfe des Sitzplanes habe ich unter den Parlamentarierinnen und Parlamentariern bald einige bekannte Gesichter geortet, und Hansruedi hat mir schon zugenickt. An der Stirnwand, unter drei grossen Wandgemälden, auf denen Basels Eintritt in den Bund dargestellt ist, befindet sich der Sitz des Präsidenten. Dieser lässt seine Glocke erklingen, doch seine Begrüssung geht im Stimmengewirr unter. Auf seine Anordnung beginnt der Sekretär mit dem Namensaufruf. Sechs Grossräte sind heute morgen nicht da.

Die Tagesordnung

Es handelt sich um die Fortsetzung der Ratssitzung vom vorangegangenen Donnerstag. An jenem 11. Februar hatte der Rat zuerst neunzehn neue Interpellationen entgegengenommen, von denen drei unmittelbar mündlich beantwortet wurden. Dann galt es, die Tagesordnung für die beiden Sitzungen zu bereinigen. Sie sah folgende Geschäfte vor: Zuerst musste ein ausgeschiedenes Mitglied der Krankenkassenkommission ersetzt werden. Dann würde die Begnadigungskommission zwei Anträge auf Erlass von Freiheitsstrafen begründen. In der verbleibenden Zeit müsste der Rat sechzehn Budgetpostulate und eine ganze Reihe von Kreditanträgen des Regierungsrates behandeln. Der zweite Sitzungstag wurde für die Schulreformdebatte reserviert.

*Die Kommissionssprecher kämpfen
für die Schulreform*

Heute wird also über die Revision des Schulgesetzes entschieden. Eine Spezialkommission des Rates, der auch Hansruedi angehört, hat in einem viereinhalbjährigen Marathon von zweiundvierzig Sitzungen den erwähnten Bericht mit dem Gesetzesvorschlag ausgearbeitet. Das sei ungewöhnlich, hat mir Hansruedi erklärt. Fast alle Gesetzesvorschläge werden heute von Regierung und Verwaltung ausgearbeitet, und der Grosse Rat und seine Kommissionen begnügen sich meist damit, diese Entwürfe zu beraten, zu

Das Basler Schulsystem vor der Reform

Schuljahr

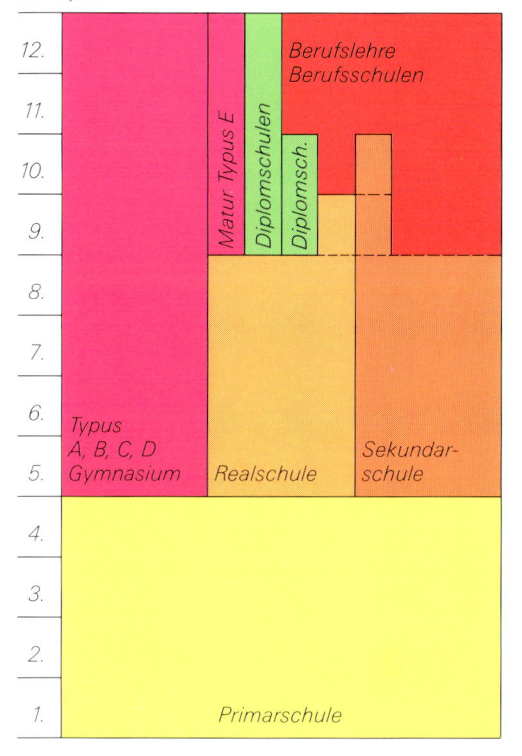

nach Einführung der Reform

Schuljahr

verändern, zur Neubearbeitung zurückzuweisen, anzunehmen oder zu verwerfen.

Der Präsident eröffnet die Eintretensdebatte und gibt dem Präsidenten der Kommission das Wort, der neben ihm Platz genommen hat. «Herr Präsident, meine Damen und Herren, Sie treffen heute einen ungeheuer wichtigen Entscheid. Man wird Sie an ihm messen.» Davon scheint allerdings kaum jemand im Rat Notiz zu nehmen. Die einen sind in ihre Morgenzeitung vertieft, andere besprechen sich mit ihren Nachbarn. Hilfesuchend wendet sich der Kommissionssprecher an den Präsidenten, der ihm mit seiner Glocke energisch Ruhe schafft. In der folgenden Dreiviertelstunde, während der sorgfältig aufgesetzten Reden der beiden Kommissionssprecher, macht der Rat einen ungewöhnlich konzentrierten Eindruck.

Die Kommission ist von den folgenden unbestrittenen Mängeln des alten Schulsystems ausgegangen:
1. Über die Schullaufbahn der Basler Kinder wird schon entschieden, wenn sie zehnjährig sind. Diese allzu frühe Aufteilung auf die drei Mittelschultypen bringt viele Fehl-

4. Wie funktioniert der Staat?

entscheide mit sich, die später nur schwer korrigierbar sind.
2. Mit über 40% eines Jahrgangs ist der Anteil der Gymnasiasten zu hoch. Viele Schüler sind überaltert, weil sie die geforderten Leistungen nicht erbrachten und zurückversetzt werden mussten. Real- und Sekundarschullehrer klagen über einen Niveaurückgang in ihren Klassen.
3. Die Schulabgänger erfüllen die Erwartungen der Wirtschaft und der Universität immer weniger.

Die lange Vorgeschichte der Schulreform
Eine Reform der Mittelstufe des Basler Schulsystems wurde schon vor über hundert Jahren gefordert. 1878 scheiterte eine dreijährige Einheitsmittelschule an der Abwahl des freisinnigen Erziehungsministers. Die Geschichte der jetzigen Reform beginnt 1973, als der Regierungsrat dem Grossen Rat eine Gesamtrevision des Schulgesetzes vorschlug. An einer Versuchsschule sollten Erfahrungen mit der Gesamtschule gesammelt werden. Der Grosse Rat war einverstanden, aber an der Urne wurde das Gesetz verworfen. Später war es der Regierungsrat, der nichts von einer Orientierungsstufe wissen wollte, wie sie eine von ihm selbst eingesetzte Expertenkommission ausgearbeitet hatte. In den achtziger Jahren griff die Diskussion auf die Öffentlichkeit über. Zwei Initiativen und eine Petition forderten eine Reform der Mittelstufe. Der Regierungsrat wollte sich mit inne-

ren Reformen begnügen. Weil der Grosse Rat ihm nicht folgen mochte, setzte er die jetzige Spezialkommission ein.

Der Schulreformvorschlag der Kommission

Gemäss dem Vorschlag der Kommission sollen alle Schüler nach der Primarschule in eine neu zu schaffende dreijährige Orientierungsschule eingewiesen werden. Der Entscheid für die weiterbildende Schule soll in eine Reihe von korrigierbaren Teilentscheiden aufgelöst werden. Deutsch, Französisch und Mathematik sollen im sechsten und siebten Schuljahr in zwei Niveaukursen unterrichtet werden. Ein breites Angebot von Wahlfächern, von Kochen und Werken bis zu Mathematik und Latein, soll den Schülern in diesen beiden Jahren Gelegenheit geben, ihre Interessen und Fähigkeiten selbst zu entdecken und zu verwirklichen.

Während der beiden Referate ist die Pressetribüne auf der anderen Seite des Saales bis zum letzten Platz besetzt. Acht Zeitungs- und Radioreporter machen Notizen oder schreiben in ihre Computerterminals. Auch die Zuschauertribüne hat sich nach und nach gefüllt. Neben mir verfolgt eine ganze Reihe von Lehrern das Geschehen im Grossratssaal. Auch die Frau von Hansruedi, ein Chefbeamter des Erziehungsdepartementes und der Präsident der Schulsynode haben auf den Bänken hinter mir Platz genommen. Zu ihnen stossen später noch einige Schulklassen aus benachbarten Gymnasien. Als noch eine Gruppe von Banklehrlingen eintrifft, herrscht grosses Gedränge.

Die Fraktionssprecher nehmen Stellung

Jetzt beginnt der Reigen der Fraktionssprecher. Während die Zuschauer auf der Tribüne die Hälse recken, wissen die Ratsmitglieder unten im Saal längst, welche Fraktionen auf den Reformvorschlag eintreten wollen und welche nicht. Die Aufmerksamkeit lässt nach. Einige verlassen den Rat für eine Kaffeepause. Nur wenigen Votanten gelingt es, durch eine zündende Rede oder durch einen träfen Spruch an die Adresse eines Gegners, das Gemurmel zum Verstummen zu bringen. Nach jeweils zehn Minuten wird jeder Redner unerbittlich abgeläutet. Gegen die Reform wehrt sich der Sprecher der Liberalen Partei. Die Orientierungsschule ist für ihn ein organisatorisches Ungetüm. Sie richte sich nach dem Mittelmass und verpöne die Leistung. Die Vertreterin der CVP spricht sich dafür aus, den Reformvorschlag an die Regierung zu überweisen mit dem Auftrag, die Orientierungsschule auf zwei Jahre zu verkürzen, um die Koordination mit den Nachbarkantonen zu erleichtern. Alle übrigen Fraktionen sind mehrheitlich für Eintreten. «So tut in Gottes Namen etwas Tapferes!» ruft der Vertreter der Evangelischen. Daraufhin vertagt sich der Rat bis nach der Mittagspause. Im Hof treffe ich Grossrat Urs. Mit der Schulreform kann er sich gar nicht anfreunden. «Hansruedi und seine Mitstreiter in der Kommission haben es gut gemeint, aber in der neuen Schule würden gute Schüler intellektuell unterfordert, und die schwächeren und sensibleren kämen auch zu kurz.» Urs will als Einzelsprecher am Nachmittag auch darauf hinweisen, dass dem Schüler die vertraute Atmosphäre fehlt, wenn der Klassenverband durch Niveaukurse und Wahlfächer auseinander gerissen wird. Am Mittagstisch melden die lokalen Radiostationen aber den wahrscheinlichen Sieg der Reformbefürworter.

Einzelvotanten und der Regierungsrat melden sich

Am Nachmittag wird die Auseinandersetzung noch einmal spannend. Neunzehn Einzel-

votanten nehmen Stellung zum Vorschlag, sieben davon in ablehnendem Sinn. Plötzlich steht Urs am Rednerpult. Statt der vorgeschlagenen Reform empfiehlt er eine Verlängerung der Primarschule. Die Fronten scheinen durcheinander zu geraten. Sechs Ratsmitglieder begründen, warum sie mit ihrer Fraktionsparole nicht einig gehen. Dann wird das Mikrophon für den Vorsteher des Erziehungsdepartementes freigegeben. Die Reihen im Rat füllen sich wieder, während er seine Zustimmung zum Reformvorschlag erklärt. Die Schüler sollen sukzessive in den Schulentscheid hineinwachsen. Fielen weniger Fehlentscheide, könne die Lernfreude der Schüler eher erhalten werden. Das letzte Wort hat die Kommission. Hansruedi ist zum Sprecher bestimmt. Geschickt versucht er alle Gegenargumente aus der Debatte zu widerlegen. Noch einmal bittet er um Zustimmung.

Der Eintretensbeschluss fällt

Über den Antrag der CVP auf Überweisung des Geschäftes an die Regierung soll namentlich abgestimmt werden. Jedes Ratsmitglied wird aufgerufen, seine Stimme abzugeben. Einzelne Zuschauer auf der Tribüne sind aufgestanden, um alles mitzubekommen. Drüben auf der Pressetribüne schreiben die Journalisten mit. Bei drei Enthaltungen entscheiden sich 86 gegen die Überweisung und 30 Ratsmitglieder dafür. Hansruedi und die Reformfreunde haben vorerst gesiegt. Was wird Urs sagen?

Detailberatung und Schlussabstimmung

In der nun folgenden Detailberatung soll der Wortlaut des Gesetzesvorschlags Abschnitt für Abschnitt bereinigt werden. Ein ganzes Bündel von Abänderungsanträgen liegt vor. Wie soll es zur Abstimmung gebracht werden? Einen Augenblick lang schwimmt auch der Präsident. Laut protestiert das Ratsplenum gegen eine falsch angesetzte Abstimmung. Der Rat beschliesst, das Gesetz dem obligatorischen Referendum zu unterwerfen. Der Streit zwischen Hansruedi und Urs wird also heute noch nicht endgültig entschieden. Wir Stimmbürger werden das letzte Wort haben. Nachdem alle Details in sogenannten Eventualabstimmungen geklärt worden sind, kommt es zur Schlussabstimmung: Bei vier Enthaltungen stimmt der Rat dem Gesetz mit 82 zu 22 Stimmen zu. Mittlerweile ist es 18 Uhr geworden und der Ratspräsident entlässt die Parlamentarier. Am Abend werden sie sich noch zweieinhalb Stunden mit Interpellationen befassen müssen.

Die Presse berichtet

Am nächsten Tag beschaffe ich mir die vier regionalen Tageszeitungen. Der Schulreformdebatte widmen alle mindestens eine Seite, in einer Zeitung werden alle Votanten aufgeführt, in zwei anderen fast alle. In der «Basler Zeitung» kann der Wähler nachprüfen, wie alle Grossräte beim namentlichen Aufruf gestimmt haben. Die Schulreform selbst wird in allen Zeitungen positiv aufgenommen. In drei Zeitungen wird die Entscheidung des Rates von einem Redaktor in einem Kommentar ausdrücklich gelobt. «Keine Eintopfschule», «Ein Kompromiss im besten Sinne» lauten die Qualifikationen. Der Entscheid ist sogar der überregionalen «Neuen Zürcher Zeitung» eine halbe Spalte wert.

Abstimmungskampf: Die Gegner sind siegesgewiss

Einige Wochen später setzt der Regierungsrat den Urnengang über die Schulreform auf den 3. und 4. Dezember an. Ende September wird der Abstimmungskampf mit einem Paukenschlag eröffnet. In einer schriftlichen

Befragung entscheiden sich die Basler Lehrerinnen und Lehrer, die bisher mehrheitlich reformfreundlich waren mit 53 Prozent gegen die Schulreform. Auch die FDP, die DSP und die NA, deren Fraktionen die Vorlage im Rat unterstützt haben, schwenken ins Lager der Gegner über. Dieses wird auch von den Arbeitgeberverbänden unterstützt. Nur die linken und grünen Parteien und – ganz knapp – die CVP empfehlen den Bürgerinnen und Bürgern ein Ja. Den Abstimmungskampf freilich führen nicht die Parteien, sondern überparteiliche Komitees. Hansruedi und Urs kämpfen an vorderster Front mit Inseraten und Leserbriefen in den Zeitungen, mit Podiums- und Radiodiskussionen, mit Broschüren und Plakaten. Urs strahlt Zuversicht aus, sogar Hansruedi rechnet mit einem Sieg der Gegner.

Überraschung an der Urne

Sonntag, 4. Dezember 1988. Bei einer relativ hohen Stimmbeteiligung von 48,6% entscheidet sich der Souverän überraschend mit 54,2% für die Reform. Auch in den bürgerlich dominierten Abstimmungslokalen Sevogel und Riehen schwingen die Befürworter obenauf. Abends gratuliere ich Hansruedi am Telefon. «Danke. Ich bin sehr froh, vor allem für die Kinder. Die Hauptarbeit kommt jedoch erst auf uns zu. Dafür gilt es, Lehrerinnen und Lehrer zu gewinnen.»

Der Vollzug wird vorbereitet

Nun gilt es, pädagogische Konzepte und Lehrpläne für die neuen Schulen auszuarbeiten, Schulorte festzulegen, Lehrer umzuschulen und zu versetzen. Ein erster Versuch schlägt fehl. Der vom Regierungsrat 1989 eingesetzte Projektleiter wird schon nach einem Jahr durch ein dreiköpfiges Team ersetzt. Gleichzeitig billigt der Grosse Rat durch eine *Gesetzesänderung die Verschiebung des Reformbeginns um zwei Jahre auf 1994.*

4.4. Staatsverwaltung und öffentliche Dienste

4.4.1. Aufgaben und Kontrolle

Aufgaben

Längst hat sich der Schwerpunkt der staatlichen Verwaltung vom reinen Bürobereich weg in den Dienstleistungssektor verschoben. Mit gutem Grund spricht man daher immer häufiger von «öffentlichen Diensten» statt von «Staatsverwaltung».

Die öffentlichen Dienste Basel-Stadt erfüllen gleichzeitig drei Funktionen:
1. Sie übernehmen die *Gemeindeaufgaben* für die Stadt Basel, zum Beispiel die Kehrichtabfuhr oder die Stadtgärtnerei. Um kostspielige Doppelspurigkeiten im kleinen Kanton zu vermeiden, wurden Stadt- und Kantonsverwaltung 1875 zusammengelegt.
2. Sie übernehmen die *kantonalen Aufgaben,* zum Beispiel die Mittelschulen und die Polizei.
3. Zusätzlich erfüllen sie eine Reihe von *zentralörtlichen Aufgaben* für die Agglomeration und die Region, erwähnt seien Spitzenmedizin, Universität, Theater.

Verwaltungskontrolle

Während die private Wirtschaft sich im ständigen Wettbewerb bewähren muss, entfällt die Gewinnorientierung bei den meisten staatlichen Diensten. Aus diesem Grund ist die ständige Kontrolle der Verwaltung eine der wichtigsten Aufgaben des Grossen Rates und seiner Prüfungskommission. Der Be-

4. Wie funktioniert der Staat?

Organigramm der kantonalen Verwaltung
Stand: Anfang 1990, vereinfacht, vor allem im Bereich des Erziehungsdepartementes

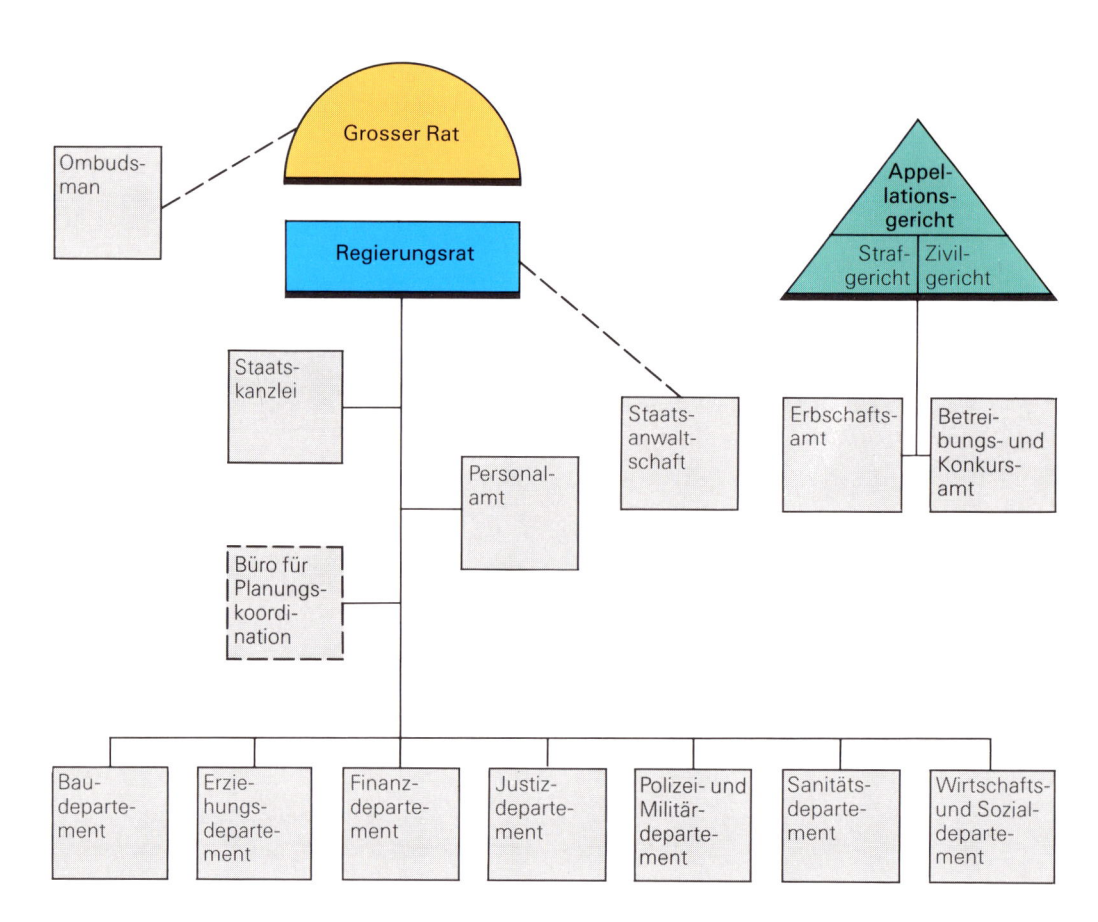

- Ombudsman
- Grosser Rat
- Regierungsrat
  - Staatskanzlei
  - Personalamt
  - Büro für Planungskoordination
  - Staatsanwaltschaft
- Appellationsgericht
  - Strafgericht
  - Zivilgericht
  - Erbschaftsamt
  - Betreibungs- und Konkursamt

Departemente:
- Baudepartement
- Erziehungsdepartement
- Finanzdepartement
- Justizdepartement
- Polizei- und Militärdepartement
- Sanitätsdepartement
- Wirtschafts- und Sozialdepartement

Staatsverwaltung und öffentliche Dienste

Baudepartement
- Departementssekretariat, Zentrale Dienste
- Rechtsabteilung
- Amt für Bausubventionen und Zivilschutzbau
- Amt für Kantons- und Stadtplanung
- Bauinspektorat
- Gewässerschutzamt
- Hochbauamt
- Koordinationsstelle für Umweltschutz
- Maschinen- und Heizungsamt
- Stadtgärtnerei
- Tiefbauamt

- Industrielle Werke Basel

Erziehungsdepartement
- Departementssekretariat, Zentrale Dienste
- Abteilung für Baufragen und Abwartswesen
- Amt für Ausbildungsbeiträge
- Logopädischer Dienst
- Schularztamt
- Schul- und Büromaterialverwaltung
- Sozialpädagogischer Dienst
- Sportamt
- Sporthalle
- Kantonales Lehrerseminar
- Öffentliche Schulen
- Staatliche Kindergärten
- Akademische Sammlungen und Museen
- Universität
- Universitätsbibliothek
- Öffentliche Denkmalpflege

Finanzdepartement
- Departementssekretariat, Zentrale Dienste
- Amt für Informatik
- Dreispitzverwaltung
- Finanzverwaltung
- Steuerverwaltung
- Zentralstelle für staatlichen Liegenschaftsverkehr
- Finanzkontrolle

Justizdepartement
- Departementssekretariat, Zentrale Dienste
- Handelsregisteramt
- Grundbuchamt
- Vermessungsamt
- Vormundschaftsbehörde
- Zivilstandsamt

Polizei- und Militärdepartement
- Departementssekretariat, Zentrale Dienste
- Administrative Dienste
- Amt für Zivilschutz
- Feuerwehr
- Gerichtsmedizinisches Institut
- Kontrollbüro
- Militärverwaltung/ Amt für Gesamtverteidigung
- Polizeikommando

Sanitätsdepartement
- Departementssekretariat, Zentrale Dienste
- Amt für Alterspflege
- Friedhofamt
- Gesundheitsamt
- Kantonales Laboratorium
- Sanität Basel-Stadt
- Schlachthof/Veterinäramt

- Kantonsspital
- Kinderspital
- Felix Platter-Spital
- Psychiatrische Universitätsklinik
- Schulzahnklinik
- Volkszahnklinik

Wirtschafts- und Sozialdepartement
- Departementssekretariat, Zentrale Dienste
- Amt für Berufsberatung
- Amt für Miet- und Wohnungswesen
- Amt für Sozialbeiträge
- Arbeitsamt
- Ausgleichskasse Basel-Stadt
- Börsenkommissariat
- Gewerbeinspektorat
- Pensionskasse des Staatspersonals
- Staatliches Einigungsamt
- Statistisches Amt
- Staatsarchiv

- Basler Verkehrsbetriebe
- Öffentliche Krankenkasse
- Rheinschiffahrtsdirektion

völkerung steht mit dem Ombudsman eine unabhängige Beschwerdeinstanz zur Verfügung.

4.4.2. Organisationsstruktur

Die sieben Mitglieder des Regierungskollegiums sind gleichzeitig Vorsteher der sieben Verwaltungsdepartemente. Diese entsprechen den Ministerien im Ausland. Zentrale, direkt dem Gesamtregierungsrat unterstellte Abteilungen, die vorwiegend Stabsaufgaben erfüllen, sind die Staatskanzlei und das Personalamt sowie ein Büro für Planungskoordination. Die *Staatskanzlei,* mit dem Staatsschreiber an der Spitze, ist das Sekretariat des Regierungsrates und des Grossen Rates.

Die einzelnen Departemente

Das *Baudepartement* ist für die staatlichen Bauvorhaben des Hochbaus (zum Beispiel Spitäler, Museen, Schulhäuser) und des Tiefbaus (zum Beispiel Strassen und Brücken) zuständig. Ihm obliegt die Kantons- und Stadtplanung und die Erteilung von Bau- und Betriebsbewilligungen. Ferner befasst sich das Baudepartement mit dem Umweltschutz. Schliesslich sind ihm die Industriellen Werke (Versorgung mit Energie und Wasser) und die Stadtgärtnerei angegliedert.

Zum *Erziehungsdepartement* gehören alle öffentlichen Schulen, in denen zur Zeit 15 000, unter Einbezug der Kindergärten und Berufsschulen rund 25 000 Schülerinnen und Schüler unterrichtet werden. In wichtigen Schulfragen muss der Departementsvorsteher den achtköpfigen Erziehungsrat konsultieren, der vom Grossen Rat in der Regel nach Fraktionsproporz gewählt wird. Dem Departement untersteht auch die Universität. Sie wird vom Kanton Basel-Landschaft und vom Bund mitgetragen, und ihre Führungsgremien geniessen weitgehende Selbständigkeit. Ferner obliegt dem Departement die Pflege und Förderung der Kultur und des Sportes, soweit sie Sache des Staates sind.

Die Beamten des *Finanzdepartementes* verwalten das Staatsvermögen und die staatlichen Liegenschaften. Sie treiben die Steuern ein, um dem Kanton die nötigen Mittel zur Erfüllung seiner Aufgaben zu verschaffen. Das Departement ist zuständig für die zentrale Informatik sowie die gesamte finanzielle Kontrolle der staatlichen Aktivitäten.

Im *Justizdepartement* werden alle Gesetzesvorlagen vor ihrer Beratung rechtlich begutachtet. Dem Departement obliegt das Vormundschaftswesen und die Überwachung des Strafvollzuges. Es führt die verschiedenen Register (Grundbuch, Handelsregister, Zivilstandsamt usw.). Das Departement sorgt auch für die Verbindung zwischen Regierungsrat und Staatsanwaltschaft.

Zum *Polizei- und Militärdepartement* gehören die Feuerwehr und das Polizeikorps. Das Departement betreut – grösstenteils im Auftrag des Bundes – das militärische und zivile Kontrollwesen (zum Beispiel Kreiskommando, Einwohnerkontrolle, Fremdenpolizei) und nimmt vielfältige Aufsichtsfunktionen wahr (zum Beispiel Märkte und Messen, Masse und Gewichte, Wirtschaftsbetriebe). Zum Departement gehören das Untersuchungsgefängnis und die Gerichtsmedizin.

Das *Sanitätsdepartement* führt die staatlichen Spitäler und ist deshalb der personalintensivste Bereich der öffentlichen Dienste. Ihm obliegen auch weitere Aufgaben der Gesundheitspflege (zum Beispiel die Zahnkliniken), der Sanitätsdienst und das Bestattungswesen.

Von Verwaltungsstellen bis zu subventionierten Privatbetrieben

Öffentliche Dienste werden aber nicht nur durch Verwaltungsstellen erbracht, sondern auch durch mehr oder weniger selbständige Institutionen.

Verwaltungsstellen	selbständige Staatsbetriebe	private Organisationen mit staatlicher Beteiligung	private Organisationen mit staatlicher Subvention
Hochbauamt	Kantonalbank	Mustermesse	Claraspital
Kinderspital	BVB	Personenschiffahrt	Musikakademie
Feuerwehr	IWB	Markthallen AG	Altersheime
...	...	...	...

Ein ziemlich gemischtes Pflichtenheft hat das *Wirtschafts- und Sozialdepartement* zu erfüllen. Dazu gehören soziale Aufgaben (z. B. Miet- und Wohnungswesen, Sozialbeiträge) oder wissenschaftliche Aufgaben (z. B. Staatsarchiv, Statistisches Amt). Von grosser Bedeutung sind die wirtschaftlichen Aufgaben (z. B. Arbeitsamt, Börse). Das Departement ist auch für die Rheinschiffahrt zuständig. Schliesslich sind dem Departementsvorsteher die Basler Verkehrsbetriebe (mit eigenem Verwaltungsrat) administrativ untergeordnet.

4.5. Die Gerichte

4.5.1. Aufgabe und Organisation

Mit der Verfassung und den Gesetzen regelt der Staat das Zusammenleben. Will er ihnen Nachachtung verschaffen, muss er den Rechtsbruch verfolgen. Wer gegen Gesetze verstösst, kann von den Gerichten zur Rechenschaft gezogen werden. In Basel-Stadt werden die Richter vom Volk gewählt (im Majorzverfahren). Das gilt für die Gerichtspräsidenten, die als Juristen im Vollamt die Verhandlungen leiten, wie für die nebenamtlichen Richter. Die Verhandlungen sind in der Regel öffentlich, damit der Bürger sich überzeugen kann, dass die Richter ohne Ansehen der Person Recht sprechen, nur dem Gesetz und dem Gewissen verpflichtet. Sie wenden immer die gleichen Gesetze an und müssen doch versuchen, dem Einzelfall gerecht zu werden.

Das Strafgericht

Im Strafgericht tritt in der Regel der Staatsanwalt im Namen des Staates als Kläger auf, weil die öffentliche Ordnung verletzt worden ist. Vorgängig hat der Staatsanwalt das Ermittlungsverfahren durchgeführt. Der Beschuldigte und die Zeugen sind verhört worden, und es ist Beweismaterial gesammelt worden, das zur Belastung und zur Entlastung des Beschuldigten dienen kann. Neben diesen sogenannten Offizialdelikten, bei denen das Verfahren von Amtes wegen eröffnet wird, gibt es noch die Antragsdelikte mit privaten Klägern. In diesen Fällen geht es unter anderem um Sachbeschädigung, leichte Körperverletzung und Ehrverletzung. Je nach Schwere des Falles tagt das Gericht in verschiedener Besetzung. Die drei Kammern sind das Fünfergericht, das Dreiergericht und der als Einzelrichter amtende

Gerichtspräsident. Den Richtern ist der hauptberufliche, juristisch ausgebildete Gerichtsschreiber beigegeben. Er schreibt das Protokoll und fertigt die schriftlichen Urteile aus. Dem Angeklagten steht meist ein privater Verteidiger zur Seite. Kann er die Kosten nicht tragen, werden sie unter bestimmten Umständen vom Staat übernommen.

Im Strafgericht geht es um Vergehen gegen Bestimmungen
- des schweizerischen Strafgesetzbuches, z. B. Diebstahl, Raub, Körperverletzung, Mord
- des schweizerischen Strassenverkehrsgesetzes
- des schweizerischen Betäubungsmittelgesetzes, z. B. Drogenhandel
- des kantonalen Übertretungsstrafgesetzes, z. B. Verursachung von Lärm, Verstoss gegen die Schulpflicht, Titelanmassung.

Kinder und Jugendliche, die straffällig geworden sind, müssen sich vor dem *Jugendrat*, unter dem Vorsitz eines vollamtlichen Präsidenten, verantworten. Als Ankläger tritt der vollamtliche Jugendanwalt auf.

Strafgericht, Sitzungssaal

Das Zivilgericht

Im Zivilgericht werden Streitigkeiten zwischen Privaten verhandelt, an denen der Staat keinen Anteil hat. Die beiden Parteien stehen sich, meist durch Anwälte vertreten, vor den Schranken des Gerichts gegenüber. Auch im Zivilgericht gibt es verschiedene Kammern. Dem Zivilgericht sind auch die gewerblichen Schiedsgerichte angegliedert, welche Streitigkeiten aus Dienstverträgen zu entscheiden haben. Ferner unterstehen ihm das Erbschafts-, das Betreibungs- und das Konkursamt.

Angewendet werden u. a.
- das schweizerische Zivilgesetzbuch, z. B. bei Ehescheidung oder Erbschaftsstreitigkeiten
- das schweizerische Obligationenrecht, z. B. bei Haftungsfragen, Streit um Verträge.

Das Appellationsgericht

Innerhalb einer gesetzten Frist kann die unterlegene Partei in einem Strafprozess (also der Angeklagte oder der Staatsanwalt) oder in einem Zivilprozess (also der Kläger oder der Beklagte) Rechtsmittel einlegen.

Sitzordnung im Strafgericht
(Dreiergericht)

- Gerichtspräsident
- Vizepräsident
- Richter
- Zeuge
- Gerichtsschreiber
- Gerichtsweibel
- Angeklagter
- Staatsanwalt
- Verteidiger
- Presse
- Publikum

Sitzordnung im Zivilgericht
(Dreiergericht)

- Gerichtspräsident
- Vizepräsident
- Richter
- Zeuge
- Gerichtsschreiber
- Gerichtsweibel
- Beklagter oder sein Vertreter
- Kläger oder sein Vertreter
- Presse
- Publikum

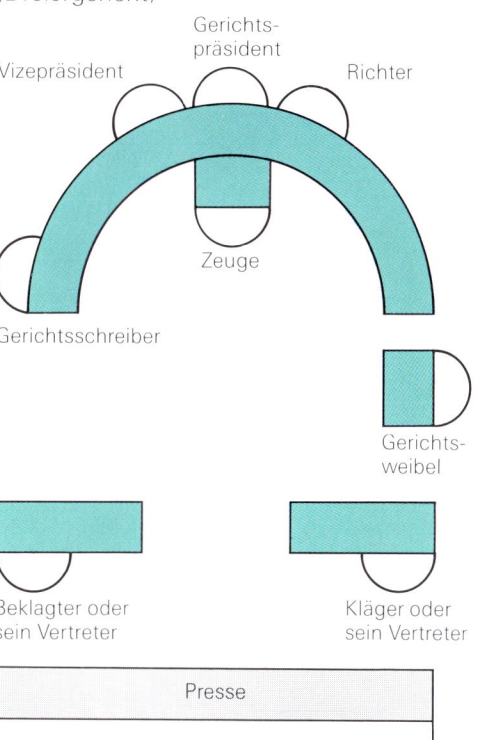

Sie verlangt damit eine neue Beurteilung des Falles vor dem Appellationsgericht, das heisst dem Berufungsgericht. Die Urteile des Appellationsgerichtes können unter bestimmten Voraussetzungen an das Bundesgericht weitergezogen werden.

Das Appellationsgericht amtet zugleich als *Verwaltungsgericht*. Vor diesem Gericht kann sich ein einzelner gegen Verfügungen des Staates, zum Beispiel bei Steuerveranlagung oder Ablehnung von Baugesuchen, zur Wehr setzen, wenn ihm das öffentliche Recht verletzt scheint.

4.5.2. Ablauf des Basler Strafverfahrens (bei Offizialdelikten)

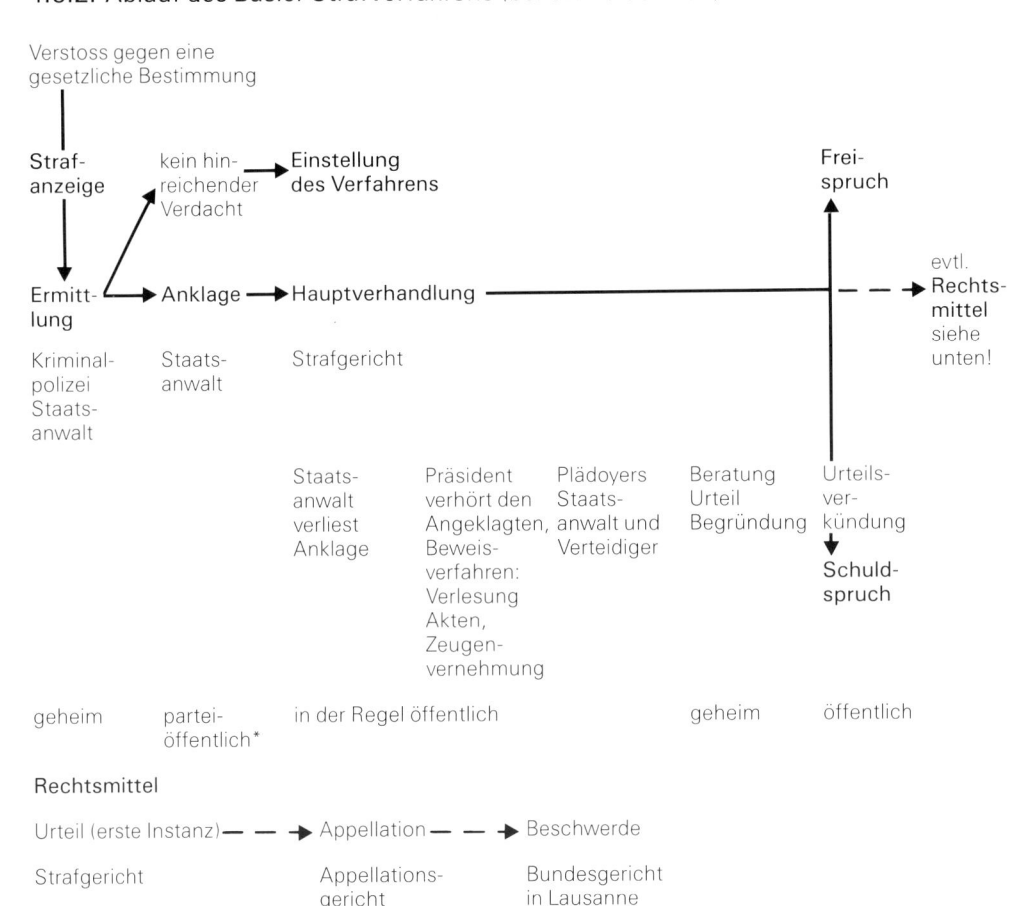

Verstoss gegen eine gesetzliche Bestimmung

Strafanzeige → kein hinreichender Verdacht → Einstellung des Verfahrens

Ermittlung → Anklage → Hauptverhandlung → Freispruch

evtl. Rechtsmittel siehe unten!

Ermittlung	Anklage	Hauptverhandlung					
Kriminalpolizei Staatsanwalt	Staatsanwalt	Strafgericht					
		Staatsanwalt verliest Anklage	Präsident verhört den Angeklagten, Beweisverfahren: Verlesung Akten, Zeugenvernehmung	Plädoyers Staatsanwalt und Verteidiger	Beratung Urteil Begründung	Urteilsverkündung ↓ Schuldspruch	
geheim	parteiöffentlich*	in der Regel öffentlich			geheim	öffentlich	

Rechtsmittel

Urteil (erste Instanz) — — → Appellation — — → Beschwerde

Strafgericht   Appellationsgericht   Bundesgericht in Lausanne

*Die Akten sind nur für den Angeklagten und seinen Verteidiger zugänglich.

Das Beispiel: Als Angeklagter vor Gericht

Der Unfall

In der Nacht vom Samstag, dem 8. Februar 1986, um 23.44 Uhr, fuhr Bernhard A. mit zwei Kollegen in einem Personenwagen, Marke Opel Kadett, von Basel nach Riehen. Infolge einer erheblich übersetzten Geschwindigkeit von mindestens 80 km/h wurde er in einer leichten Linkskurve gegen den mit Schnee bedeckten rechten Fahrbahnrand abgetrieben und verlor dabei die Herrschaft über sein Fahrzeug. Das Auto geriet auf das rechte Trottoir und kollidierte mit einer Gartenmauer. Durch den schweren seitlichen Aufprall wurde die rechte Fahrzeugtüre vollständig abgerissen und der vorne mitfahrende Kollege Urs C. auf die Fahrbahn geschleudert, wo er schwer verletzt liegen blieb. Der Fahrzeuglenker Bernhard A. und der hintere Mitfahrer Hans B. konnten trotz ihrer Verletzungen die Unfallstelle sichern und den liegengebliebenen Kollegen betreuen. Dieser erlag seinen Verletzungen auf dem Transport ins Kantonsspital. Dem offensichtlich betrunkenen Bernhard A. wurde eine Blutprobe entnommen und der Führerausweis provisorisch entzogen.

Vorladung vor das Strafgericht

Als Bernhard A. sich am 10. November 1986 um zehn vor drei mit seiner Freundin im Gerichtsgebäude an der Bäumleingasse einstellt, ist ihm die Kehle wie zugeschnürt. In seiner linken Jackentasche steckt die offizielle Vorladung: Er ist der fahrlässigen Tötung angeklagt. Nur noch an der Beerdigung von Urs C. auf dem Hörnli hat er ein schlechteres Gefühl gehabt. Ein dunkel gekleideter Gerichtsweibel führt ihn durch endlose Gänge zum Gerichtssaal. Einige Männer unterhalten sich leise davor. Darunter befindet sich ein bekanntes Gesicht: Sein Verteidiger, Advokat Dr. D., ebenfalls in feierlichem Schwarz, schüttelt ihm die Hand. Im Gerichtssaal nimmt er links hinter ihm Platz. Rechts hinter ihm sitzt der Staatsanwalt. Bernhards Freundin ist zusammen mit zwei Unbekannten auf die Zuschauerbänke ganz hinten im Saal verwiesen worden. Beim Eintritt des Gerichts erhebt er sich folgsam, wie es ihm vom Weibel eingeschärft worden ist. Die drei Richter thronen vor ihm an der Fensterfront hinter einem langen Tisch. Links seitlich davon richtet sich die Gerichtsschreiberin ein.

Vernehmung zur Person

Nachdem der Präsident die Sitzung eröffnet hat, muss der Angeklagte zuerst über seine Person Auskunft geben. Er ist 1959 als drittes von vier Kindern geboren worden. Nach dem Besuch der Sekundarschule hat er zuerst ein Jahr im Bäckereibetrieb seines Vaters gearbeitet. Die angefangene Bäckerlehre hat er aber nach eineinhalb Jahren abgebrochen. In den folgenden Jahren war er als Hilfsarbeiter in verschiedenen Betrie-

143

ben tätig und hat monatlich um 2000 Franken verdient. Im Sommer 1982 erlitt er in Frankreich, als Beifahrer auf einem Motorrad, einen schweren Verkehrsunfall, der einen langen Spitalaufenthalt nötig machte. Seither ist er am linken Bein behindert und muss sich immer wieder in Spitalpflege begeben. Nach langer vergeblicher Suche hat er eine Teilzeitarbeit gefunden. Seit 1980 wohnt er zusammen mit seiner berufstätigen Freundin in Riehen.

Vorstrafen und Leumundszeugnisse

Dem vorliegenden Auszug aus dem Strafregister entnimmt nun das Gericht, dass der Angeklagte 1977 bis 1979 dreimal wegen übersetzter Geschwindigkeit und anderen Zuwiderhandlungen gegen das Strassenverkehrsgesetz gebüsst worden ist. 1980 ist er «wegen Vereitelung der Blutprobe, einfacher und grober Verletzung der Verkehrsregeln und pflichtwidrigem Verhalten bei Unfall» zu einer bedingten Gefängnisstrafe von drei Wochen mit einer Probezeit von zwei Jahren und zu einer Busse von siebenhundert Franken verurteilt worden. Der Führerausweis wurde ihm für achtzehn Monate entzogen. Der Präsident lässt den Strafbefehl des Polizeigerichts und die anderen Akten dieser Vorstrafe unter den Richtern zirkulieren.

Den Gemeindebehörden seines Wohnortes Riehen ist Bernhard A. nicht näher bekannt. Er habe sich ordnungsgemäss angemeldet und stehe in bürgerlichen Ehren und Rechten. Dagegen wird er in der Wohngemeinde seiner Eltern als «Luftibus» bezeichnet. In den fünf eingereichten Arbeitszeugnissen wird seine Zuverlässigkeit und Tüchtigkeit gelobt.

Vernehmung zur Anklage

Der Angeklagte hat den Tathergang zu schildern: «Gegen achtzehn Uhr begab ich mich mit meiner Freundin in ein Kleinbasler Restaurant, in dem wir Hans B. antrafen. Später stiess auch Urs C. zu uns. Ich trank mehrere Gläser Bier, zwei ‹Cuba libres› und einen ‹Kaffee fertig›. Als ich um 21 Uhr meine Freundin, die sich nicht wohl fühlte, nach Hause fuhr, spürte ich bereits den Alkohol. Bei den Kollegen zurück, nahm ich nochmals einige Drinks, wie viele kann ich heute nicht mehr sagen. Nach 23 Uhr schlug einer vor, an ein Fest nach Riehen zu fahren, und wir kamen überein, mein Auto zu nehmen.» Der Präsident will von Bernhard A. wissen, warum er so schnell gefahren sei. «Alkohol macht mutig, und dann bin ich grundsätzlich kein langsamer Fahrer», lautet die Antwort. Er kann sich nicht mehr daran erinnern, dass Hans B. ihn aufgefordert hat, langsam zu fahren. Seine Erinnerung setzt erst nach dem Unfall wieder ein.

Zeugeneinvernahme

In der nächsten halben Stunde verliest der Präsident sämtliche Zeugeneinvernahmeprotokolle der Staatsanwaltschaft. Zur Unfallfahrt hat Hans B. erklärt: «Ich hatte mich selbst als Fahrer anerboten, aber Bernhard A. setzte sich ganz automatisch ans Steuer. Ich liess ihn gewähren, denn man sah ihm nicht an, dass er betrunken war, und niemand lässt sich gerne sagen, er sei nicht fahrtüchtig. Trotz meiner Warnung fuhr er viel zu schnell. Ich konnte von hinten nicht auf den Tachometer sehen, und ich will nichts Falsches sagen, aber ich vermute, es waren eher hundert als achtzig km/h.» Im Rapport der Verkehrsabteilung des Polizeikommandos Basel-Stadt heisst es unter anderem: «Bei unserem Eintreffen auf der Unfallstelle stand der Personenwagen des Bernhard A. quer zur Fahrbahn, mit Front Richtung Gartenmauer. Daneben lagen der

Verletzte und die rechte Wagentüre. Von Basel aus war rechts auf der Fahrbahn, dem Strassenrand entlang im Schnee, eine fünfunddreissig Meter lange Fahrspur, welche direkt auf die Mauer führte.» Die Richter studieren die fünf beiliegenden Photos und den Lageplan. Dem Bericht des Pathologischen Instituts des Kantonsspitals kann das Gericht entnehmen, dass Urs C. infolge Bruch der Hauptschlagader verblutet ist. Ein Arztbericht gibt über die Verletzungen des Hans B. Auskunft. In einem Schreiben des Gerichtsmedizinischen Instituts meldet eine Assistenzärztin, der Blutalkoholgehalt des Bernhard A. habe 1,73 Gewichtspromille betragen. Der Angeklagte anerkennt die Blutprobe. Zum Schluss wird noch die polizeiliche Vernehmung der Serviertochter und des Barkeepers verlesen.

Die Plädoyers

Daraufhin beantragt der Staatsanwalt, der Angeklagte sei wegen «fahrlässiger Tötung, fahrlässiger schwerer Körperverletzung, grober Verletzung von Verkehrsregeln und Autofahren im Zustande der Angetrunkenheit» mit 18 Monaten Gefängnis unbedingt zu bestrafen.

Der Privatverteidiger bittet um eine mildere Strafe und bedingten Strafvollzug. Das Schlusswort hat der Angeklagte: «Ich weiss, was ich der Familie des Toten für Schmerz zugefügt habe. Ergänzen möchte ich noch, dass ich mich als Fahrer nicht aufgedrängt habe. Ich kann mich nicht erinnern, dass Hans B. sich als Fahrer anerboten hat. Beide haben sich völlig freiwillig in mein Auto gesetzt, obwohl sie gesehen haben mussten, wieviel ich getrunken hatte.» Darauf zieht sich das Gericht zur Beratung zurück.

Das Urteil

Die Pause verbringt der Angeklagte stumm und rauchend im Gang. Seiner Freundin gelingt es nicht, ihn von seinen düsteren Ahnungen abzubringen. Das Urteil, das er dann stehend entgegennehmen muss, bestätigt seine Befürchtungen. Zwar wird er von der Anklage der fahrlässigen schweren Körperverletzung freigesprochen, weil Hans B. nicht in Lebensgefahr schwebt und keine bleibenden Nachteile in Kauf nehmen muss, aber für die fahrlässige Tötung wird er zu 16 Monaten Gefängnis unbedingt verurteilt. In der Begründung heisst es: «Das Verschulden des Angeklagten wiegt schwer. Er fuhr mit dem Auto zum Restaurant, obwohl ihm klar sein musste, dass er dort im Kollegenkreis Alkohol trinken werde. Auch das übersetzte Tempo zeugt von erheblicher Verantwortungslosigkeit und dürfte nicht allein auf die Enthemmung durch den Alkohol zurückzuführen sein. (...) Es ist schwer verständlich, dass der Angeklagte, der selbst unter den Folgen eines Verkehrsunfalles leidet, daraus und aus den Vorstrafen nichts gelernt hat. (...) Angeklagten, die innert zehn Jahren seit einer Verurteilung wegen Autofahrens in angetrunkenem Zustand rückfällig werden, wird der bedingte Strafvollzug in der Regel mangels günstiger Prognose verweigert.»

Die Appellation

Gegen dieses Urteil hat der Angeklagte rechtzeitig Berufung eingelegt. Zwar beurteilt sein Anwalt die Erfolgschance als relativ gering, aber er verspricht doch, sich für den bedingten Strafvollzug einzusetzen.

Auf seinen Antrag hat sich das Appellationsgericht ein Gutachten des Psychotherapeuten von Bernhard A. eingeholt. In diesem Gutachten heisst es: «Im Erstgespräch hat Bernhard A. folgende Probleme genannt:

innere Unsicherheit, Zittern, Verspannung und Angst, eine Arbeit zu finden. (...) Vom Vater, den der Patient als ehrgeizig und als Karrierentyp beschreibt, habe er sich nicht verstanden und akzeptiert gefühlt. Häufig habe er ihn enttäuschen müssen und versagt, so auch im beruflichen Bereich. Unter diese Versagenserlebnisse, die sich wie ein roter Faden durch sein Leben ziehen, fallen auch die Unfälle. Der Patient scheint sich immer wieder selbst zu beweisen, dass er eben ein Versager ist.» Der Psychotherapeut glaubt, erste Fortschritte erzielt zu haben, und möchte seine Therapie fortsetzen.

Im April 1987 hat sich der Angeklagte erneut im Gerichtsgebäude einzufinden; diesmal vor dem Dreierausschuss des Appellationsgerichts. Der Verteidiger bittet das Gericht, den bedingten Strafvollzug zu gewähren. Einmal sei der Angeklagte kein Wiederholungstäter, denn der Alkoholkonsum hatte ihm im Verfahren von 1980 nicht nachgewiesen werden können. Dann sei der Täter im vorliegenden Fall selbst wieder unverschuldetes Opfer eines Unfalls und hat insgesamt über ein Jahr im Spital verbringen müssen. Schliesslich stelle der Therapeut dem Angeklagten in bezug auf Alkoholprobleme keine ungünstige Prognose. Das Gericht solle Bernhard A. doch zu einer Psychotherapie verpflichten.

Das Appellationsgericht bestätigt jedoch das Urteil der Vorinstanz und weist die Appellation ab. In der Begründung heisst es: «Beim Unfall 1980 war mit Sicherheit Alkohol im Spiel, auch wenn der Alkoholgehalt im Blut wegen Nachtrunk nicht festgestellt werden konnte. Dieser Vorfall hätte dem Angeklagten eine Warnung vor Raserei und vor Fahrten nach Alkoholgenuss sein müssen. (...) Als er seine Freundin in jener Novembernacht 1986 nach Hause fuhr, spürte er bereits, *dass er zuviel getrunken hatte. Trotzdem kehrte er mit dem Auto zurück und nahm erneut alkoholische Getränke zu sich. Auf das Angebot eines Kollegen, das Steuer zu übernehmen, ging er nicht ein, und auch sein Tempo hat er nachher trotz Warnung nicht gedrosselt.»*

Der Angeklagte hat ausserdem Gerichtskosten von über zweitausend Franken und ein Anwaltshonorar in etwa der gleichen Höhe zu begleichen.

Der Strafvollzug

Am 1. Mai 1987 tritt Bernhard A. in der Strafanstalt Witzwil seine Gefängnisstrafe an. Die beiden letzten Monate könnte er in Halbfreiheit im Basler Übergangsheim Klosterfiechten verbüssen. Daraus wird vorerst nichts, weil sich kein Arbeitsplatz für ihn finden lässt. Endlich, drei Wochen vor der Entlassung, erklärt sich eine Firma bereit, ihn probeweise als Hilfsarbeiter zu beschäftigen. Tagsüber geht er jetzt der neuen Arbeit nach, die Nächte verbringt er in Haft. Im Februar 1988, nachdem er zwei Drittel seiner Gefängnisstrafe verbüsst hat, erlässt ihm die Strafvollzugskommission des Justizdepartementes auf seinen Antrag wegen guter Führung den Rest der Strafe. Damit ist die Angelegenheit für ihn leider noch lange nicht ausgestanden. Zum einen hat sich seine Freundin, die bis jetzt treu zu ihm stand, von ihm getrennt. Zum anderen hat die Auto-Haftpflichtversicherung eine Regressforderung von ungefähr 50 000 Franken an ihn gerichtet. Soviel hat sie für die Genugtuung der Hinterbliebenen, die Heilungskosten und Begleichung der Sachschäden auslegen müssen. Wie soll Bernhard A. diese Riesensumme bloss aufbringen? Bis jetzt hat er noch nicht einmal die Gerichts- und Verfahrenskosten bezahlen können. Vordringlich stellt sich jedoch für ihn noch die Frage: Wird er seinen Arbeitsplatz behalten können?

Entzug von Führerausweisen wegen Alkoholgenuss in Basel-Stadt 1986:
176 ohne Unfall (hohe Dunkelziffer)
108 mit Unfall

4.6. Gemeinden, Kanton, Bund

4.6.1. Der Kanton und die Landgemeinden

Einwohnergemeinden in Basel-Stadt:

Stadt Basel	Riehen	Bettingen
Fläche:		
23,85 km²	10,87 km²	2,23 km²
Einwohner 1990:		
170 402	19 763	1078

Im Gegensatz zu den andern Kantonen ist in Basel-Stadt die *Gemeindeautonomie* wenig ausgeprägt. Nach der Kantonstrennung erwies sich das Nebeneinander von Stadt- und Staatsbehörden als mühsam und unergiebig. Deswegen wird die Einwohnergemeinde Basel seit 1875 von den kantonalen Behörden verwaltet. In seiner Funktion als Gemeindeparlament diskutiert der Grosse Rat gelegentlich über die Verlegung einer Tramhaltestelle, als Kantonsparlament ist er für öffentliche Mittel von gegen drei Milliarden Franken zuständig. Die beiden Landgemeinden, Riehen mit immerhin rund 20 000 Einwohnern und Bettingen mit etwas über 1000 Einwohnern, haben zwar eigene nebenamtliche Legislativ- und Exekutivbehörden und eigene Verwaltungen, aber ihre Kompetenzen sind verhältnismässig eingeschränkt. Trotzdem erhebt der Kanton auf ihrem Gebiet bloss 50% der Einkommenssteuer. Dank dem höheren Durchschnittseinkommen seiner Bewohner und der kostengünstigen Verwaltung ist die Steuerbelastung im Riehener Gemeindebann erheblich geringer als jene auf dem Basler Stadtboden. Eine kantonale Initiative verlangte deshalb eine Erhöhung des Kantonsanteils an den Einkommenssteuern in den Landgemeinden. Auch der Regierungsrat strebt zusammen mit den Behörden der Landgemeinden eine gerechtere Lastenverteilung an. Er hat sich aber für einen anderen Weg entschieden. Die Gemeinden bekommen vom Kanton neue Aufgaben zugewiesen. Einerseits entlasten sie dadurch den Kantonshaushalt, anderseits gewinnen sie an Autonomie. Ein Fehler der Vergangenheit wird wettgemacht. Namentlich durch Beiträge an den öffentlichen Verkehr und durch Aufwendungen für das Gemeindespital Riehen und das Fürsorgewesen entlasten die Landgemeinden den Kanton finanziell. In Zukunft könnten Riehen und Bettingen auch die Kindergärten und die Primarschulen auf ihrem Gemeindegebiet übernehmen.

Aufgaben der Landgemeinden

Verkehr	Bau und Unterhalt von Gemeindestrassen und Velowegen, Beiträge an den öffentlichen Verkehr
Umwelt	Kanalisation, Kehrichtabfuhr, Aufbau eines Fernwärmenetzes in Riehen
Gesundheit	Gemeindespital Riehen, spitalexterne Gesundheitsdienste

4. Wie funktioniert der Staat?

Kultur und Freizeit	Haus der Vereine Riehen, Museum, Veranstaltungen, Sportplätze, Schwimmbad Riehen
Schule	Eigene Inspektion für die Landschulen (der Kanton trägt die Schulkosten und wählt die Lehrer), Musikschule
Gericht	Riehen: Friedensrichter für Polizeiübertretungen und kleine zivile Streitigkeiten

Gemeinde und Kanton: Legislativ- und Exekutivbehörden

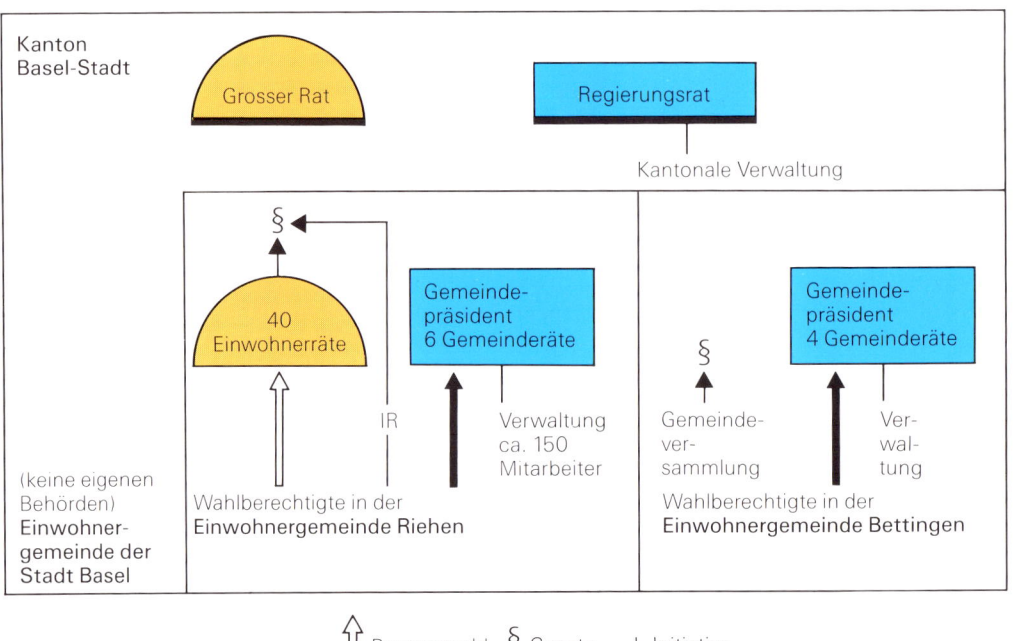

Kanton Basel-Stadt

- Grosser Rat
- Regierungsrat — Kantonale Verwaltung

Einwohnergemeinde der Stadt Basel (keine eigenen Behörden)

Einwohnergemeinde Riehen
Wahlberechtigte in der Einwohnergemeinde Riehen
- 40 Einwohnerräte
- IR
- Gemeindepräsident, 6 Gemeinderäte — Verwaltung ca. 150 Mitarbeiter

Einwohnergemeinde Bettingen
Wahlberechtigte in der Einwohnergemeinde Bettingen
- Gemeindeversammlung
- Gemeindepräsident, 4 Gemeinderäte — Verwaltung

Legende:
- 🟡 Parlament
- 🟦 Exekutive
- ⇧ Proporzwahl
- ⬆ Majorzwahl
- § Gesetzgebung
- I Initiative
- R Referendum

4.6.2. Die Bürgergemeinden

Einwohnergemeinde und Bürgergemeinde

Jeder Schweizer Bürger hat *drei Bürgerrechte:* Er ist Bürger der Eidgenossenschaft, Bürger eines Kantons und Bürger einer Gemeinde. Die im Heimatort wohnhaften Ortsbürger sind in der Bürgergemeinde organisiert. Diese vergibt das Bürgerrecht der Gemeinde und verwaltet das Bürgergut (vorwiegend Liegenschaften, Land- und Waldbesitz). Zusätzlich ist sie in der Sozialfürsorge tätig.

Wir unterscheiden also:

Einwohnergemeinde
gebildet durch alle Ortsbewohner, stimm- und wahlberechtigt sind aber nur Schweizer Bürgerinnen und Schweizer Bürger

Einwohnergemeinden im Kanton:
Riehen, Bettingen

Bürgergemeinde
gebildet durch die in der Gemeinde wohnhaften Ortsbürgerinnen und -bürger

Bürgergemeinden im Kanton:
Stadt Basel, Riehen, Bettingen

Die Einwohnergemeinde der Stadt Basel existiert nur theoretisch. Ihre Geschäfte sind seit 1875 den Behörden des Kantons übertragen.

Die Aufgaben der Bürgergemeinde der Stadt Basel

Die Bürgergemeinde der Stadt Basel hat ein grösseres Aufgabengebiet als andere Schweizer Bürgergemeinden. Ihr sind vom Kanton einige wichtige Funktionen der früheren Stadtgemeinde übertragen. Mit ihren 1300 Mitarbeitern erbringt sie vor allem soziale Dienste. In deren Genuss kommen alle Bewohner der Stadt, nicht nur die Angehörigen der Ortsgemeinde:

- Das Bürgerspital mit seinen Kliniken, Pflege- und Altersheimen und Rehabilitationszentren betreut Betagte und sorgt für die Wiedereingliederung Behinderter.
- Das Fürsorgeamt der Stadt Basel hilft jenen Bewohnern der Stadt, die in Not geraten sind.

Das Stadthaus hinter dem Marktplatz (erbaut 1771–1775),
Sitz der Bürgergemeinde der Stadt Basel

– Im Bürgerlichen Waisenhaus, das seit 1669 im ehemaligen Kartäuserkloster am Rhein untergebracht ist, werden Kinder aus schwierigen Familienverhältnissen erzogen.

Die Bürgergemeinde kann Bewerbern das Gemeindebürgerrecht verleihen. Die damit verbundene Aufnahme ins kantonale und eidgenössische Bürgerrecht muss teilweise noch von eidgenössischen Behörden geprüft und vom Regierungsrat und vom Grossen Rat bestätigt werden.

Die Bürgergemeinde darf keine Steuern erheben. Ihre Ausgaben bestreitet sie aus Gebühren, aus dem Vermögensertrag und zweckgebundenen Zuschüssen vom Ertrag der Christoph Merian Stiftung.

Für die Übernahme kantonaler Aufgaben erhält sie vom Kanton finanzielle Abgeltungen.

Die Christoph Merian Stiftung

Der Bürgergemeinde ist die Oberaufsicht über die 1886 gegründete Christoph Merian Stiftung anvertraut. Ins Leben gerufen und mit reichem Landbesitz (heute 933 ha) versehen wurde sie aufgrund einer testamentarischen Verfügung des Basler Bürgers Christoph Merian (1800–1858). Er galt seinerzeit als der reichste Mann der Schweiz und ist auch als Erbauer der Elisabethenkirche in Erinnerung geblieben. Merian legte fest, dass das Stiftungsgut nach kaufmännischen Grundsätzen und getrennt vom städtischen Vermögen verwaltet werden sollte. Der Ertragsüberschuss von etwa sieben Millionen Franken jährlich wird, dem Willen des Stifters entsprechend, für soziale Zwecke (Beiträge an Waisenhaus, Fürsorge und Bürgerspital) und städtische Aufgaben (zum Beispiel Sanierung des St. Alban-Tals, Ausbau des Historischen Museums) verwendet.

Die Behörden der Bürgergemeinde der Stadt Basel

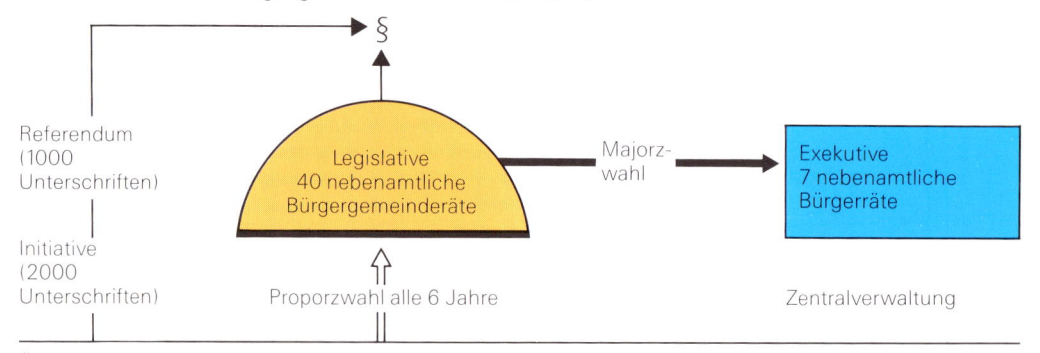

Referendum (1000 Unterschriften)

Initiative (2000 Unterschriften)

Legislative
40 nebenamtliche Bürgergemeinderäte

Proporzwahl alle 6 Jahre

Majorzwahl

Exekutive
7 nebenamtliche Bürgerräte

Zentralverwaltung

Über 60 000 in der Stadt wohnhafte Ortsbürgerinnen und -bürger

4.6.3. Basel und der Bund

Bundesstaat, Staatenbund und Einheitsstaat

Basel ist ein Gliedstaat im schweizerischen *Bundesstaat*. Die Kantone haben dem Bund einen Teil ihrer Staatsgewalt abgegeben: Sie überlassen dem Bund etwa die Landesverteidigung und die Aussenpolitik. In weiten Bereichen bleiben sie aber autonom: Sie erheben zum Beispiel eigene Steuern und organisieren die Schulen. Von unseren Nachbarn sind auch die Bundesrepublik Deutschland und Österreich föderalistische Staaten, das heisst Bundesstaaten. Die deutschen Bundesländer haben freilich weniger Autonomie als die schweizerischen Kantone.

Vor 1848 bildeten die «Stände», so nannten sich die Kantone, bloss einen *Staatenbund*. Sie waren selbständige Staaten. Jeder hatte eine eigene Armee, prägte eigene Münzen und erhob eigene Warenzölle. Zusammengehalten wurden die Stände durch eine Reihe von unterschiedlichen Verträgen. Einen Staatenbund bilden heute zum Beispiel die Staaten der Europäischen Gemeinschaft.

Als französische Truppen 1798 die Schweiz eroberten, wurde die Schweiz nach französischem Vorbild zu einem *Einheitsstaat* umgestaltet. In diesem zentralistischen Staat hatten sich alle Landesteile nach den zentralen Behörden zu richten. Die Stände verloren ihre Selbständigkeit. In neu eingerichteten Verwaltungsbezirken regierten Beamte, die von der Landesregierung eingesetzt wurden. Überall galten genau die gleichen Gesetze. Schon 1803 zerfiel der Einheitsstaat wieder. Von unseren Nachbarstaaten sind heute Frankreich und Italien gemässigte Einheitsstaaten.

Wieviel Autonomie bleibt den Kantonen?

Die Kantone können ihre *politischen Behörden* nach eigenem Gutdünken organisieren. Mit der Gewährleistung der Kantonsverfassungen sorgt der Bund dafür, dass wichtige demokratische Grundregeln berücksichtigt werden. Im Kanton Basel-Stadt werden dem Volk mehr demokratische Rechte eingeräumt als im schweizerischen Bundesstaat (zum Beispiel Volkswahl der Exekutive, Gesetzesinitiative).

Der Bund darf nur jene *Staatsaufgaben* wahrnehmen, die ihm in der Bundesverfassung ausdrücklich übertragen werden. Alle andern Aufgaben können die Kantone übernehmen. Neue Bereiche der Gesetzgebung, wie die Verhinderung der Genmanipulation, fallen zunächst in die Zuständigkeit der Kantone. Sollten die Kantone überfordert sein, können die Kompetenzen durch eine Teilrevision der Bundesverfassung dem Bund übertragen werden. Fortan haben die Kantone sich nach dem Bundesrecht zu richten: Bundesrecht bricht Kantonsrecht. Durch eine ganze Reihe von solchen Teilrevisionen ist der Aufgabenbereich des Bundes gewachsen. Um einem Bedeutungsverlust der Kantone vorzubeugen, begnügt sich der Bund in letzter Zeit mit der Schaffung von Rahmengesetzen. Die Ausführungsgesetzgebung und der Vollzug sind den Kantonen überlassen. Als Modell gilt die Umweltschutzgesetzgebung.

Die Kantone können *Finanzquellen* nach eigenem Ermessen erschliessen, sofern diese nicht dem Bund in der Bundesverfassung vorbehalten sind. In der Praxis wird die Erhebung staatlicher Abgaben durch die Konkurrenz zwischen den Kantonen begrenzt.

Was haben die Kantone in der Bundespolitik zu sagen?

Das schweizerische Parlament, die Bundesversammlung, ist in zwei gleichberechtigte Kammern gegliedert. Im 200köpfigen Nationalrat, der Volkskammer, sind die Kantone entsprechend ihrer Bevölkerungszahl vertreten. Basel-Stadt darf seit 1983 noch sechs Sitze beanspruchen (bis 1971 acht, bis 1983 sieben). In den *Ständerat* können alle Vollkantone zwei und die sechs Halbkantone, worunter die beiden Basel, einen Vertreter delegieren. Die Ständeräte sind aber keine eigentlichen Kantonsvertreter, weil ihnen die Kantone keine Weisungen (=Instruktionen) geben dürfen.

Für eine Revision der Bundesverfassung ist nicht nur eine Stimmenmehrheit in der Volksabstimmung nötig, sondern auch das *Ständemehr*. Die Vorlage muss von einer Mehrheit der Kantone angenommen sein. Auch diesbezüglich haben die Halbkantone nur das halbe Gewicht.

Jeder Kanton kann mit einer *Standesinitiative* eine Verfassungsänderung verlangen.

Die Aufgabenverteilung zwischen Bund und Kanton (vereinfacht)

Jene Staatsaufgaben, die der Bund zu übernehmen hat, sind abschliessend in der Bundesverfassung aufgezählt. Alle übrigen Aufgaben fallen dem Kanton zu.

zuständig	nur Bund	Kantone gemeinsam	Bund und Kantone gemeinsam	Bund und Kantone getrennt	nur Kantone
	Gesetzgebung und Vollzug Bund	Konkordat = gemeinsames Gesetz mehrerer Kantone, Vollzug Kantone	(Rahmen-)Gesetz Bund, Vollzug (evtl. Ausführungsgesetz) Kanton	getrennte Gesetze Bund und Kanton	Gesetzgebung und Vollzug Kanton
Bereiche	Armee Aussenpolitik, Zoll, Münz, Post, Eisenbahn, Luftfahrt, Energie, Radio, Fernsehen, Sozialversicherung, Maturitätsverordnung ...	Schulen, Hochschulen, Strafvollzug ...	Zivil- und Strafrecht, Umweltschutz, AHV, Berufsvorsorge, Arbeitsgesetz, Raumplanung, Bodenrecht ...	Steuern, Strassenbau, Gesundheitswesen ...	Schulen, Polizei, Armenwesen ...

Teilrevisionen der Bundesverfassung haben dem Bund in den letzten Jahrzehnten viele neue Kompetenzen gebracht und die Aufgabenverflechtungen zwischen Bund und Kantonen verdichtet.

Gemeinden, Kanton, Bund

Zu einer Volksabstimmung kommt es aber nur, wenn eine Parlamentskammer zustimmt.

Bei der Ausarbeitung wichtiger Verfassungs- und Gesetzesbestimmungen werden die Kantone vom Bund angehört. Dies geschieht im Rahmen der sogenannten *Vernehmlassung*.

Was hat Basel im Bund zu sagen? Was hat der Bund in Basel zu sagen?

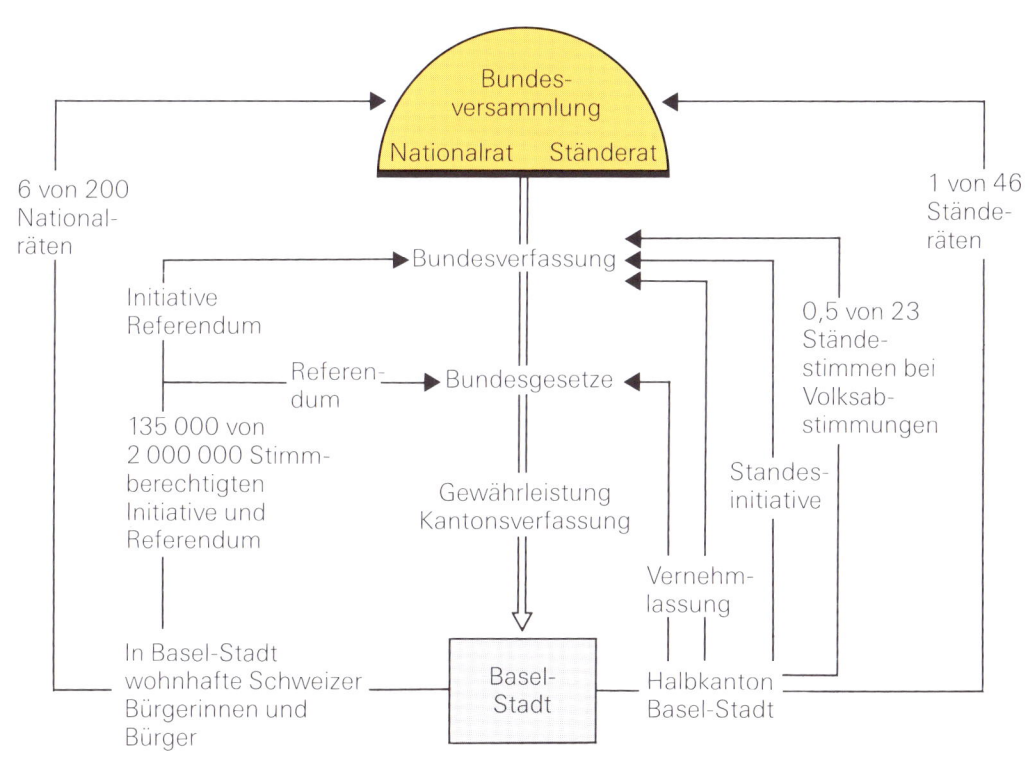

- **Bundesversammlung** (Nationalrat, Ständerat)
- 6 von 200 Nationalräten
- 1 von 46 Ständeräten
- **Bundesverfassung**
- Initiative Referendum
- 0,5 von 23 Ständestimmen bei Volksabstimmungen
- Referendum → **Bundesgesetze**
- 135 000 von 2 000 000 Stimmberechtigten Initiative und Referendum
- Gewährleistung Kantonsverfassung
- Standesinitiative
- Vernehmlassung
- In Basel-Stadt wohnhafte Schweizer Bürgerinnen und Bürger
- **Basel-Stadt**
- Halbkanton Basel-Stadt

⇩ Einwirkung des Bundes auf den Kanton: Der Bund steckt den Rahmen ab, innerhalb dessen der Kanton autonom ist.

↑ Mitwirkung des Kantons und der im Kanton wohnhaften Schweizer Bürger im Bund

4. Wie funktioniert der Staat?

«Helvetia auf Reisen» von Bettina Eichin (1980)

Stadt ein Aussenseiter unter den Kantonen. Einerseits ist Basel mit seinen 37 km² flächenmässig mit Abstand der kleinste Kanton. Allein die Gemeinde Davos ist fast siebenmal grösser. Anderseits ist kein Kanton auch nur annähernd so dicht besiedelt wie diese Stadt ohne Hinterland, und in keinem ist das Durchschnittsalter der Bevölkerung höher. Vor anderen hat Basel die Krise der Stadt und die Risiken des technischen Zeitalters zu spüren bekommen. Der Basler Stimmbürger hat gelegentlich politische Neuorientierungen vorweggenommen, die sich andernorts erst später abgezeichnet haben. Ganz sicher gilt das für Basels Kampf gegen das Atomkraftwerk Kaiseraugst. Wahrscheinlich reagiert die rein städtische Öffentlichkeit auch empfindlicher auf politische Stimmungen als die Bevölkerung in ländlichen Regionen. Aus diesen Gründen befürchten Basler Politiker mitunter, wir Basler würden in der übrigen Schweiz nicht ganz ernst genommen. Auch scheint ihnen der Status des Halbkantons mit der Bedeutung von Basel-Stadt unvereinbar. Die Aufwertung zum Vollkanton ist aber gescheitert, weil eine Verschiebung der Gewichte zwischen den schweizerischen Regionen befürchtet wurde.

Steht Basel-Stadt mit dem Rücken zur Schweiz?

«Mit dem Rücken zur Schweiz?» fragt die «Neue Zürcher Zeitung» 1986 in einer Beilage über Basel. Die Verbundenheit der Stadt mit ihren ausländischen Nachbarn mag in der übrigen Schweiz erstaunen. Ein Blick auf die Karte zeigt: 27 Kilometer des Kantonsgebietes grenzen ans Ausland, und nur 16 Kilometer der Basler Grenze berühren Schweizer Territorium. In mancher Hinsicht ist Basel-

Trotz allem ist Basel kein Einzelgänger unter den Kantonen. Viele Besonderheiten verbinden Basel etwa mit dem Kanton Genf oder mit der Stadt Zürich. Es sei auch daran erinnert, dass Basel schon zu den traditionsreichen dreizehn alten Orten der Eidgenossenschaft gehörte. Das Hauptgemälde im Grossratssaal erinnert die Palamentarier und Regierungsräte in jeder Sitzung an die 1501 erfolgte Aufnahme in den Bund. Schliesslich ist Basel-Stadt mindestens wirtschaftlich und kulturell bestimmt kein Leichtgewicht unter den Kantonen.

Gemeinden, Kanton, Bund

Rathaus, Marktfassade: Relief am Turm (1901)

4. Wie funktioniert der Staat?

4.7. Finanzen und Steuern

4.7.1. Die Basler Staatskasse: Wer gibt und wer nimmt?

Staatliche Leistungen fallen leider nicht wie das Manna vom Himmel. Der Staat muss sich die Mittel, die er zur Erfüllung seiner vielfältigen Aufgaben braucht, mit Steuern und anderen Abgaben beschaffen. Basel kann zwar im schweizerischen Vergleich mit überdurchschnittlichen Steuereinnahmen pro Kopf der Bevölkerung rechnen. Diesen stehen aber auch höhere Ausgaben gegenüber, vorab für teure *Zentrumsfunktionen*. Damit sind jene Aufgaben gemeint, die der Stadtkanton als Zentrum der Region zu erfüllen hat, vom subventionierten Kulturangebot über die Spitzenmedizin bis hin zur Universität. Viele Nutzniesser dieser Zentrumsfunktionen wohnen ausserhalb des Kantons und können deshalb nicht als Steuerzahler zur Kasse gebeten werden. Mit Gebühren, die vom unmittelbaren Nutzniesser zu bezahlen sind, und mit Beiträgen, die der Bund, der Kanton Basel-Landschaft und einige Gemeinden zugunsten von Kultur- und Bildungseinrichtungen entrichten, wird nur ein Teil der bezogenen Leistungen abgegolten.

Geht der Kanton dazu über, die steigenden Kosten einfach mit höheren Steuern zu decken, kann er als Wohnort und als Wirtschaftsstandort nicht mehr mit den Nachbarkantonen konkurrieren. In schwierigen Zeiten übersteigen die Ausgaben deshalb die

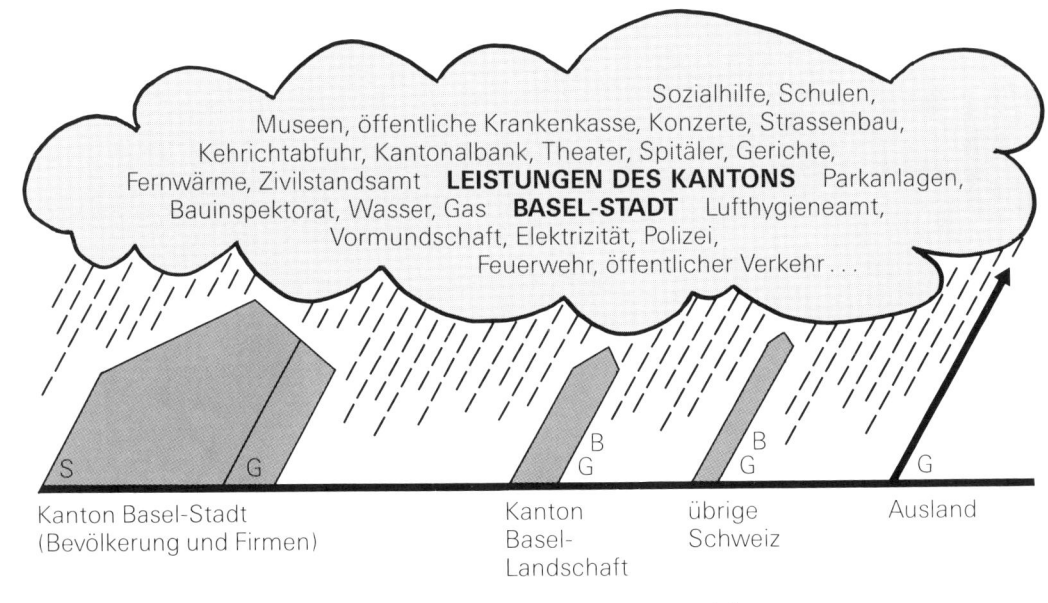

Sozialhilfe, Schulen, Museen, öffentliche Krankenkasse, Konzerte, Strassenbau, Kehrichtabfuhr, Kantonalbank, Theater, Spitäler, Gerichte, Fernwärme, Zivilstandsamt **LEISTUNGEN DES KANTONS** Parkanlagen, Bauinspektorat, Wasser, Gas **BASEL-STADT** Lufthygieneamt, Vormundschaft, Elektrizität, Polizei, Feuerwehr, öffentlicher Verkehr...

Kanton Basel-Stadt (Bevölkerung und Firmen) — Kanton Basel-Landschaft — übrige Schweiz — Ausland

S: Steuern: Sie sind ohne unmittelbare Gegenleistung zu entrichten.
G: Gebühren: Sie werden vom Nutzniesser staatlicher Leistungen erhoben.
B: Beiträge (Zuschüsse): Sie werden von öffentlichen Kassen bezahlt.

Einnahmen, und der Staat muss bei Privaten Geld aufnehmen, also Schulden machen. Dies ist seit den 70er Jahren häufig der Fall, und die ungedeckte *Staatsschuld* ist auf 1,5 Milliarden Franken angewachsen. Bei den Gläubigern handelt es sich freilich um einheimische Bürger und Institutionen. Derartige Schulden sind verantwortbar, wenn zukunftsgerichtete Investitionen getätigt werden und wenn auf längere Sicht wieder ein ausgeglichener Staatshaushalt angestrebt wird.

Rathaus, Relief von Carl Gutknecht (1900): Staatskassier; Nervus rerum (lateinisch): innerstes Wesen der Dinge, Umschreibung für Geld.

Gefahren für den Staatshaushalt

- wirtschaftlicher Konjunktureinbruch
- Konkurrenz der Nachbarkantone (Steuerbelastung)
- Ineffizienz staatlicher Dienste
- Geldentwertung
- Sparmassnahmen des Bundes (z. B. Kürzung von Beiträgen)

Einnahmenrückgang — Ungleichheit — **Ausgabenwachstum**

- wachsender Anteil unterstützungsbedürftiger Personen
- Abwanderung, Bevölkerungsrückgang
- hohe Verschuldung Zinsendienst
- wachsender Bedarf an staatlicher Infrastruktur
- Zentrumsaufgaben ohne Abgeltung

4.7.2. Die Staatsrechnung

Planung, Budget und Rechnung

Eine Haushaltrechnung von fast drei Milliarden Franken, wie sie der Kanton Basel-Stadt aufweist, bedarf sorgfältiger Planung. Die langfristige *Finanzplanung* ermöglicht der Regierung, Prioritäten zu setzen. Sie zeigt, wie sich eine Lohnerhöhung für das Staatspersonal längerfristig auswirkt, ob eine Steuerreduktion verkraftbar ist, welche Investitionen in den nächsten fünf Jahren möglich sind. Gegen Jahresende legt die Regierung dem Grossen Rat jeweils den Haushaltplan für das nächste Jahr, *das Budget,* vor. Dieser Plan ist zum grossformatigen Band von fünfhundert Seiten angeschwollen. Nach Genehmigung durch den Rat ist das Budget verbindlich. Für unvorhergesehene Ausgaben müssen vom Rat Nachtragskredite verlangt werden. Über die tatsächliche Höhe der Einnahmen und Ausgaben gibt dann die *Staatsrechnung* im folgenden Jahr Auskunft.

Die Staatsrechnung von 1989 in Millionen Franken

Einnahmen		
Steuern und Abgaben		1641
Einkommenssteuer	863	
Vermögenssteuer	97	
Steuern der juristischen		
Personen (Firmen)	382	
Gebühren und Verkäufe		561
Erträge Vermögen		158
Bundesbeiträge		139
Beiträge Kantone, Gemeinden		102
Beiträge		
Kanton Basel-Landschaft	61	
Übrige Einnahmen		21
Einnahmen insgesamt		2622
Ausgabenüberschuss		47

Ausgaben	
Personal (Löhne, Sozialleistungen)	1226
Güter und Dienste	319
(z. B. Mieten,	
Unterhalt Maschinen,	
Betriebskosten)	
Übertragungen	733
(Beiträge an Private,	
Sozialversicherungen usw.)	
Investitionen	246
(z. B. Bauten, Landkauf)	
Finanzausgaben	145
(z. B. Schuldzinsen)	
Ausgaben insgesamt	2669

Quelle: Staatsrechnung 1989, Auskünfte Finanzverwaltung

Finanzen und Steuern

Aus den Staatsrechnungen seit 1974, in Millionen Franken

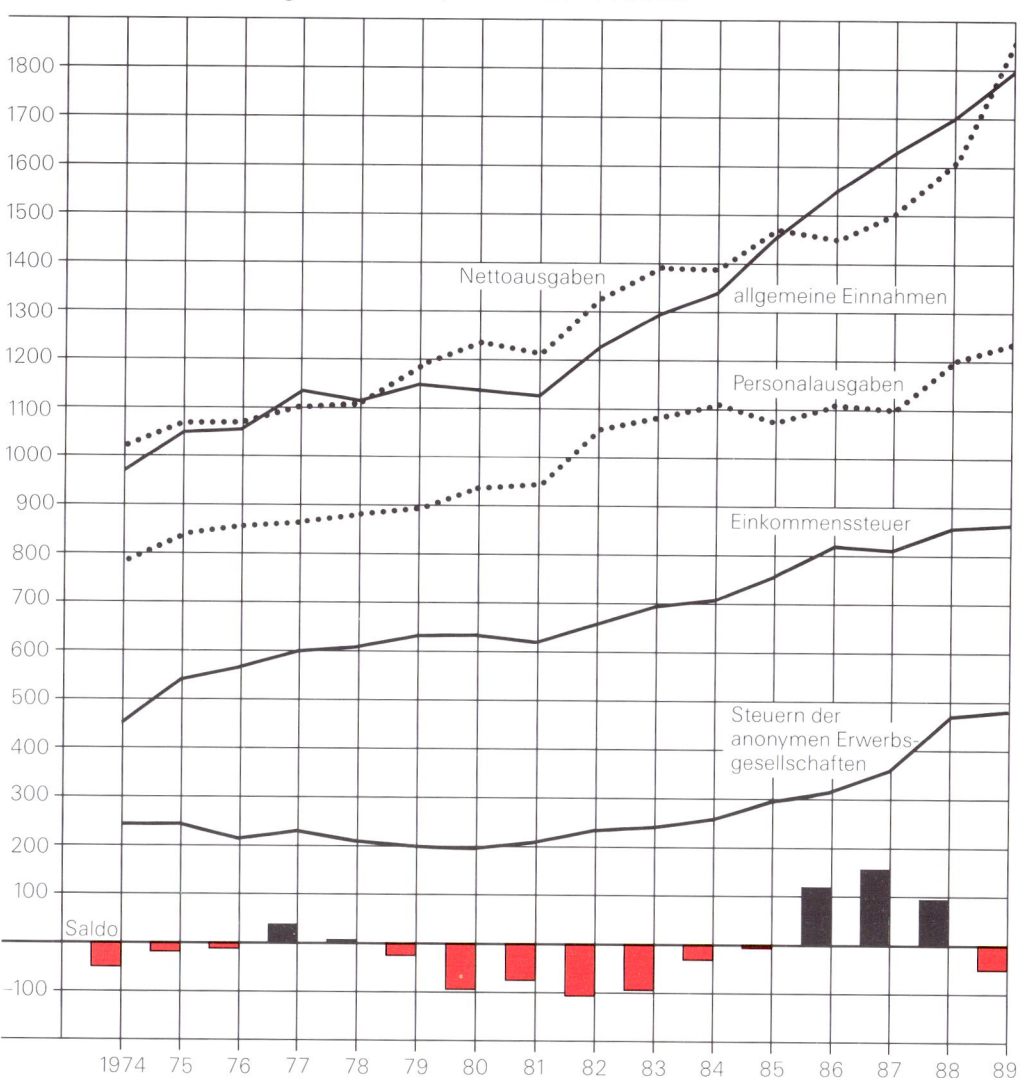

Nettoausgaben
allgemeine Einnahmen
Personalausgaben
Einkommenssteuer
Steuern der anonymen Erwerbsgesellschaften
Saldo

Nettoausgaben: Ausgaben abzüglich Entgelte für öffentliche Dienste, aber inklusive Investitionen
Allgemeine Einnahmen: Steuern, Abgaben, Neuvermögensertrag

Quelle: Rechnungen des Kantons Basel-Stadt

4.7.3. Wofür gibt der Staat sein Geld aus?

Staatsausgaben nach Aufgabenbereichen: ein Vergleich mit andern Kantonen

Pro-Kopf-Ausgaben von 1983
über den Kolonnen vergleichender Index (Index 100: Durchschnitt aller Kantone)
BA: Durchschnitt der beiden Basler Halbkantone

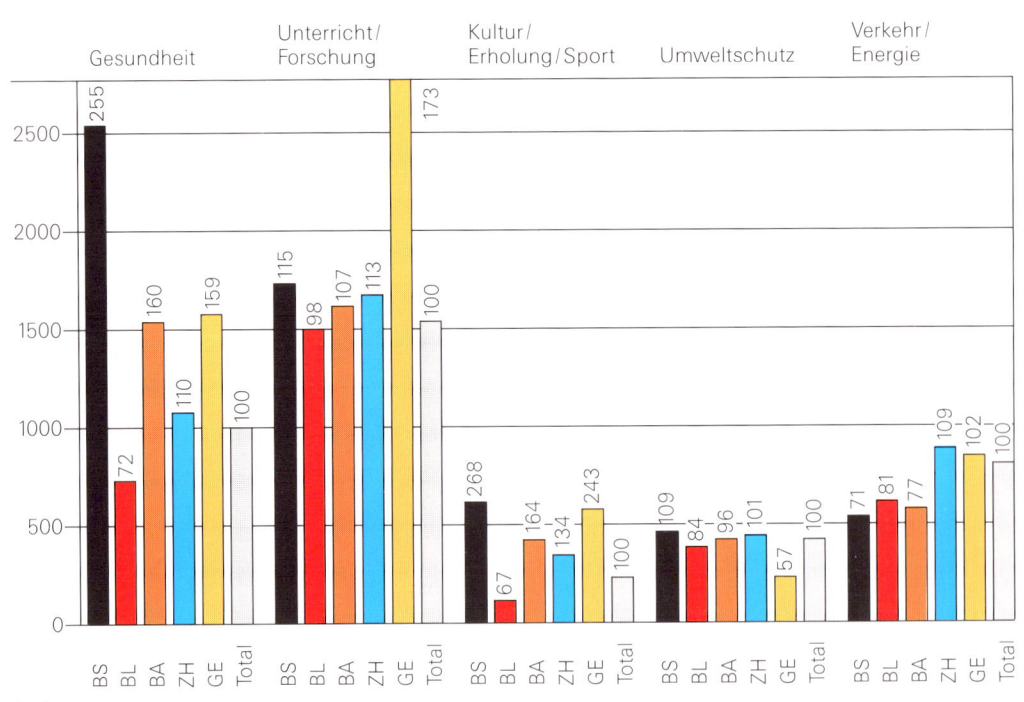

Bereich	BS	BL	BA	ZH	GE	Total
Gesundheit	255	72	160	110	159	100
Unterricht/Forschung	115	98	107	113	173	100
Kultur/Erholung/Sport	268	67	164	134	243	100
Umweltschutz	109	84	96	101	57	100
Verkehr/Energie	71	81	77	109	102	100

Finanzen und Steuern

Staatsausgaben nach Aufgabenbereichen (funktionale Gliederung) seit 1950, in Promillen	1950	1960	1970	1980	1989
Behörden, allgemeine Verwaltung	143	78	62	53	44
Recht und Sicherheit	116	149	98	88	97
Unterricht, Forschung	201	265	200	187	187
Kultur, Erholung, Sport	26	40	67	65	68
Gesundheit	117	170	204	338	255
Umweltschutz	28	28	50	47	36
Soziales	200	116	113	100	204
Raumplanung, Verkehr	63	65	137	59	43
Industrie, Gewerbe, Handel, Land- und Forstwirtschaft	15	9	1	9	8
Finanzausgaben	91	80	68	54	58
	1000	1000	1000	1000	1000

Quelle: Statistische Jahrbücher Basel-Stadt

Quelle: Frey/Bombach: Die Lage der Staatsfinanzen von Basel-Stadt. Basel 1986.

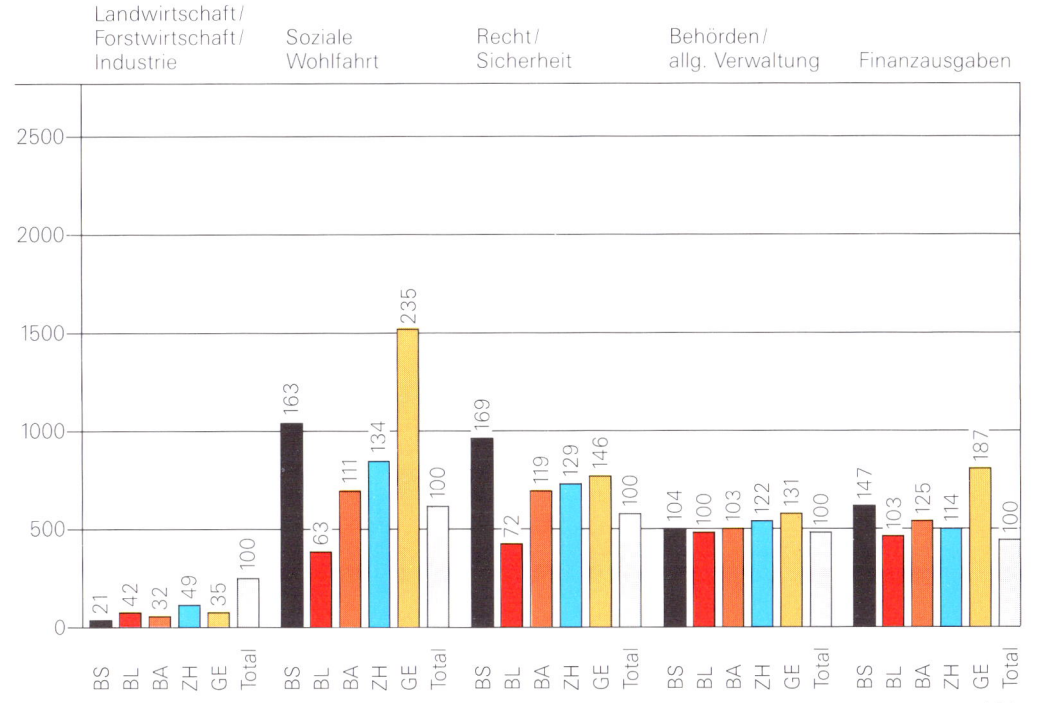

4.7.4. Steuerarten und Steuerbelastungen

Wer erhebt welche Steuer? (Tabelle vereinfacht)

	Direkte Steuern	Indirekte Steuern
	vom Steuerpflichtigen direkt erhoben	auf Verbrauch von Waren und Dienstleistungen
Bund	Direkte Bundessteuer auf Einkommen und Vermögen Verrechnungssteuer auf Vermögenserträge	Warenumsatzsteuer Zölle (z. B. auf Treibstoff) Tabaksteuer...
Kanton	Einkommenssteuer, Grundstückgewinnsteuer (Einwohner von Riehen und Bettingen bezahlen nur 50%) Vermögenssteuer Ertragssteuer für Unternehmen Erbschafts- und Schenkungssteuer Feuerwehrsteuer (nur für Männer) Motorfahrzeugsteuer	Billettsteuer
Gemeinde	Einkommenssteuer, Grundstückgewinnsteuer in Riehen und Bettingen	
Kirchen	Einkommenssteuer (für Mitglieder der vier anerkannten Religionsgemeinschaften obligatorisch)	

Steuerbelastung im Vergleich: Stadt Basel, Riehen, Basel-Landschaft (1990)

Alleinstehende:

Brutto- einkommen in Fr.	Steuern Basel-Stadt Stadt Basel in Fr.	Riehen in Fr.	Differenz Riehen–Basel	Steuern Basel-Landschaft Differenz zur Stadt Basel Muttenz	Frenkendorf
20 000	1 095	773	−29,4%	−2,6%	8,5%
27 000	2 025	1 553	−23,3%	1,5%	13,0%
36 000	3 620	2 868	−20,8%	−2,2%	8,9%
50 000	6 725	5 408	−19,6%	−8,6%	1,8%
75 000	12 325	10 330	−16,2%	−9,2%	1,0%
100 000	18 114	15 620	−13,8%	−6,5%	4,1%
150 000	30 152	26 862	−10,9%	−7,5%	3,0%
250 000	56 008	50 988	− 9,0%	−6,0%	4,7%
500 000	128 200	116 332	− 9,3%	−4,1%	6,8%

Verheiratete Einzelverdiener mit zwei Kindern:

Brutto-einkommen in Fr.	Steuern Basel-Stadt		Differenz Riehen–Basel	Steuern Basel-Landschaft Differenz zur Stadt Basel	
	Stadt Basel in Fr.	Riehen in Fr.		Muttenz	Frenkendorf
20 000	—	—			
27 000	—	—		*	**
36 000	512	292	–43,0%	132,5%	158,9%
50 000	2 574	1 438	–44,1%	27,2%	41,6%
75 000	6 820	5 148	–24,5%	11,6%	24,2%
100 000	12 144	9 813	–19,2%	0,8%	12,3%
150 000	24 442	20 648	–15,5%	–1,5%	9,7%
250 000	48 726	43 384	–11,0%	–5,3%	5,4%
500 000	116 150	105 759	– 8,9%	–3,4%	7,5%

* Steuer 113 Franken, ** Steuer 126 Franken

5. Staat und Öffentlichkeit

5.1. Bürgerinnen und Bürger beteiligen sich an Staat und Politik

5.1.1. Traditionelle Beteiligungsformen

Als traditionell gelten jene Beteiligungsformen, die in der Verfassung vorgesehen und gesetzlich geregelt sind, also Wahlen, Abstimmungen, Referenden, Initiativen, Petitionen und alle möglichen Beschwerden. Kein Land der Welt bietet seinen Bürgerinnen und Bürgern so viele verfassungsmässig abgesicherte Möglichkeiten, sich an Staat und Politik zu beteiligen, wie die Schweiz. Und doch ist ausgerechnet die Schweiz der einzige Staat Westeuropas, in dem die ohnehin äusserst niedrige Stimm- und Wahlbeteiligung seit dem Krieg kontinuierlich gesunken ist. Immer mehr Bürger bleiben an den Abstimmungstagen zu Hause, und die Zahl der Gewohnheits- oder Stammwähler sinkt zugunsten jener, die sich von Fall zu Fall für oder gegen die Teilnahme am Urnengang entscheiden. Auch Basel-Stadt macht diesbezüglich keine Ausnahme. Wie in andern Stadtregionen lag die mittlere Stimm- und Wahlbeteiligung bis vor kurzem unter dem Schweizer Durchschnitt. Seit den 80er Jahren steigt die Stimmbeteiligung in den Agglomerationen wieder etwas an.

Beteiligung an den Grossratswahlen seit 1947

Jahr	%	Jahr	%
1947	70,9%	1968	47,1%
1950	74,4%	1972	44,2%
1953	65,7%	1976	43,7%
1956	67,2%	1980	39,0%
1960	61,4%	1984	41,7%
1964	52,0%	1988	41,1%

Durchschnittliche Beteiligung an den eidgenössischen Volksabstimmungen seit 1950

	Basel-Stadt	Schweiz
1950–59	41%	52%
1960–69	29,6%	41%
1970–79	38,7%	42,7%
1980–87	38,3%	38,9%

Quelle: Statistische Jahrbücher Basel-Stadt, Bundesamt für Statistik

Untersuchungen zeigen, dass das Wahlverhalten an die Zugehörigkeit zu bestimmten sozialen Schichten gebunden ist.

Häufiger wählen:	Seltener wählen:
– Männer	– Frauen
– 40- bis 65jährige	– unter 40- und über 65jährige
– Verheiratete	– Ledige, Geschiedene
– Bürger mit höherer Bildung	– Bürger ohne höhere Bildung
– Bürger mit höherem Einkommen	– Bürger mit tieferem Einkommen
– Selbständige, leitende Angestellte und höhere Beamte	– Arbeiter, Angestellte
– Alteingesessene	– Neuzuzüger
– Bewohner von Landgemeinden und bürgerlichen Wohnvierteln, etwa Bruderholz, St. Alban, Neubad.	– Bewohner von Wohnvierteln mit hoher Mobilität und hohem Arbeiter- und Ausländeranteil, etwa Matthäus, Klybeck, St. Johann, Gundeldingen.
– Aktive in Vereinen, Kirchen, Parteien	– Nichtaktive
– Informierte	– Nichtinformierte

Nach: L. Neidhard, J. P. Hoby: Ursachen der gegenwärtigen Stimmabstinenz in der Schweiz. Zürich 1977.

Für die sinkende Stimm- und Wahlbeteiligung machen die Forscher drei Gründe verantwortlich:
1. Nirgendwo wird der Bürger so häufig an die Urne gerufen. Je höher die Zahl der Abstimmungen ist, desto schwieriger ist es, die Bürger zu mobilisieren.
2. Seit der Herausbildung der Konkordanz zwischen den grossen Parteien wirken sich Regierungs- und Parlamentswahlen nur sehr indirekt auf die Politik aus. Die Zusammensetzung der Regierung ändert sich kaum. Die Entscheidungsabläufe sind schwer durchschaubar. Zur Debatte stehen schliesslich meist vielfache Kompromisse statt klar verständlicher Alternativen.
3. In der «Freizeitgesellschaft» zieht sich der Bürger zunehmend aus dem öffentlichen Leben in die private Sphäre zurück. Gegenüber dem Staat wandelt er sich vom aktiven Teilhaber zum distanzierten Beobachter.

Die Teilnahme an Staat und Politik gilt den meisten Politikwissenschaftlern als Ausdruck grundsätzlicher Zustimmung zum politischen System. Wer der Urne immer fern bleibt, hat oft den Glauben an unsere staatlichen Grundsätze verloren. Besorgte Politiker fragen sich daher: Wenn so viele Bürger faul sind, muss dann nicht etwas faul im Staate sein?

5.1.2. Neue Beteiligungsformen

Während eine wachsende Zahl von Bürgern der Urne fernbleibt, gewinnen neue Formen der politischen Beteiligung an Popularität. Die undurchsichtige Verflechtung zwischen Parteien, Verbänden, Wirtschaft und Staat schwächt das Vertrauen in die demokratischen Verfahren. Volksrechte scheinen stumpfe Waffen zu sein, Wahlen erstarren zu blossen Ritualen, der Links-Rechts-Gegensatz wirkt oft überholt. Deswegen verlagert sich die politische Beteiligung teilweise in neue, nicht geregelte Bereiche. Zu den neuen Formen der politischen Beteiligung gehören:
– Demonstrationen, Versammlungen
– Direkte Aktionen:
 passiver Widerstand
 Besetzung von Ämtern, Häusern, Bauplätzen
 Verkehrsstörungen.

Von *direkten Aktionen* spricht man, wenn sich direkt Betroffene selbst spontan zur Wehr setzen. Sie erklären, auf Gewalt verzichten zu wollen, aber mit ihren Aktivitäten verstossen sie nicht selten gegen Gesetze oder behördliche Anordnungen und nehmen Strafmassnahmen bewusst in Kauf. Ihren Widerstand verteidigen sie mit Hinweis auf die Bedrohung der Lebensqualität oder die Benachteiligung bestimmter Schichten. In den meisten politischen Auseinandersetzungen vermischen sich neue und traditionelle Beteiligungsformen.

Beispiele:
Eine Gruppe von Hausbesetzern versucht den Abbruch eines Wohnhauses mit billigen Mietwohnungen zu verhindern.

Einige Familien halten abgewiesene Asylbewerber versteckt.

Durch eine symbolische Verkehrsstörung versuchen Anwohner einer Durchgangsstrasse, die Behörden zu verkehrsberuhigenden Massnahmen zu veranlassen.

Am Jahrestag der Brandkatastrophe von Schweizerhalle hängen viele Bürger schwarze Flaggen aus den Fenstern, um die Behörden an ihre Versprechen zu erinnern.

Tausende besetzen den Bauplatz für das AKW in Kaiseraugst.

Dritte-Welt-Gruppen rufen die Konsumenten auf, keine Produkte aus Südafrika zu kaufen.

Das Beispiel: Zu Besuch in einer Wohnstrasse

An einem Regennachmittag habe ich mich bei Ruedi Bachmann in der Bärenfelserstrasse angemeldet, um etwas von seiner Wohnstrassengruppe zu erfahren. Die Bärenfelserstrasse ist eine kleine Seitenstrasse mitten im Matthäusquartier, jenem dichtbesiedelten Kleinbasler Arbeiterviertel, das ans Werkgelände der Ciba-Geigy grenzt und in dem Grünflächen und Spielplätze so selten sind wie Oasen in der Wüste. Als ich in die Strasse einbiege, bin ich zunächst etwas enttäuscht. Bloss die Hälfte der Strasse ist als Wohnstrasse ausgestaltet, und auch diese Hälfte macht einen improvisierten Eindruck. Die Fahrbahn ist an mehreren Stellen durch inselartige Trottoirverbreiterungen mit Blumentrögen und Bänken verengt und mit Aufpflästerungen versehen. Auf dem Pflaster sind noch Reste einer Bemalung zu erkennen. Vor einem kleinen Lebensmittelladen steht eine Plakatsäule, auf der Veranstaltungen im Kulturtreff der Wohnstrassengruppe angekündigt werden. Gegenüber sind ein Tisch und Bänke unter einem grossen Schirm aufge-

Bürgerinnen und Bürger

Wohnstrassengestaltung an der Blauensteinerstrasse

stellt. Die meisten Häuser scheinen noch aus dem letzten Jahrhundert zu stammen. Auffällig viele von ihnen sind behutsam renoviert worden. Aber auch diese Strasse ist wie das ganze Viertel von hässlichen Neubauten durchsetzt.

Ruedi Bachmann empfängt mich in der Kaffeestube, die er im vorderen Teil seiner Wohnung eingerichtet hat. Ein grosses Schaufenster erhellt den gemütlichen Raum mit den Holztischen und dem Buffet. Auf eigene Rechnung bietet er hier einen Mittagstisch für Anwohner an. Ruedi Bachmann ist Architekt und arbeitet schon seit 26 Jahren in dieser Strasse. 1974 hat er mit einigen Nachbarn eine Wohngenossenschaft gegründet, die sich zum Ziel gesetzt hat, die von den Mitgliedern bewohnten Altbauten aufzukaufen, um sie der Spekulation zu entreissen und bewohnergerecht instandzustellen. Als die Basler Regierung 1976 beschloss, vier Strassen versuchsweise als Wohnstrassen auszugestalten, um unwohnlich gewordene Viertel wiederzubeleben, gelang es Ruedi Bachmann und seinen Genossenschaftern, eine Mehrheit der 500 Bewohner in der Bärenfelserstrasse für einen Wohnstrassenversuch zu gewinnen. Die Behörden gingen auf das Angebot ein, waren aber nicht bereit, der Wohnstrassengruppe die Ausgestaltung zu überlassen. Die verordneten kostspieligen, aber sterilen Betonbänke und Betonblumentröge haben die Bewohner enttäuscht. Ein

Blick aus dem Schaufenster zeigt, dass sie die Möblierung mittlerweile nach ihren eigenen Vorstellungen umgestaltet haben. Das Geld dazu wurde an den jährlich veranstalteten Strassenfesten gesammelt. Überhaupt brachten diese Feste den Durchbruch und machten die Wohnstrasse im ganzen Kleinbasel bekannt.

Langsam rollt ein Kleinlaster über die Bodenschwelle. Der Fahrer winkt uns durch die Scheibe freundlich zu. «Das Fahrverbot für den Durchgangsverkehr konnten wir erst nach einem zermürbenden Kleinkrieg mit verschiedenen Amtsstellen erwirken.» Auf dem Höhepunkt der Auseinandersetzung hatten zwanzig Anwohner eine Mahlzeit auf der Fahrbahn eingenommen und mit den verblüfften Automobilisten diskutiert. Einen ermutigenden Erfolg konnte die Gruppe im Kampf gegen den Abbruch des Eckhauses mit dem Quartierladen verbuchen. Das Lebensmittelgeschäft wird heute von einem Gruppenmitglied erfolgreich geführt. Der Ladeninhaber betrachte sich bewusst auch als Sozialarbeiter. Nachbarschaftshilfe ermöglichte auch andern Anwohnern, die von ihnen bewohnten Häuser aufzukaufen und nach eigenen Möglichkeiten und Bedürfnissen zu renovieren. Ruedi Bachmann zeigt durch das Schaufenster auf ein frisch renoviertes Haus schräg gegenüber. Auf dem weissen Verputz wurden an einigen Stellen rote Ziegelsteine aufgemalt, als ob sie unter einem abbröckelnden Verputz zum Vorschein gekommen wären. Die Illusionsmalerei erinnert an den früheren Verfall der zum Abbruch bestimmten Liegenschaft.

In den letzten Jahren hat sich die Bevölkerungsstruktur der Gegend verändert. Früher wohnten hier vorwiegend Alleinstehende und junge Chemiearbeiterfamilien, die dann später in grössere Wohnungen in die Vororte zogen. Nach und nach sind sehr viele Selbständige eingezogen, die ihre Werkstätten und Büros hier eingerichtet haben: Architekten, Maler, ein Larvenmacher, Künstler, Ärzte, Fotografen, Schreiner und viele Kleingewerbler. Die meisten von ihnen haben Kinder. Viele von ihnen begnügen sich mit Teilzeitarbeit und bescheidenem Wohlstand und wenden viel Zeit für sich, ihre Kinder, die Hausgemeinschaft und ihre unmittelbare Umgebung auf. Während unseres Gesprächs wird Ruedi Bachmann immer wieder von Passanten jenseits der Schaufensterscheibe gegrüsst. Eine soziologische Untersuchung hat bewiesen, dass in der Wohnstrasse «ein dichtes Netz von Kontakten und Beziehungen entstanden ist».

Nun war ich gespannt darauf, zu erfahren, wie sich die Wohnstrassengruppe organisiert hat. Trotz ihres zwölfjährigen Bestehens hat die Gruppe auch heute noch keinen Präsidenten und keine Vereinsstatuten. Noch nie sind Streitfragen durch eine Abstimmung entschieden worden. «Wir diskutieren, bis wir uns einig sind. Beschlüsse, die nicht von allen getragen werden, haben ohnehin keine Aussicht, ausgeführt zu werden.» Die Versammlungen finden in monatlichen Abständen statt. Sie sind öffentlich und werden durchschnittlich von einem Dutzend Personen besucht. Mit der Zeit haben sich einige Regeln eingespielt. Sitzungsleitung und Protokoll beispielsweise werden im Turnus vergeben. Von Parteipolitikern halten die Aktivisten hier wenig. «Denen geht es doch nur darum, sich unsere Erfolge vor den Wahlen an den Hut zu stecken.»

Als wir nach diesem Gespräch auf die Strasse treten, hat der Regen etwas nachgelassen. Am Pingpong-Tisch einige Meter weiter oben haben drei Jungen ihr Spiel begonnen. «Dieser Tisch hat anfangs viel böses Blut geschaffen. Ältere Anwohner hatten sich über nächtlichen Kinderlärm beschwert. Nach vielen Gesprächen haben wir eine Regelung finden können.» Mein Gesprächspartner begleitet mich noch ein paar Schritte. Vor dem unbewohnten Haus Nummer 28 bleiben wir stehen. Die Fensterläden sind geschlossen, die Türe mit einigen Brettern vernagelt. Jemand hat mit Kreide darauf geschrieben: «Staatlich geschütztes Spekulationsobjekt». «Ja, das ist die Kehrseite unserer Bemühungen. In der aufgewerteten Wohnzone steigen die Bodenpreise. Die Liegenschaften werden für mittelständische Anwohner unerschwinglich. Auch mit Einsprachen und gerichtlichen Schritten können wir oft nicht verhindern, dass erhaltenswerte Häuser mit günstigen Familienwohnungen abgerissen und durch Neubauten mit renditeträchtigen Kleinwohnungen ersetzt werden.» Ich verabschiede mich von meinem Gastgeber. Ein letzter Blick zurück in die Bärenfelserstrasse: Links hat ein Hausbesitzer einen weit ausgreifenden Lebensbaum auf seine Hausfassade gemalt. Ob die Sanierung Bärenfelserstrasse zum Modell für andere Viertel werden kann? Bald empfängt mich der Verkehrslärm der Feldbergstrasse.

mehrere) spiegelt die Vielfalt der Parteien das friedliche Nebeneinander verschiedener sozialer und weltanschaulicher Gruppen in der Gesellschaft. Partei kommt von lateinisch «pars», der Teil. Die Parteien wetteifern darum, einen möglichst grossen Teil der Öffentlichkeit anzusprechen. Einerseits beliefern sie die Öffentlichkeit mit Informationen und Stellungnahmen und tragen dadurch zur Meinungsbildung bei. Anderseits vertreten sie die politischen Anschauungen und die Interessen ihrer Führungsgruppen, ihrer Mitglieder und ihrer Anhänger. Sie präsentieren Kandidaten für die öffentlichen Ämter und beteiligen sich über ihre Mitglieder in Parlament und Regierung an den politischen Entscheiden.

5.2. Die Parteien

5.2.1. Wozu Parteien?

Obwohl die Parteien in der Verfassung mit keinem Wort erwähnt werden, spielen sie eine unverzichtbare Mittlerrolle zwischen Öffentlichkeit und Staat. In der «pluralistischen Demokratie» (von lateinisch «plures», Seit dem Zweiten Weltkrieg geht der Einfluss der Parteien zurück: Die grossen traditionellen Parteien verlieren an Mitgliederstärke und Wählerschaft, die Zahl der kleinen Parteien nimmt zu.

Rolle der Parteien

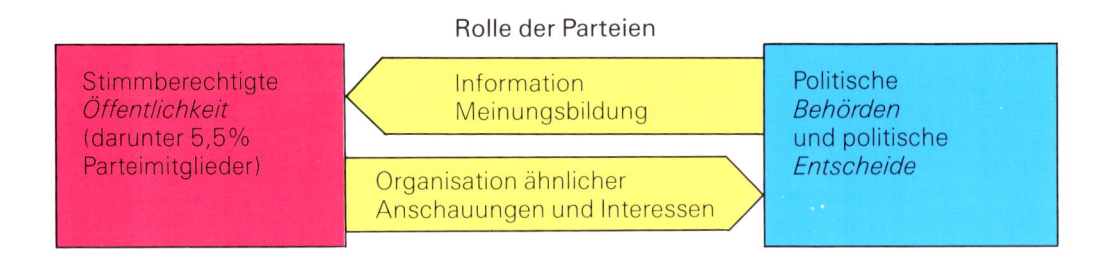

```
[Stimmberechtigte Öffentlichkeit (darunter 5,5% Parteimitglieder)]  ← Information / Meinungsbildung ←  [Politische Behörden und politische Entscheide]
                                                                   → Organisation ähnlicher Anschauungen und Interessen →
```

5.2.2. Wie die heutigen Parteien entstanden sind

1875–1905: Herrschaft des Freisinns

Drei Jahrzehnte lag die Führung in der Basler Politik beinahe unangefochten in den Händen der Freisinnigen. Fast immer konnten sie die absolute Mehrheit der Sitze im Parlament und in der Regierung in Anspruch nehmen. Der Freisinn war die Partei der Neuzugezogenen, die im rasch wachsenden Basel über eine Mehrheit verfügten (Wohnbevölkerung 1875: 30% Stadtbürger, 40% niedergelassene Schweizer, 30% Ausländer). 1875 hatten die Freisinnigen der Herrschaft der alteingesessenen, vornehmen Familien und dem schwerfälligen Ratsherrenregiment durch eine demokratische Verfassung ein Ende gesetzt. Sie erreichten, dass sich so viele Bürger in der Politik beteiligen konnten wie nie zuvor. Der neue Staat sollte für die Wohlfahrt des ganzen Volkes wirken.

Die Widersacher des Freisinns waren die Konservativen (die späteren Liberalen), bei denen die alten Familien, die Kaufleute und eine intellektuelle Elite den Ton angaben. Sie versuchten die Traditionen des alten Basel zu retten. Insbesondere wehrten sie sich gegen eine Ausweitung der Staatsaufgaben.

1905: Die vier traditionellen Parteien treten auf den Plan

Im Jahre 1905 wurden die Karten neu verteilt. Durch die Einführung des Proporzwahlrechtes verlor der Freisinn seine überragende Stellung, und zwei weitere Parteien gewannen an Gewicht.

Die Anhänger der Sozialdemokratischen Partei rekrutierten sich aus dem linksfreisinnigen, dem klassenkämpferischen und dem sozialreligiösen Lager. Sie hatten sich aus alten Bindungen mit dem Freisinn gelöst. Die wachsende Arbeiterschaft wollte ihre Interessen selbst wahrnehmen und liess sich immer weniger in die freisinnige Front gegen die Konservativen eingliedern. 1902 eroberte die SP zum ersten Mal einen Regierungsratssitz. Bald wurde sie wählerstärkste Partei.

Die sozial benachteiligten katholischen Zuwanderer blieben im traditionell protestantischen Basel lange Zeit Aussenseiter. Ihre Bemühungen um die eigene Schule wurden von den Freisinnigen argwöhnisch bekämpft. Am Jahrhundertanfang waren 30% der Bevölkerung katholisch. Mit ihrer Zahl war auch ihr Selbstbewusstsein gewachsen. Die Katholiken waren in Vereinen und in einer eigenen Partei organisiert und verfügten über eine eigene Zeitung.

Die Parteien

Jetzt standen sich also jene vier Parteien gegenüber, die bis heute beherrschend geblieben sind: die Konservativen, die sich jetzt Liberale nannten, der dezimierte Freisinn, die stetig wachsende Sozialdemokratie und die Katholiken, die heutige CVP.

1919–1950: Konfrontation zwischen links und rechts

Zwischen den beiden Weltkriegen prägte eine scharfe Konfrontation zwischen Linken und Rechten das politische Klima. Im Rat lieferten sich die Parlamentarier der beiden Seiten erregte Wortwechsel. Zuweilen gab es Tumulte. Links kämpften die Sozialdemokraten und Kommunisten für soziale Veränderungen, rechts standen die Bewahrer, das bürgerliche Bündnis, zu dem sich Liberale, Freisinnige und Katholiken zusammengefunden hatten. Gelegentlich gelang es, die Blöcke in sozialen Fragen aufzubrechen. Als Vermittler versuchten sich die 1920 entstandene kleine Evangelische Partei und der 1937 gegründete Landesring.

Während des Ersten Weltkrieges hatte die Arbeiterbevölkerung Hunger und bittere Not gelitten. Das Programm der Sozialdemokraten wurde radikaler: Langfristig sollten die Arbeiter in den Besitz der Fabriken und Unternehmen gelangen, kurzfristig galt es, die soziale Not mit genossenschaftlicher und gewerkschaftlicher Selbsthilfe und durch staatliche Sozialpolitik zu mindern. Damit gaben sich die Kommunisten (die heutige PdA) nicht zufrieden. Sie strebten eine Revolution nach russischem Vorbild an und trennten sich von den Sozialdemokraten, die sie fortan bitter bekämpften.

Nationalrats- und Ständeratswahlen, Herbst 1975

Auf der Gegenseite hatten Liberale und Freisinnige ihre Gegensätze überwunden und verhalfen auch den Katholiken zu einem Sitz im Regierungsrat. In der ersten Hälfte unseres Zeitraums dominierten die Bürgerlichen, nach 1935 eroberte die Linke die absolute Mehrheit in der Regierung und zeitweise auch im Parlament. Im «Roten Basel» wurde die Sozialdemokratie zur Staatspartei.

Stammbaum der Basler Parteien

Vereinfachte Darstellung aufgrund der Zusammensetzung des Grossen Rates 1875–1988

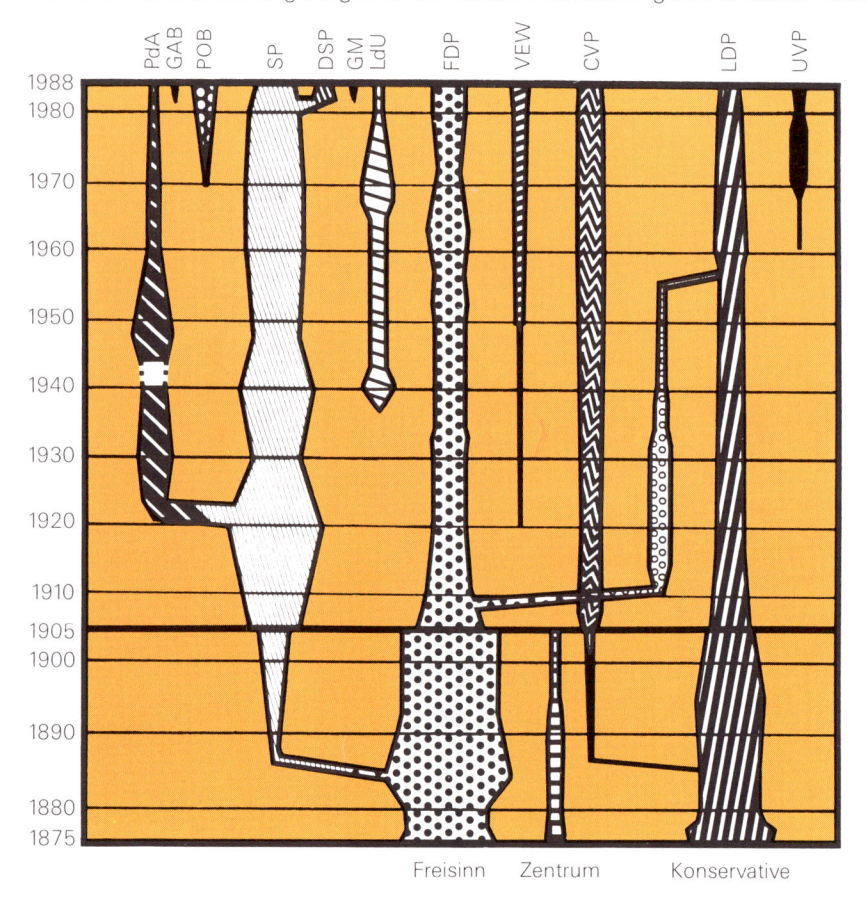

Quelle: W. Lüthi, Parteien, in: Das politische System Basel-Stadt, Basel 1984, S. 321 (vereinfacht und weitergeführt).

Seit 1950: Herausbildung der Konkordanz und Zersplitterung der Parteienlandschaft

Als die Schweiz während des Zweiten Weltkrieges ringsum von faschistisch beherrschten Staaten umgeben war, liess die Sozialdemokratie ihre Bedenken gegen die Landesverteidigung fallen, und die Gemeinsamkeit zwischen den demokratischen Parteien wuchsen. Nach dem Verlust der sozialdemokratischen Mehrheit im Regierungsrat spielte sich zwischen den traditionellen Parteien eine Proporzformel ein: Drei Sitze gingen an die SP, zwei an die FDP und je einer an die Liberalen und die CVP. Die vier Parteien rückten zusammen und fanden sich in der Konkordanz (=Übereinstimmung). Man gewöhnte sich an den raschen Ausbau der Infrastruktur und der sozialen Einrichtungen, den der wachsende Wohlstand der 50er und 60er Jahre ermöglichte. Viele Wähler verloren nach und nach die Bindung an die ähnlich gewordenen Parteien.

Nach 1968 erschütterten die Studentenrevolten in Frankreich und in der Bundesrepublik Deutschland, die Konjunktureinbrüche und die offenbar gewordene Gefährdung der natürlichen Lebensgrundlagen den Wachstumsglauben. Die Regierungsparteien vermochten ihre auseinanderstrebenden Flügel immer weniger zu integrieren. Auf ihre Kosten entstanden viele neue Parteien. Die linken Parteien verloren Wähler an die 1972 gegründeten Progressiven Organisationen, die als kompromisslose Oppositionspartei auftraten. Als Demokratisch-Soziale Partei machte sich der rechte Flügel der Sozialdemokratie 1982 selbständig. Den rechten Rand des gesamten Parteienspektrums deckt seit 1961 die fremdenfeindliche Nationale Aktion (heute UVP) ab. Schliesslich vermochten die traditionellen Parteien die brisant gewordenen Umweltthemen nicht glaubwürdig genug zu besetzen, und so zogen gleich zwei Umweltparteien in den Grossen Rat ein.

5.2.3. Spektrum der Parteien in Basel-Stadt heute
in der Reihenfolge der Wahllisten

Name, Gründungsjahr	Anhänger/Wähler vorwiegend	Charakter, wichtige Anliegen
Freisinnig-Demokratische Partei FDP 19. Jahrhundert, formell 1894	Arbeitgeber, Selbständige, Beamte, Angestellte, Unternehmer	Stärkste bürgerliche Partei, sie hat die demokratische Verfassung geschaffen und den Aufbau des Sozialstaates mitgetragen. Sie will die Eigenverantwortung fördern und die Rahmenbedingungen für die Wirtschaft verbessern.
Partei der Arbeit PdA 1921/1944	Arbeiter, Intellektuelle	Ehemals Kommunistische Partei (1940–1944 verboten), ihr Ziel ist die sozialistische Gesellschaft.

5. Staat und Öffentlichkeit

Name, Gründungsjahr	Anhänger/Wähler vorwiegend	Charakter, wichtige Anliegen
Liberal-Demokratische Partei LDP Mitte 19. Jahrh., formell 1905	Unternehmer, Gewerbe, freie Berufe	Konservative bürgerliche Partei, als entschiedene Vertreterin der Wirtschaftsfreiheit hat sie sich gegen den Ausbau des Sozialstaates gestellt. Sie versteht sich als Hüterin baslerischer Traditionen.
Vereinigung Evangelischer Wähler VEW, 1920	Protestanten, Mittelstand	Ursprünglich konservative, heute liberale Partei zwischen den Blöcken, soziales Engagement aus christlicher Verpflichtung.
Sozialdemokratische Partei SP 1890	Arbeiter, Angestellte, Beamte, Gewerkschafter, Intellektuelle	Sozialreformerische Volkspartei, sie kämpft für eine soziale Ordnung, in der jeder gleiche Chancen hat, sich frei zu entfalten. Der Staat soll für den Ausgleich sorgen. Die Partei hat sich viele Forderungen des Umweltschutzes und der Frauenemanzipation zu eigen gemacht.
Landesring der Unabhängigen LdU 1937	Arbeitnehmer, Konsumenten	Vom Migrosgründer Duttweiler als Mittlerin zwischen links und rechts gegründet, vertritt sie heute Anliegen des Konsumenten- und vor allem des Umweltschutzes.
Christlichdemokratische Volkspartei CVP 1905	Katholiken aus allen sozialen Schichten	Als konservative Volkspartei gegründet, die sich zur katholischen Weltanschauung und zur christlichen Erziehung in der Familie bekennt. Sie verbindet soziales Engagement mit dem Einsatz für den wirtschaftlichen Liberalismus und gehört zu den bürgerlichen Parteien.
Progressive Organisationen POB 1972	Intellektuelle, Arbeitnehmer	Oppositionelle, linke Partei, die aus der Studentenbewegung von 1968 hervorgegangen ist, wendet sich gegen die Konkordanzpolitik. Sie hat sich für die Umwelt- und die Frauenbewegung geöffnet.
Unabhängige Volkspartei (ehemalige Nationale Aktion) UVP, 1961	Arbeitnehmer, Rentner	Sie kämpft gegen die Überfremdung an, welche die Schweiz in ihren Augen bedroht. Ihre Politik ist rechtskonservativ, mitunter ökologisch ausgerichtet.

Name, Gründungsjahr	Anhänger/Wähler vorwiegend	Charakter, wichtige Anliegen
Demokratisch-Soziale Partei DSP, 1982	Gewerkschafter, Beamte, Arbeitnehmer	Abspaltung rechtsstehender Sozialdemokraten, Sammelbecken für traditionelle Gewerkschafter.
*Grüne Mitte** GM 1987	Arbeitnehmer, Selbständige	Gemässigte ökologische Partei, mit dem LdU verbündet, Sektion der Grünen Partei der Schweiz.
*Grüne und Alternative** GAB, 1987	Arbeitnehmer, Selbständige	Radikale ökologische Partei

*1991 zur Grünen Partei Basel-Stadt (GP) zuammengeschlossen

5.2.4. Die Organisation der FDP

Mitglieder und Quartiervereine

Die 1500 Parteimitglieder gehören alle einem der sechs Quartiervereine oder der FDP Riehen an.

Mitgliederversammlung (Parteitag)

Die Mitgliederversammlung formuliert die Parteiziele. Aus ihrer Mitte kommen die Wahlvorschläge für die Eidgenössischen Räte und den Regierungsrat. Sie nimmt zu nationalen und kantonalen Abstimmungen Stellung.

Delegiertenversammlung

Die Delegiertenversammlung setzt sich zusammen aus den Vertretern der Quartiervereine, aus den Mitgliedern der Geschäftsleitung und den Vertretern der Partei in den öffentlichen Ämtern. Sie wählt die Geschäftsleitung und bestimmt die Kandidaten für den Grossen Rat und die Gerichte.

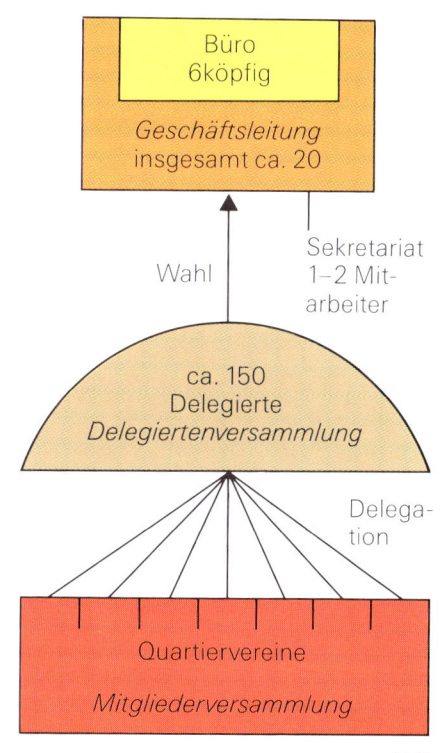

Geschäftsleitung

Die Geschäftsleitung trifft sich einmal im Monat zur Führung der laufenden Geschäfte. Von Amtes wegen gehören ihr an: Regierungsräte, eidgenössische Parlamentarier, der Präsident der Grossratsfraktion. Das sechsköpfige Büro der Geschäftsleitung mit dem Präsidenten, den Vizepräsidenten, dem Sekretär und dem Kassier tagt wöchentlich.

Parteirechnung 1989

Einnahmen:
30% Mitgliederbeiträge
20% Abgaben der Amtsträger
50% Spenden (in Wahljahren mehr)
Ausgaben:
60% Sekretariat, Administration
40% Wahl- und Abstimmungskämpfe
     (in Wahljahren mehr)

5.2.5. Die Parteienlandschaft im Grossen Rat

Sitzverteilung und prozentuale Wähleranteile 1947–1988   (100% = 130 Sitze)

		1947	1950	1953	1956	1960	1964	1968	1972	1976	1980	1984	1988
Sitze	FDP	19	20	25	21	24	25	19	13	17	21	21	19
Anteile		13,1	14,3	18,1	15,4	17,7	19,3	13,7	10,9	12,7	15,2	14,9	13,9
	PdA	31	18	14	16	8	8	8	9	8	6	3	2
		23,2	14,6	12,3	13,1	6,5	7,1	5,8	6,4	5,3	4,4	2,6	2,0
	LDP	17	13	14	12	18	18	19	19	19	18	15	15
		12,2	10,3	10,5	9,7	13,4	14,2	14,9	14,4	14,8	13,7	10,1	11,0
	BGB*	5	5	5	4								
		4,7	5,1	4,5	3,7								
	VEW	2	4	5	5	5	5	5	6	6	7	10	7
		2,8	3,4	4,3	4,2	4,9	5,0	5,7	5,8	5,9	7,0	8,3	6,2
	SP	32	38	38	40	39	42	36	36	39	37	28	27
		25,3	28,1	28,3	30,2	29,2	29,8	26,3	25,5	28,6	26,5	19,9	18,3
	LDU	6	10	7	9	9	11	19	12	8	5	5	8
		4,2	6,9	5,9	8,3	7,8	9,3	14,3	9,0	6,7	5,2	5,4	5,7
	CVP	13	16	18	19	20	19	20	17	16	18	15	15
		10,3	11,3	13,0	13,5	14,4	14,4	14,6	13,1	12,6	13,1	11,9	10,6
	POB								5	7	13	15	12
									3,6	5,5	9,1	8,9	7,8
	NA						2	10	9	4	7	10
								2,3	8,0	6,8	3,8	5,7	7,8
	DSP											11	9
												8,2	8,2
	GM											–	2
												1,0	2,4
	GAB											–	3
												0,8	3,0
	Div.	5	6	4	4	7	2	2	3	1	1	–	1
		4,2	6,0	3,1	1,9	6,1	0,9	2,4	3,3	1,1	2,0	2,3	3,1

*Bürger- und Gewerbepartei, 1957 Vereinigung mit LDP

Quelle: Statistische Jahrbücher Basel-Stadt

Die Mehrheitsverhältnisse in der Legislaturperiode 1988–1992

Parteien mit
ökologischem Profil
52 Sitze

Regierungsparteien
85 Sitze

Bürgerliche
Parteien
49 Sitze

PdA GAB POB SP GM LDU VEW DSP CVP FDP LDP NA

Parteien des
linken Spektrums
44 Sitze

Parteien
der Mitte
26 Sitze

Parteien des
rechten Spek-
trums 60 Sitze

5.3. Die Verbände

Die Macht der Verbände

Gegen die Verbände läuft in der schweizerischen und auch in der Basler Politik nichts. Die Kompromisse, die am Ende der politischen Entscheidungsprozesse stehen, sind meist von den Verbandseliten mitgestaltet worden.

Was unterscheidet Verbände von Parteien?

Die Verbände vertreten die wirtschaftlichen, sozialen und kulturellen Interessen eines bestimmten Personenkreises (das gilt zum Beispiel für Wirtschaftsverbände und Konsumentenverbände) oder bestimmte begrenzte Forderungen (z. B. mehr Umweltschutz, Förderung des öffentlichen Verkehrs). Daneben erbringen sie eine ganze Palette von Dienstleistungen für ihre Mitglieder: Abschlüsse von Gesamtarbeitsverträgen, Versicherungen, Rechtsberatung, Berufsbildung usw.

Gegenüber Parteien gilt: Der Mitgliederkreis der Verbände ist einheitlicher. Die Verbände setzen begrenzte Interessen durch, sie vertreten keine allgemeine Politik. Obwohl sie keine Regierungsverantwortung übernehmen und sich formell auch nicht an Wahlen beteiligen, stehen sie an politischem Einfluss den Parteien nicht nach. Im Gegensatz zu den oft dilettantisch geführten Parteien stehen den Verbänden oft erhebliche Finanzmittel und professionelle Leitungsapparate mit Juristen und anderen vollamtlichen Mitarbeitern zur Verfügung.

Wie wirken Verbände auf die Politik ein?

In der *vorparlamentarischen* Phase der Gesetzgebung, also bevor die Politik überhaupt öffentlich wird, haben die Verbände ein gewichtiges Wort mitzureden. Gelegentlich werden die Gesetzesentwürfe von den Verbandsfunktionären in den Expertenkommissionen des Regierungsrates mitformuliert. Die ausgearbeiteten Vorschläge des Regierungsrates gelangen dann wieder auf die Schreibtische der Verbandssekretäre. Sie werden aufgefordert, im Rahmen der Vernehmlassung Stellung zu nehmen. Wer ihren Rat in den Wind schlägt, muss mit starkem parlamentarischem Widerstand und gegebenenfalls mit einem Referendum rechnen. Der bekannte Bundeshausjournalist Hans Tschäni bringt es auf den Punkt: «Der König Souverän bekommt nur vorgesetzt, was sein Hofstaat für ihn vorgekaut und eingespeichelt hat.»

Auch im *Parlament* selbst verfügen die Verbände über eine starke Lobby, das heisst, sie sind äusserst einflussreich. In die «Lobby», in die Wandelhalle des Parlamentes, zu gehen und die Parlamentarier anzusprechen, haben sie jedoch nicht mehr nötig. Sie durchdringen die ihnen nahestehenden Parteien und gelangen als deren Vertreter auch ins Parlament. Die Berufspolitiker aus den Verbänden sind ihren überlasteten nebenamtlichen Kollegen in den nationalen Partei- und Parlamentsgremien oft überlegen und besetzen die Schlüsselstellen. Von den sechs Basler Nationalräten waren 1990 zwei, von den 130 Grossräten hingegen nur vier, also 3% vollamtliche Verbandsfunktionäre.

In den *Abstimmungskämpfen* sind die finanzkräftigen und mitgliederstarken Verbände heiss begehrte Bündnispartner von Parteien und Abstimmungskomitees. Bei allen wichtigen Urnengängen geben sie Parolen aus und beteiligen sich massgeblich an den Kosten der Abstimmungspropaganda. Die Fähigkeit der grossen Verbände, erfolgreich Unterschriften für Referenden zu sammeln, ist gefürchtet. Auch in dieser Hinsicht sind sie den meisten Parteien überlegen.

Die Verbände sind auch am *Vollzug der Gesetze* beteiligt. Als Vertragspartner für Gesamtarbeitsverträge, in Schiedsgerichten, bei der Ausstellung von Ursprungszeugnissen oder in der Berufsbildung handeln sie teilweise im Auftrag des Staates.

Grosse Verbände in Basel

In Basel gibt es über 500 Vereine und Verbände. Am mächtigsten sind zweifellos die *Wirtschaftsverbände*.
Die Dachverbände der Arbeitgeberorganisationen bilden gemeinsam die «Arbeitsgemeinschaft zur Förderung der Basler Wirtschaft». Ihr sind angeschlossen:
– Die «Basler Handelskammer» (17 vollamtliche Mitarbeiter)
– Der «Basler Volkswirtschaftsbund» mit 94 angeschlossenen Verbänden, denen insgesamt 10 000 Firmen angehören (6 vollamtliche Mitarbeiter)
– Der «Gewerbeverband» (25 vollamtliche Mitarbeiter).

Die *Arbeitnehmerverbände* sind stärker zersplittert. Wichtige Dachverbände sind:
– Der «Gewerkschaftsbund Basel», dem 34 Einzelgewerkschaften mit insgesamt 22 000 Mitgliedern angeschlossen sind (3 vollamtliche Mitarbeiter)
– Der «Christlichnationale Gewerkschaftsbund»
– Der «Kaufmännische Verein» mit etwa 8000 Mitgliedern (Sekretariat mit 10 vollamtlichen Mitarbeitern), der die Handelsschule für etwa 2350 kaufmännische Lehrlinge führt
– Die «Arbeitsgemeinschaft für das Personal der öffentlichen Dienste»: Zu ihr gehört unter anderen der «Verband für das Personal öffentlicher Dienste» mit etwa 3400 Mitgliedern (4 vollamtliche Mitarbeiter)

Mitgliederstarke *Verbraucherverbände* sind:
– Der Touring Club Basel, mit über 30 000

Mitgliedern der grösste Verband im Kanton, I.G. Velo und andere Verkehrsverbände
– Die Konsumentenverbände
– Der Mieterverband.

Einflussreich sind ferner:
– Die Freizeitverbände, vorab Sport- und Musikvereine
– Die Umweltschutzverbände
– Die Frauenverbände.

5.4. Die Massenmedien

Politische Aufgabe

Ohne Massenmedien ist Demokratie nicht denkbar. Als Gestalter und Sprachrohr der öffentlichen Meinung erfüllen die Medien drei politische Aufgaben:
1. Sie vermitteln Informationen und greifen Sachverhalte auf.
2. Sie ermöglichen die Meinungsbildung durch Vermittlung von Wertvorstellungen und Urteilen.
3. Als «vierte Gewalt» kontrollieren sie legislative, exekutive und judikative Gewalt. Sie decken Missstände auf, zeigen Gefahren an und schlagen Lösungen vor.

Heute wird die Öffentlichkeit durch eine zunehmende Informationsflut überschwemmt: Das Problem ist die Qualität.

Macht der Medien

Massenkommunikation ist grundsätzlich einseitig, einer kleinen Gruppe von Meinungsmachern steht eine grosse Zahl von Abnehmern gegenüber. Diese Einseitigkeit birgt die Gefahr der Manipulation in sich, der Beeinflussung mit unlauteren Mitteln. Informationen können vorenthalten oder verfälscht werden. Abhilfe bringen der Wettbewerb unter verschiedenen Anbietern, die sich gegenseitig kontrollieren und korrigieren, oder staatliche Konzessionsbestimmungen. In der schweizerischen Presselandschaft bewirken technische Umwälzung, steigende Produktionskosten und die Zwänge des Marktes eine zunehmende Konzentration. Unter den eingegangenen Titeln sind besonders viele parteigebundene Zeitungen. Einen beschränkten Ausgleich kann die Förderung der Meinungsvielfalt innerhalb einer Zeitung bieten, wie sie sogenannte *Forumszeitungen* anstreben. Der Herausgeber garantiert den Redaktoren in einem Statut die Freiheit, eigenständige Positionen vertreten zu dürfen. Im Lokalradiobereich gibt es gegenläufige Trends: Das Bundesmonopol weicht der Konkurrenz zwischen den öffentlichen und privaten Radiostationen.

Ohnmacht der Medien

Die Freiheit der Medien wird nicht mehr durch staatliche Zensur, sondern durch ihre Marktabhängigkeit bedroht. Zeitungen mit grösseren Auflagen finanzieren sich zu 70 bis 80 Prozent über die Werbung. Zeitung, so lautet eine launige Definition, ist das, was auf der Rückseite von Inseraten steht. Oft ist die Pflege des günstigen Werbeumfeldes wichtiger als der verantwortungsvolle Beitrag zur Meinungsbildung.

Situation in Basel

Bis 1977 wurde die Basler Presselandschaft belebt durch die fruchtbare Rivalität zwischen der kritischen, linksliberalen «National-Zeitung» und den auflagenschwächeren, liberalkonservativen «Basler Nachrichten», die von der Wirtschaft gestützt wurden. Aus der Fusion der beiden Blätter ist die «Basler Zeitung» hervorgegangen. Ihre *regionale Monopolstellung* soll durch den Forumscharakter erträglich gemacht werden. Von ihrer Marktstellung bilden weder die erstarkte

«Nordschweiz» noch die kleine «AZ» hinlängliche Gegengewichte, obwohl sie mit geringen Mitteln bemerkenswerte Leistungen erbringen. Neue Presseorgane von Bedeutung sind trotz einiger Versuche nicht entstanden. Nach elf Monaten hat die Boulevardzeitung «Blick» 1988/89 ihre Basler Regionalausgabe mit 14seitigem Lokalteil eingestellt. Die Auflage von 40 000 liess sich nur um 10 bis 15 Prozent steigern. Immerhin gelang im Radiobereich nach der Lockerung des «SRG»-Monopols eine Belebung. «Radio Basilisk» hat sich fest in der Publikumsgunst etabliert und ist wirtschaftlich gefestigt.

Tageszeitungen im Kanton Basel-Stadt 1989

Unternehmen	Basler Zeitung	Nordschweiz	AZ
Form	Aktiengesellschaft	Aktiengesellschaft	Genossenschaft
weitere Betriebe	Birkhäuser Verlag, Baslerstab, Doppelstab, Wiese Verlag, Schnelli AG, Prevag AG	Druckerei Cratander	Volksdruckerei
Umsatz 1988 in Franken	über 200 Millionen	über 10 Millionen (Zeitung Defizit)	ca. 1 Million (Zeitung Defizit)
Gründung	Allgemeines Intelligenzblatt 1845, Fusion Basler Nachrichten/National-Zeitung 1977	Basler Volksblatt 1873, Nordschweiz 1988	Vorwärts 1897
Auflage 1988 Abonnentenzahl	117 471 106 277	14 500 12 000	4500 4500
Täglicher Umfang	ca. 62 Seiten	24 Seiten, davon ⅓ Vaterland, Luzern	ca. 10 Seiten
Werbeanteil	49%	24%	unter 8%
Redaktionsmitarbeiter	82	12	4,5
Politischer Standort	unabhängig, Forumszeitung (breites Meinungsspektrum)	christliche Grundhaltung, unabhängig, CVP-nahe	unabhängig, SP-nahe

Zum Vergleich: Tageszeitungen vor dem Zweiten Weltkrieg

Titel	politische Ausrichtung	ungefähre Auflage
Basler Arbeiterzeitung	sozialdemokratisch	7 500
Basler Nachrichten	liberalkonservativ	25 000
Basler Volksblatt	katholisch	9 000
Freiheit (Basler Vorwärts)	kommunistisch	8 000
National-Zeitung	freisinnig	50 000
Neue Basler Zeitung	deutschfreundlich, rechtskonservativ	11 000

Radiosender im Kanton Basel-Stadt 1989

Unternehmen	DRS-Regionaljournal	Radio Basilisk
Form	Ressort Radio DRS, SRG öffentlich-rechtlich	Aktiengesellschaft
weitere Betriebe	Schweizer Fernsehen, Radio DRS/SR/SI jeweils mit mehreren Programmen	Medag AG (Werbeaquisition)
Umsatz 1988	SRG 730 Mio. Franken	4 Mio. Franken
Gründung	1978	seit 1983 Versuchsbetrieb
Tagesreichweite	DRS 1 38%, Regionaljournal 25%	35%
Tägliche Sendezeit	drei Informationssendungen, insgesamt ca. 32 Minuten	24 Stunden, 6 Stunden Information
Tägliche Werbezeit	–	30 Minuten
Redaktionsmitarbeiter	ca. 10	7
Politischer Standort	Verpflichtung zur Ausgewogenheit	unabhängig

6. Politik in Stadt, Land und Region

6.1. Die politische Zusammenarbeit in der Region

Die politischen Grenzen in der Region Basel sind das Resultat geschichtlicher Zufälle. Weder entsprechen sie geographischen Gegebenheiten noch stimmen sie mit den Siedlungs-, Kultur- und Wirtschaftsräumen überein. Die Agglomeration Basel wird durch Kantons- und Landesgrenzen vielfach geteilt. Die Stadt Basel selbst, der Kopf der Region, ist vom Rumpf getrennt. Zentrum und Umland sind aber, wie die folgende Tabelle zeigt, aufeinander angewiesen.

	Leistungen des Zentrums für die ganze Region	Leistungen des Umlandes für die ganze Region
Wohnen	Städtische Mietwohnungen	Ruhige Wohngebiete, Landreserven
Arbeit	Konzernzentralen, Forschung, grosse Dienstleistungsbetriebe, Messen und Kongresse	Produktionswerkstätten, Lager, Landwirtschaft
Konsum	spezialisierter Fachhandel	Einkaufszentren
Bildung	Höhere Ausbildung	
Kultur, Erholung	Kultur- und Unterhaltungsangebot, Sporthallen	Naherholungsgebiete, Aussensportanlagen
Gesundheit	Spitzenmedizin	
Verkehr	Drehscheibe: Bahn, Strasse, Schiffahrt, Spedition	Flughafen, Rangierbahnhöfe, Autobahnen

Die Abwanderung von Bewohnern der Kernstadt in die Vorortsgemeinden hat zur Folge, dass die öffentlichen Einrichtungen von Basel-Stadt immer mehr auch von Personen mit Wohn- und Steuersitz ausserhalb des Kantons in Anspruch genommen werden. Leistungen, die Basel-Stadt für Bewohner der Region erbringt, werden, wie eine Untersuchung 1987 ergab, zu rund $2/3$ von Basel-Stadt finanziert. Zu diesen zentralörtlichen Leistungen gehören die Spitzenmedizin, die Universität, das Stadttheater und die Basler Orchestergesellschaft.

Die fehlende Übereinstimmung zwischen Räumen und Grenzen lässt sich nur in Einzelfällen (Laufental) durch Gebietsreformen herstellen. Seit dem Scheitern der Wiedervereinigung von Stadt und Landschaft Basel 1969 werden Verbesserungen für das Zusammenleben vor allem von einer Intensivierung der Zusammenarbeit zwischen den bestehenden Gliedstaaten (oder Staatsteilen) und Staaten erwartet. In der Zusammenarbeit lassen sich drei Ebenen unterscheiden. Am engsten ist die Partnerschaft zwischen den beiden Basel. Etwas weniger intensiv ist der Kontakt zwischen den Nordwestschweizer Kantonen. Die Begegnung der drei Länder auf der Ebene der Gesamtregion schliesslich wird durch unterschiedliche politische Strukturen und Traditionen erschwert.

6.2. Basel: Stadt und Landschaft

6.2.1. Trennung und Wiederannäherung

Die Trennungswirren

Als nach dem Ausbruch der Julirevolution von 1830 in Paris die Forderung nach Rechtsgleichheit und Demokratie in ganz Europa und in vielen Schweizer Kantonen neuen Auftrieb bekam, verlangten auch die freisinnigen Führer der Basler Landschaft die rechtliche Gleichstellung mit der Stadt. Sie beriefen sich dabei auf die Gleichheitsformeln der Basler Revolution von 1798. In einer neuen Verfassung kamen die mehrheitlich konservativen Basler Ratsherren der Landschaft 1831 etwas entgegen, aber mehr als die Hälfte der Sitze im Grossen Rat wollten sie der Landschaft unter Hinweis auf die wirtschaftliche und geistige Führung der Stadt nicht einräumen, obwohl diese mehr als doppelt so viele Einwohner hatte wie die Stadt mit ihren 18 000 Einwohnern. Daraufhin brach ein Bürgerkrieg aus. Die Aufständischen in der Landschaft konnten mit der Unterstützung der siegreichen Freisinnigen in andern Kantonen rechnen. Weder die militärische Besetzung Liestals und die Bestrafung der Rädelsführer noch zwei teilweise boykottierte kantonale Abstimmungen, die zugunsten der Stadt ausgingen, brachten eine Lösung des Konflikts. Um den Widerstand zu brechen, beschloss darauf die Regierung, die widerspenstigen Gemeinden von der kantonalen Verwaltung auszuschliessen. Die ausgeschlossenen Gemeinden nutzten die Chance und schlossen sich in Liestal 1832 zu einem neuen Kanton zusammen. Diese Entwicklung versuchte die Regierung durch eine militärische Strafaktion rückgängig zu machen, doch die städtischen Truppen erlitten am 3. August 1833 an der Hülftenschanz eine vernichtende Niederlage.

Daraufhin schlossen sich auch jene linksrheinischen Gemeinden dem neuen Kanton an, die bisher der Stadt treu geblieben waren. Die eidgenössische Tagsatzung anerkannte die Trennung in zwei Halbkantone und teilte das Staatsgut im Verhältnis zur Bevölkerungszahl, was die Stadt sehr erbitterte. Die konservative Stadt und der fortschrittliche Landkanton gingen jetzt völlig getrennte Wege.

Wiedervereinigung oder Partnerschaft?

Nachdem der siegreiche Freisinn auch im Stadtkanton 1875 eine moderne demokratische Verfassung durchgesetzt hatte, begannen sich die beiden Kantone wieder zu nähern. Durch die industrielle Revolution und die Bevölkerungsexplosion wurden die beiden Kantone immer enger miteinander verflochten. Längst waren die stadtnahen Gemeinden des Landkantons zu Vororten geworden, welche die städtische Infrastruktur in Anspruch nahmen. 1933, hundert Jahre nach der Trennung, wurden in beiden Halbkantonen Initiativen eingereicht, welche ein *Wiedervereinigungs*verfahren einleiten sollten. Trotz ihres Erfolges erzwangen der Weltkrieg und der Widerstand des eidgenössischen Parlamentes eine Pause. Nach Überwindung der Hindernisse konnte ein Verfassungsrat, in dem beide Halbkantone hälftig vertreten waren, seine Arbeit aufnehmen. Im neuen Kanton war die Gewährung grösstmöglicher Gemeindeautonomie und die Schaffung einer städtischen Einwohnergemeinde vorgesehen. Als es 1969 zur entscheidenden Abstimmung kam, nahmen die städtischen Stimmbürger die Wiedervereinigung mit 66,5% an, die Landschaft verwarf sie aber mit 59,2%. Die siegreichen Gegner wollten die Zusammenarbeit ohne die Risiken des Zusammenschlusses. Die neue Parole hiess darum *Partnerschaft*. 1974 haben die Stimmberechtigten beider Kantone ihre Verfassungen durch einen Partnerschaftsartikel ergänzt. Partnerschaftliche Lösungen kommen meist erst nach einem mühsamen und zeitraubenden Annäherungsprozess zustande. Die Geduld des schwächeren Verhandlungspartners wird dabei auf eine harte Probe gestellt. In der schlechteren Position ist meist der Stadtkanton, der teure Dienst-

Feierliche Pflanzung eines Freiheitsbaumes auf dem Münsterplatz am 22. Januar 1798 (Radierung von F. Kaiser).

leistungen für die ganze Region erbringt. Wenn eine schwindende Zahl von Steuerzahlern immer höhere Kosten tragen muss, wird die Lage dramatisch. Basel-Stadt braucht dringend einen gerechteren Lastenausgleich. Besorgte Politiker haben deshalb den Gedanken der Vereinigung der Halbkantone wiederaufgenommen, allerdings in neuem Gewand. Propagiert wird der Anschluss des Stadtkantons an den Landkanton. Basel-Stadt soll ein Beitrittsgesuch nach Liestal schicken. Durch diesen psychologischen Kniff sollen die Ängste der Oberbaselbieter vor der Majorisierung durch die Städter und die Bewohner der Vororte beschwichtigt werden.

6.2.2. Partnerschaftliche Lösungen heute

Bei der Lösung der gemeinsamen Probleme beschreiten die beiden Halbkantone folgende Wege:

1. Vereinbarungen zwischen den Partnerkantonen

In mehreren Dutzend Vereinbarungen wird die Beteiligung eines Kantons an bestimmten Einrichtungen des andern geregelt. Es wird festgelegt, welche Leistungen in Anspruch genommen werden und wie die Abgeltung erfolgt. Solche Verträge gibt es im Spitalsektor, im Bildungswesen und im Bereich des öffentlichen Verkehrs. Im Universitätsvertrag wird zum Beispiel festgelegt, in welchem Umfang sich der Kanton Basel-Landschaft an den Kosten der Universität beteiligt und welche Mitbestimmungsrechte ihm zustehen.

2. Gemeinsame Institutionen

Die beiden Halbkantone haben gemeinsame Institutionen geschaffen. Dazu gehören die «Ingenieurschule beider Basel» in Muttenz, die «Motorfahrzeug-Prüfstation beider Basel» in Münchenstein, die «Regionalplanstelle beider Basel» in Liestal, das «Lufthygieneamt beider Basel» in Liestal, das Abwasserreinigungsunternehmen «Pro Rheno AG» in Basel (zusammen mit Privatindustrie und Gemeinden). Dieser Ansatz ermöglicht sehr gerechte Lösungen, er bedingt aber identische Beschlussfassung in beiden Kantonen.

3. Realteilung

Um langwierige Entscheidungsabläufe abzukürzen, wird (vorab im Spitalsektor) eine sogenannte Realteilung erwogen. Jeder Kanton soll eine Anzahl von Aufgaben für die Region selbständig lösen.

4. Angleichung Gesetzgebung

Die beiden Kantone sind bestrebt, ihre Gesetzgebung anzugleichen. Der Grosse Rat und der Landrat haben sich zum Beispiel um weitgehend identische Umweltschutzgesetze bemüht.

Quelle: Regierungsbeschluss Nr. 6566 vom 2. 11. 1987

Das Beispiel: Universität beider Basel

Seit 1975 leistet der Kanton Basel-Landschaft einen Beitrag an die Betriebskosten der Universität. Der Vertrag von 1984 spricht von einer Beteiligung des Landkantons an der Universität. Eingeschlossen ist auch die Mitwirkung an der Leitung der traditionsreichen Basler Hochschule. Die personellen und finanziellen Entscheide werden gemeinsam vorbereitet und in der regierungsrätlichen Universitätsdelegation der beiden Basel, mit je zwei Vertretern aus den beiden

Basel: Stadt und Landschaft

Liestal, Oberes Tor (13. Jahrhundert) mit dem Rütlischwur von Otto Plattner (1950)

Kantonen, beraten. Die formelle Entscheidung trifft abschliessend der Regierungsrat von Basel-Stadt.

Herkunft der Studierenden 1988

Wohnort der Eltern	Studierende	Anteil
Basel-Stadt	1771	28%
Basel-Landschaft	2111	34%
übrige Schweiz	1676	27%
Ausland	626	10%
unbekannt	97	1%
Studierende insgesamt	6281	100%

Quelle: Statistisches Jahrbuch Basel-Stadt

Einnahmen der Universität 1988
(ohne Kliniken)

	Millionen Franken	Anteil
Einnahmen aus Forschung, Beratung aus Stiftungen und Gebühren	11,7	8,1%
Beiträge von Basel-Landschaft	28,2	19,5%
Beiträge der übrigen Kantone	4,3	3,0%
Beiträge des Bundes	42,6	29,5%
Restkosten für Basel-Stadt	57,7	39,9%
Einnahmen insgesamt	144,5	100 %

Quelle: Hochschulfinanzen 1988, Hg. Eidg. Finanzverwaltung

Der Standortkanton Basel-Stadt, der Kanton Basel-Landschaft, die übrige Schweiz und das Ausland beziehen von der Universität Leistungen im Bereiche der Lehre, der Forschung und der Beratung. In einer Studie wurden die Erträge aus diesen Leistungen mit den Kostenbeiträgen verglichen. Für 1982 präsentiert sich der folgende Saldo (in Millionen Franken):

Basel-Stadt	Basel-Landschaft	übrige Schweiz	Ausland
–26,0	+8,3	+13,6	+4,1

Wünschbar wäre eine grösstmögliche Übereinstimmung von Leistungsempfängern, Kostenträgern und Entscheidungsträgern. Würde die Universität von den beiden Basel gemeinsam getragen, käme man diesem Ziel bedeutend näher. Voraussetzung für eine gemeinsame Trägerschaft wäre eine Universitätsstruktur, die beiden Partnerkantonen gleiche Rechte zubilligt und gleiche Pflichten auferlegt. Die Regierungsräte der beiden Basel streben dieses Ziel an, um die Qualität von Lehre und Forschung auf Dauer sicherzustellen. Auch die Universitätskliniken sollen in die gemeinsame Trägerschaft einbezogen werden.

6.3. Nordwestschweiz und grenzüberschreitende Region

Nordwestschweiz

Zweimal im Jahr treffen sich die Regierungsräte der Kantone Basel-Stadt, Basel-Landschaft, Aargau, Solothurn und Bern zur nordwestschweizerischen Regierungskonferenz. Beispiele für die erfolgreiche Zusammenarbeit sind die verschiedenen Schul- und Spitalabkommen und als Pionierleistung der Tarifverbund für den öffentlichen Verkehr, dem alle Bahn-, Tram- und Buslinien der Nordwestschweiz angeschlossen sind.

Grenzüberschreitende Region

Am 15. Dezember 1989 haben drei Extrazüge die nationalen Regierungschefs aus

Paris, Bonn und Bern nach Basel gefahren. Mit dem Dreiergipfel sollte deutlich gemacht werden, dass die Region am Oberrhein ein Modell für die europäische Integration werden soll. Nach Eröffnung des Binnenmarktes der Europäischen Gemeinschaft wird die Schweiz darauf achten müssen, den Anschluss nicht zu verlieren. Internationaler Koordinationsbedarf im Raum Basel besteht vor allem in den Bereichen Wirtschaft, Verkehr, Umwelt und Kultur. Die «deutsch-französisch-schweizerische Regierungskommission für nachbarschaftliche Fragen» tagt zwar jährlich, allerdings selten in dieser Spitzenbesetzung. Ihr ist ein «Dreiseitiger Regionalausschuss» aus Baden-Württemberg, dem Elsass und den Kantonen der Nordwestschweiz beigeordnet. Schweizerischerseits wird diese internationale Zusammenarbeit durch den, 1963 gegründeten, privaten Verein «Regio Basiliensis» gefördert. Im Auftrag der beiden Basel betreibt er eine internationale Koordinationsstelle. Das erste grössere grenzüberschreitende Projekt am Dreiländereck war der französisch-schweizerische Flughafen Basel-Mulhouse. Mittlerweile ist er zum trinationalen «EuroAirport» geworden. Eine weitere Frucht jahrelanger Bemühungen in der Region ist die Kooperation zwischen den oberrheinischen Universitäten. Sie erleichtert den Studentenaustausch zwischen den Hochschulen von Basel, Freiburg im Breisgau, Karlsruhe, Strassburg und Mülhausen. Von der Verwirklichung einer «Regio-S-Bahn» auf den Schienennetzen der drei Staatsbahnen in der Region erhofft man sich eine umweltschonende Bewältigung des täglichen Pendlerverkehrs.

7. Zukunftsaufgaben

Jede Generation hat die Verpflichtung, das übernommene Erbe zu pflegen und weiterzugeben. Dieser Generationenvertrag ist heute schwierig einzuhalten, weil der menschliche Raubbau an den natürlichen Gütern, Boden, Wasser, Luft für alle bedrohlich geworden ist. Einerseits beeinträchtigt die Schädigung der Umwelt die Wohnlichkeit der Stadt. Anderseits ist die Sorge für eine gesunde Umwelt und für eine wohnliche Stadt oft schwer zu vereinbaren mit dem Einsatz für eine leistungsfähige Wirtschaft. Wer wünscht sich schon eine Chemiefabrik oder einen Güterbahnhof in den Vorgarten! Trotz der vielfachen Zielkonflikte bedingen sich wohnliche Stadt und leistungsfähige Wirtschaft gegenseitig. Wo es unwirtlich wird, fehlen bald die Arbeitskräfte, und wo die Wirtschaft serbelt, ziehen die Bewohner aus.

7.1. Gesunde Umwelt

Die Brandkatastrophe vom 1. November 1986 war als *Alarmzeichen* unübersehbar. Die Feuerwand am Nachthimmel über Schweizerhalle, der stechende Gestank in weiten Teilen der Stadt und der rotgefärbte und vergiftete Rhein am nächsten Morgen machten für alle sinnlich erfahrbar, was sonst oft nur Experten wahrnehmen können: Unsere natürlichen Lebensgrundlagen sind aufs äusserste bedroht. Künftigen Generationen eine gesunde Umwelt zu hinterlassen, ist zur wichtigsten Zukunftsaufgabe geworden. Die Bevölkerung von Basel, die aus der industriellen Entwicklung überdurchschnittlichen Nutzen gezogen hat, ist früh mit der Kehrseite des Wirtschaftswachstums konfrontiert worden. Der Garant des Wohlstandes erwies sich zugleich als Ursprung seiner grössten Gefährdung. In dieser Region hat denn auch der Widerstand gegen die Atomkraftwerke seinen Ursprung genommen.

Öffentlicher Druck und die Einsicht von Politikern und Behörden haben im Kanton Basel-Stadt auch einige *umweltpolitische Pionierleistungen* ermöglicht: die Produktion von Fernwärme im grossen Stil seit den 70er Jahren, das Energiespargesetz von 1983, in dem zum Beispiel für Mietwohnungen die individuelle Heizkostenabrechnung verordnet wurde, und vor allem das Umweltschutzabonnement für den öffentlichen Verkehr von 1984, das seither in vielen Regionen nachgeahmt worden ist. Zwei Jahre nach Schweizerhalle ist der Zustand des Rheins besser als je in den letzten 20 Jahren. Diese Anstrengungen sind erst ein Anfang. Trotz Umweltschutzabonnement und Katalysator ist der private Motorfahrzeugverkehr noch immer eine Quelle untragbarer Luftverschmutzung und Lärmbelästigung. Noch werden jeden Tag Tonnen von vermeidbarem oder wiederverwertbarem Abfall verbrannt.

Im schweizerischen Umweltschutzgesetz und in den entsprechenden Verordnungen sind die Ziele und die Fristen für die meisten Immissionsbereiche vorgegeben: für Luft, Wasser, Boden und Lärm.

Hier werden der vorsorgliche Katastrophenschutz und die Umweltverträglichkeitsprüfung für grosse Bauvorhaben geregelt. Der Vollzug des Gesetzes ist Aufgabe der Kantone. Zur Umsetzung der Umweltschutzziele auf die Bedürfnisse von Basel-Stadt wurde ein *kantonales Umweltschutzgesetz* geschaffen. Entsprechend der städtischen Problemlage liegt ein Schwerpunkt auf den Massnahmen zur Beruhigung des Motorfahrzeugverkehrs in den Wohnvierteln. Die Anwohner sollen gegenüber den Pendlern bevorzugt werden. Die Verkehrsbestimmungen haben den erbitterten Widerstand der Wirtschafts- und Verkehrsverbände provoziert. Gegenüber der Industrie bemüht sich der Gesetzgeber um marktkonforme Regelungen. Die Reduktion des Schadstoffausstosses soll sich für die Verursacher lohnen. Firmen, die bestimmte Richtwerte vorzeitig unterschreiten, sollen mit handelbaren Gutschriften belohnt werden. Verzögerungen bei anderen Richtwerten können damit abgegolten werden. Der Regierungsrat hat den Umweltschutz zur Sache aller staatlichen Dienste erklärt und auf die Einrichtung einer zentralen Umweltbehörde verzichtet. In seinem Auftrag koordiniert die *Koordinationsstelle für Umweltschutz* den Vollzug des Umweltschutzrechtes.

Aufgrund der Auswertung der Brandkatastrophe in Schweizerhalle hat der Regierungsrat eine *Kontrollstelle für Chemiesicherheit, Gift und Umwelt* geschaffen. Sie führt ein Chemie-Risikokataster, begutachtet chemische Sicherheitsaspekte im Baubewilligungsverfahren und führt unangemeldete Inspektionen in den Betrieben durch. Diese bleiben aber auch in Zukunft in erster Linie selbst für den Schutz der Bevölkerung und der Umwelt verantwortlich.

Neben dem Staat kämpfen auch private Organisationen für eine Gesundung der Umwelt. Alle Bemühungen können jedoch nur dann Erfolg haben, wenn *jeder einzelne* zum neuen Denken findet und entsprechend handelt. Von unserer Bereitschaft, persönlich auf umweltschädigende Bequemlichkeiten zu verzichten und höhere Kosten für umweltschonende Produkte und Produktionstechniken in Kauf zu nehmen und von unserem Einsatz für Umweltanliegen am Arbeitsplatz und in der Politik, hängt alles ab.

Das Beispiel: Abfall in Riehen und Bettingen: von der Beseitigung zur Bewirtschaftung

Aus der Geschichte der Abfallentsorgung in Riehen

vor 1899 Die Abfallentsorgung ist den Haushalten überlassen (Hauskompost, Misthaufen, Verbrennung, Vergrabung).

1899	Monatliche Kehrichtabfuhr mit Ross und Wagen: Die Abfälle werden von der Gemeinde abgelagert oder verbrannt.
um 1920	Wöchentliche Kehrichtabfuhr
1953	Der Kanton übernimmt die Abfuhr und die Verbrennung des Kehrichts.
1960	Zwei wöchentliche Kehrichtabfuhren
1969	Inbetriebnahme der neuen Basler Kehrichtverbrennungsanlage: Ausbau der Fernwärmeproduktion. Die Kehrichtabfuhr wird wieder von der Gemeinde übernommen.
ab 1983	In Riehen wird ein Abfallbewirtschaftungskonzept ausgearbeitet und realisiert.
ab 1987	Riehen und Bettingen führen die Abfallbewirtschaftung gemeinsam durch.
1991	Riehen und Bettingen wollen eine Abfallsackgebühr für private Haushalte und Gewerbebetriebe erheben. Gleichzeitig werden neue Sammelstellen für die unentgeltliche Entsorgung wiederverwertbarer Abfälle eingerichtet.

Der wachsende Abfallberg in Riehen
Jährliche Abfallmenge pro Kopf der Bevölkerung 1970–1989

kg pro Einwohner und Jahr

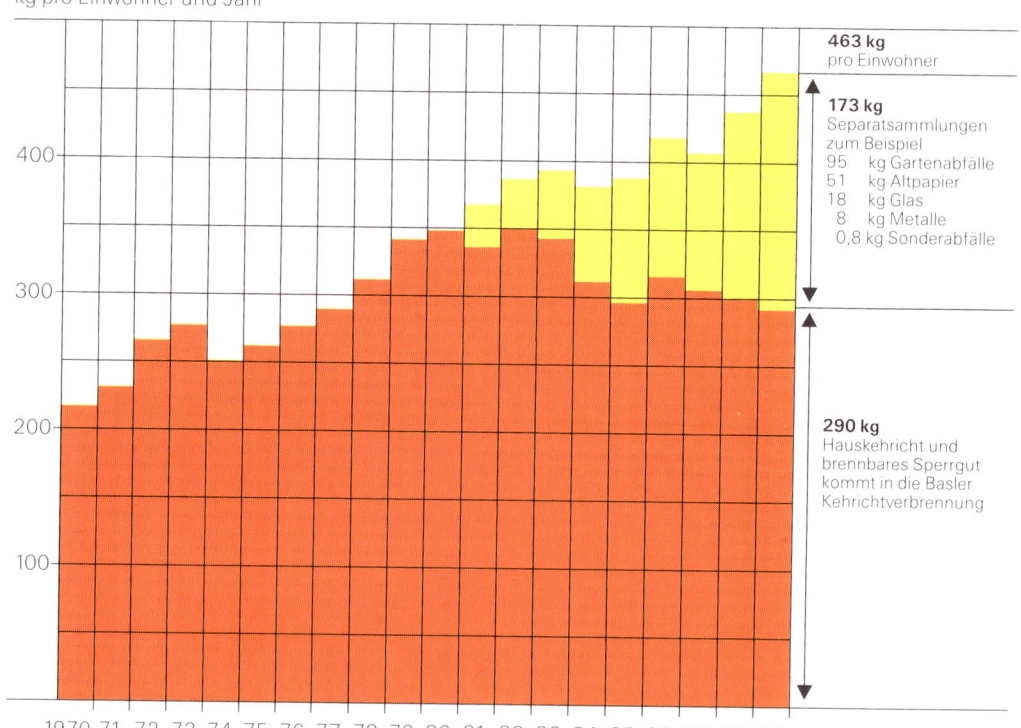

463 kg pro Einwohner

173 kg Separatsammlungen zum Beispiel
- 95 kg Gartenabfälle
- 51 kg Altpapier
- 18 kg Glas
- 8 kg Metalle
- 0,8 kg Sonderabfälle

290 kg Hauskehricht und brennbares Sperrgut kommt in die Basler Kehrichtverbrennung

Gesunde Umwelt

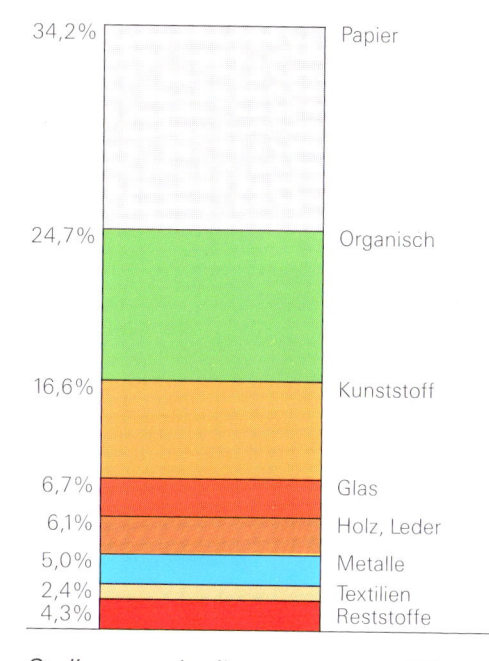

Zusammensetzung des Hauskehrichts und Sperrguts
Basel-Stadt 1987

%	Kategorie
34,2%	Papier
24,7%	Organisch
16,6%	Kunststoff
6,7%	Glas
6,1%	Holz, Leder
5,0%	Metalle
2,4%	Textilien
4,3%	Reststoffe

Quelle: Baudepartement Basel-Stadt

Stellenausschreibung im Herbst 1988

Gemeinde Riehen

Wir suchen für die Organisation und Leitung der gesamten Kehrichtentsorgung in der Gemeinde Riehen eine(n)

Chef(in) der Abfallbewirtschaftung

Diese Funktion ist aufgrund einer Umstrukturierung neu geschaffen worden.

Die Aufgabe besteht darin, eine Verminderung der Siedlungsabfälle anzustreben, die Trennung in Wert- und Schadstoffe auszubauen, die verschiedenen Abfuhren und den Betrieb der Sammelstellen zu organisieren sowie spezielle Sammelaktionen zu planen und durchzuführen.

Im Interesse einer umweltgerechten Abfallentsorgung sind aufgrund der laufenden Entwicklung im Abfallbereich Konzepte zu erarbeiten und die notwendigen Massnahmen zu vollziehen.

Der/die Stelleninhaber(in) ist ferner für eine intensive Öffentlichkeitsarbeit bezüglich Abfallbewirtschaftung und -vermeidung zuständig.

Abfallbewirtschaftungskonzept der Gemeinde Riehen

1. *Jeder einzelne soll sich seiner Verantwortung bewusst werden und entsprechend handeln. Es gilt das Verursacherprinzip: Der Verbraucher trägt die Entsorgungskosten für seinen Abfall zur Hauptsache selbst.*
2. *Es muss Kehricht vermieden und der Abfallberg verringert werden. Die Kehrichtverbrennung belastet die Umwelt. Trotz Rauchgasfilterung werden grosse Abgasmengen mit CO_2 ausgestossen, und es fallen Schlacken und giftige Filterrückstände an.*
3. *Die einzelnen Wertstoffe (organische, das heisst kompostierbare Garten- und Küchenabfälle, Papier, Glas, Aluminium, Metall, Textilien) werden gesondert erfasst und wiederverwertet.*
4. *Schadstoffe (Altöl, Batterien, Problemabfälle) müssen separat gesammelt und umweltgerecht entsorgt werden.*

Die Gemeinde muss Sammelstellen einrichten, Transporte organisieren und die Verwertung respektive Entsorgung sicherstellen. Dazu bedarf es intensiver Öffentlichkeitsarbeit: Herausgabe von Informationsblättern für Haushalte und Gewerbe, Organisation von Ausstellungen und Kursen, Einrichtung eines telefonischen Auskunftsdienstes, Veröffentlichung von Pressebulletins.

7.2. Wohnliche Stadt

Seit den 70er Jahren geht die Einwohnerzahl in allen grossen Schweizer Städten zurück. Auch Basel blieb von der Abwanderung nicht verschont. Während viele junge Familien aus der Kernstadt in die Gemeinden am äusseren, grünen Agglomerationsgürtel ziehen, bleiben die älteren Menschen zurück. Der wachsende Bedarf des einzelnen an Wohnfläche, die vielen Einpersonenhaushaltungen, die sich aus der ungünstigen Altersverteilung ergeben, die Zweckentfremdung von Wohnraum und die vielen kapitalkräftigen Firmen und Institutionen, die auf den Liegenschaftsmarkt drängen, lassen den städtischen Wohnraum knapp und teuer werden.

Faktoren der Bevölkerungsentwicklung

Verdrängungsfaktoren	Sogfaktoren
Wohnungsmangel	Breites Angebot an qualifizierten Arbeitsplätzen
Hohe Mietzinsen, hohe Preise für Einfamilienhäuser	Hohes Lohnniveau
Fast keine Baulandreserven	Hoher Standard staatlicher Dienstleistungen (Universität, Schulen, Spitzenmedizin, soziale Einrichtungen)
Verkehrsimmissionen (Lärm, Luft, keine Parkplätze für Anwohner)	
Heimatverlust (häufige Wohnungswechsel, hoher Anteil an wenig verwurzelter Bevölkerung)	Reiche kulturelle Tradition, vielfältiges Kultur- und Freizeitangebot
Dichte Bebauung (wenig Spielplätze und Erholungsraum)	Breites Einkaufs- und Dienstleistungsangebot
Viele unwohnliche Mietskasernen	Weltoffenheit, Urbanität
Steuerbelastung relativ hoch	Historische Bausubstanz, Atmosphäre
	Gute verkehrsmässige Erschliessung

Wohnungen und Häuser in guten städtischen Wohnlagen sind für viele unerschwinglich. Neben diesen Faktoren, die für die Entvölkerung der Stadt verantwortlich sind, zeigt die nebenstehende Tabelle auch die Sogfaktoren, die den Wohnort Stadt noch immer attraktiv machen.

Die Wohnlichkeit der Stadt kann nur durch langfristige politische Anstrengungen angehoben werden. Mit der sogenannten Revitalisierung von Wohnvierteln wird versucht, die räumliche Entmischung der Lebensfunktionen rückgängig zu machen. Die Quartiere sollen vermehrt Dorfcharakter bekommen, mit einer sozial durchmischten Bevölkerung, mit Einkaufs- und Begegnungsmöglichkeiten und lokalem Gewerbe. Vielleicht ist es auch möglich, dezentrale staatliche Dienstleistungszentren einzurichten. Diese Wiederbelebung der Quartiere muss von den Bewohnern ausgehen. Am Staat und an der Gemeinde liegt es, die Selbsthilfe zu fördern.

Zur Verbesserung der Wohnlichkeit tragen ferner die folgenden staatlichen Massnahmen bei:
1. Verhinderung einer Ausweitung der City mit spekulativen Liegenschaftskäufen und Zweckentfremdung von Wohnraum
2. Erhaltung und Sanierung wertvoller Bausubstanz
3. Bauförderung für preisgünstige Familienwohnungen und altersgerechte Kleinwohnungen
4. Verkehrsberuhigung in den Wohnvierteln, Entlastung vom motorisierten Pendler- und Durchgangsverkehr
5. Schutz der Grünflächen und der Bäume.

Das Beispiel: Sanierung im St. Alban-Tal

Das St. Alban-Tal ist heute ein Schmuckstück unserer Altstadt und eine begehrte Wohnlage. Noch bis 1975 war dieses Viertel verwahrlost und mit baufälligen Häusern durchsetzt. Seine Anfänge gehen ins 11. Jahrhundert zurück, als hier am Osthang des Münsterhügels, ausserhalb der Stadtmauer, das Cluniazenser-Kloster St. Alban gegründet wurde. In der Folgezeit liessen die Mönche zwei Gewerbekanäle anlegen, die sie mit dem Birswasser spiesen. Im 15. Jahrhundert machte sich die blühende Papiermanufaktur ihre Wasserkraft zunutze. Im 18. und 19. Jahrhundert säumten Indiennefärbereien und Seidenbandfabriken die alten Kanäle. Als dann die Elektrizität die Nutzung der Wasserkraft überflüssig machte, verwaisten die alten Mühlen und Fabriken.

In den 60er Jahren kaufte die Einwohnergemeinde der Stadt die verfallenden Häuser im Hinblick auf eine Sanierung auf. Ein Projekt sah die Renovation der kunstgeschichtlich wertvollen Häuser und den Ersatz der übri-

7. Zukunftsaufgaben

Objekte der Sanierung im St. Alban-Tal (1975–1987)

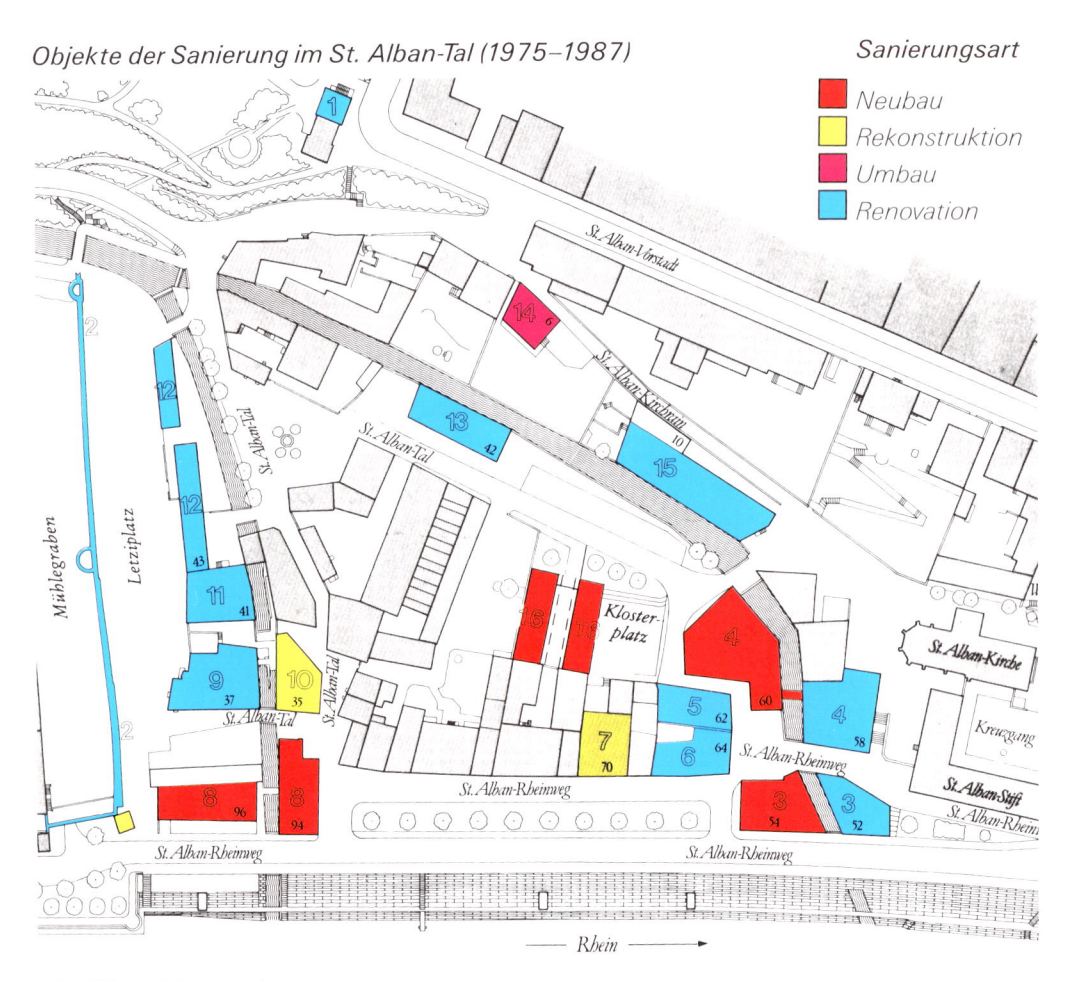

Sanierungsart
- Neubau
- Rekonstruktion
- Umbau
- Renovation

Alte/Neue Verwendung:
1. St. Alban-Tor
2. Letzimauer
3. Direktionsvilla/Wohnungen
4. Papierfabrik/
   Museum für Gegenwartskunst
5. Gewerbe- und Wohnhaus
6. Werkstattgebäude/Atelierhaus
7. Gasthaus zum Goldenen Sternen
   mit Wohnungen
8. Wohnungen, (Kunst-)Gewerbe
9. Gallicianmühle/Papiermuseum
10. Stegreifmühle/Café, Wohnungen
11. Rychmühle/Wohnungen
12. Fabrik/Münsterbauhütte
13. Arbeiterwohnhaus/Wohnungen
14. Magazin/Wohn- und Atelierhaus
15. Fabrik/Jugendherberge
16. Gewerbehaus

Quelle: Basler Stadtbuch 1988

gen durch stilistisch angepasste Neubauten vor. Es kam nie zur Ausführung.

Den zweiten Anlauf unternahm die Christoph Merian Stiftung. Sie übernahm die staatlichen Liegenschaften im Baurecht und stellte die Mittel für die Sanierung bereit. 1975, im Europäischen Jahr für Denkmalpflege und Heimatschutz, war der Respekt für die alten Bauten und ihre Geschichte gewachsen. Geschützt und restauriert werden sollten nicht nur einzelne bauliche Kostbarkeiten, sondern ganze Ensembles. Die Neubauten mussten als solche sichtbar sein. Heute präsentiert sich das Tal als geschichtlich gewachsenes Viertel, dem verschiedene Wohn- und Arbeitsbedürfnisse und verschiedene Baustile ihren Stempel aufgedrückt haben. Im «Dalbeloch» sind keine luxusrenovierten Nobelresidenzen entstanden. Die Stiftung legte grosses Gewicht auf eine soziale und funktionale Durchmischung. Neben Wohnungen mit verschiedenem Ausbaustandard enthalten die Bauten auch Gewerbebetriebe, Künstlerateliers, zwei Museen und die Münsterbauhütte. Zwei Fabrikbauten aus der Pionierzeit der Industrialisierung konnten dank Umnutzung und Ergänzung erhalten werden. In einem wurde die Jugendherberge eingerichtet, im anderen das «Museum für Gegenwartskunst». Das neue St. Alban-Tal sollte keine Reissbrett-Konstruktion sein. Die in einer Vereinigung organisierte, interessierte Öffentlichkeit konnte sich laufend an der Planung beteiligen, und auch die Anwohner wurden in der improvisierten «Dalbelochrunde» ins Gespräch miteinbezogen. Als 1987 die Sanierung abgeschlossen werden konnte, war das Budget von 42 Mio. Franken leicht unterschritten worden.

7.3. Leistungsfähige Wirtschaft

Die täglichen Pendlerströme zwischen Peripherie und Stadt machen deutlich: Gemessen an der arbeitsfähigen Bevölkerung hat Basel einen erheblichen Überschuss an Arbeitsplätzen. Die Erhöhung dieser Zahl kann darum kein Ziel sein. Trotzdem darf die Basler Wirtschaft nicht stagnieren. Nur Betriebe, die sich ständig erneuern, genügen den Erfordernissen der Märkte. Gefragt ist *qualitatives Wachstum.**

Basel-Stadt, so schreibt eine kritische Redaktorin der AZ, sei mit der *Chemie* verheiratet. Für diese Ehe gebe es keine Scheidung. Die Chemische Industrie beschäftigte 1985 17% der Erwerbstätigen, und ihr Anteil an der Wertschöpfung im Kanton lag gar bei rund 25%. Diese einseitige Wirtschaftsstruktur ist nicht mit anderen Monokulturen vergleichbar. Die breite Diversifikation der chemischen Industrie (Pharma, Farbstoffe, Agrochemie, Kunststoffe, Vitamine...) garantiert konjunkturelle Stabilität. Die Schornsteine der Chemiewerke müssen darum auch weiterhin rauchen. Dieser Rauch muss aber streng auf seine Umweltverträglichkeit geprüft und gereinigt werden. Ist Basel erst Standort einer «sanften Chemie», wird die ökologische Sensibilität der Bevölkerung den Führungskräften der Industrie nicht Verdruss, sondern Ansporn sein. Fachleute sind überzeugt, dass sich die ökologische Qualifikation langfristig auch wirtschaftlich lohnen wird. Aus der ökologischen Musterregion können dereinst

---

* Diese Art von Wirtschaftswachstum soll eine Zunahme der Lebensqualität ermöglichen bei abnehmender Umweltbelastung und geringerem Einsatz an nicht vermehrbaren oder nicht regenerierbaren Ressourcen (wie z. B. Erdöl). Lebensqualität wird nicht nur als Befriedigung materieller Bedürfnisse verstanden, sondern auch als subjektives Wohlbefinden.

umweltgerechte Produkte und Herstellungsverfahren in den ganzen EG-Raum verkauft werden.

Die Basler Wirtschaft hat auch andere Stärken. Auf dem eng begrenzten, dicht besiedelten Territorium verdienen aber nur wirtschaftliche Tätigkeiten gefördert zu werden, die
– wenig Raum beanspruchen,
– wenig Emissionen produzieren und
– eine hohe Wertschöpfung pro Arbeitsplatz erbringen.

Viele Zweige des *Dienstleistungssektors* erfüllen diese Bedingungen. Für Banken, Versicherungen, Grosshandels- und Speditionsfirmen, für Messen und Kongresse, für den Bereich Information und Kommunikation bringt der Standort am Dreiländereck, in unmittelbarer Nachbarschaft der beiden führenden EG-Staaten, unschätzbare Vorteile.

Unsere Marktwirtschaft entzieht sich bekanntlich der staatlichen Planung. Allerdings verfügt der Staat über einige indirekte Lenkungsmöglichkeiten.
1. Mit Privaten stellt er die nötige Infrastruktur bereit:
   Bildungs- und Forschungsinstitute, Bauland, Energie, Verkehrseinrichtungen, Kommunikationsnetze und zusammen mit den Wirtschaftsverbänden eine Wirtschafts- und Innovationsberatung.
2. Er übt Kontrollfunktionen aus und vergibt: Baubewilligungen, Arbeitsbewilligungen und Betriebsgenehmigungen.
3. Er ist zuständig für die Ausgestaltung der Steuern.

Diese Instrumente kann er so ausgestalten, dass die *Rahmenbedingungen* für die gewünschte Wirtschaftsentwicklung günstig sind.

Leistungsfähige Wirtschaft

Das Beispiel: Masterplan Bahnhof SBB

Landreserven am Bahnhof

Auf dem Stadtplan von Basel sind Häuser, Strassen, Bahnareale, öffentliche Bauten, Industrieanlagen, Sportplätze und Parks zu erkennen, aber keine brachliegenden Landreserven. Im flächenmässigen Miniaturstaat scheint der letzte Quadratmeter genutzt. Auf der Suche nach Raum haben die Planer darum die heutigen Nutzungen überprüft. Die grossen Bahnareale haben ihre Begehrlichkeit geweckt. Im Bereich des Bundes- und des Elsässerbahnhofs finden sich grosse Zonen mit Schuppen, Hallen und niedrigen Betriebsgebäuden, die durch Hochbauten und Verlegungen freigemacht werden könnten. Für Wohnbedürfnisse eignen sich diese Flächen nicht, aber Dienstleistungsbetriebe würde der Lärm und die Aussicht auf Schienen und Hallendächer nicht schrecken. Die zentrale Lage und die gute Erschliessung durch den öffentlichen Verkehr kämen den Beschäftigten und den Kunden zugute. Aus diesen Überlegungen heraus entstand die Idee, das Bahnhofareal zur Verkehrsdrehscheibe und zum Dienstleistungszentrum auszubauen.

Wünschbare Cityentwicklung

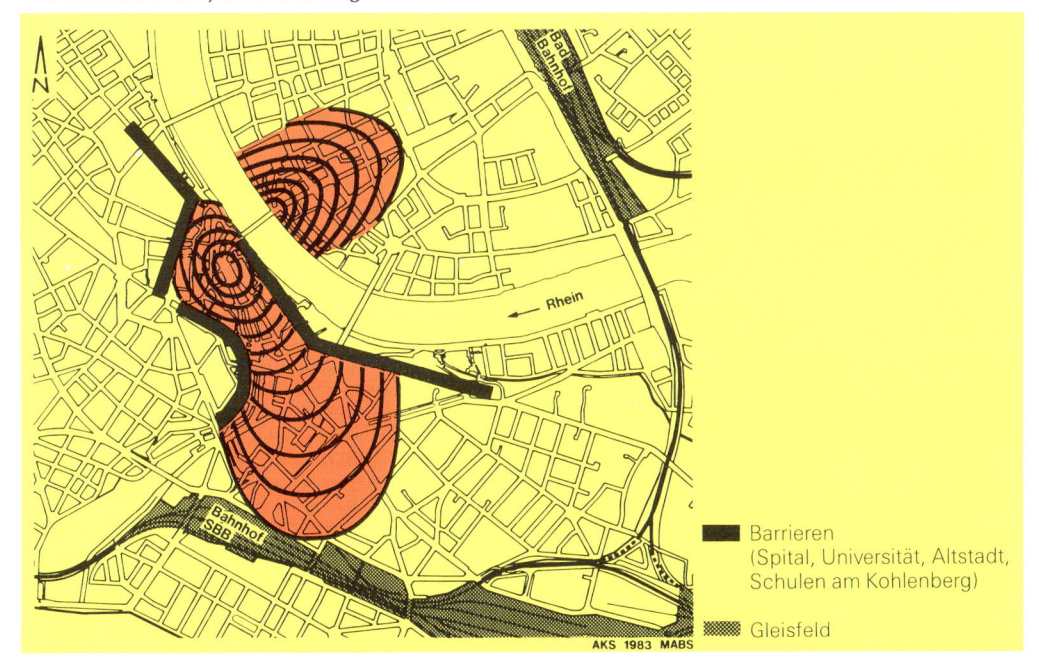

Quelle: Baudepartement Basel-Stadt, Raumordnung Basel. Ziele, Konzepte, Realisierungen. Basel 1983.

7. Zukunftsaufgaben

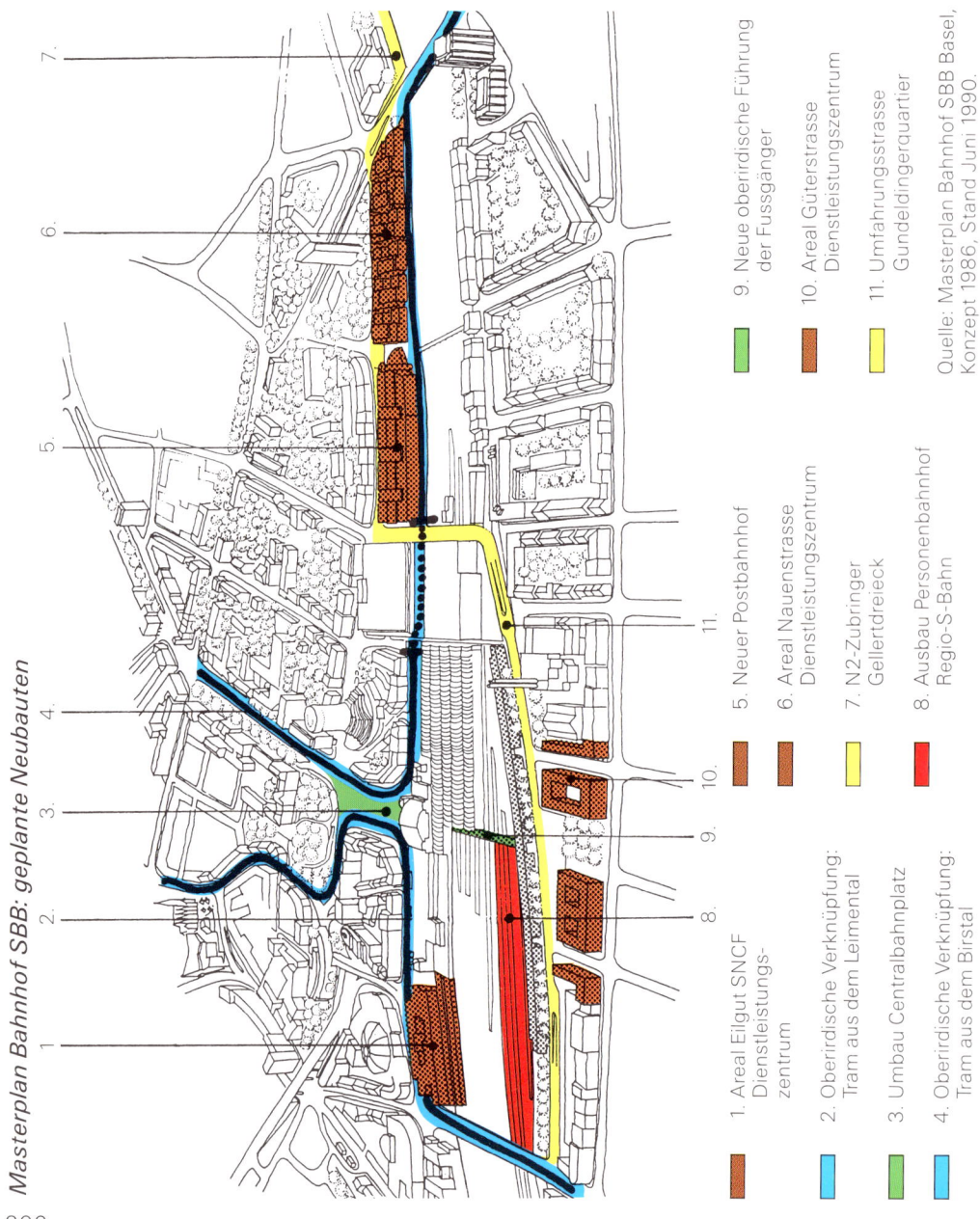

Masterplan Bahnhof SBB: geplante Neubauten

1. Areal Eilgut SNCF Dienstleistungszentrum
2. Oberirdische Verknüpfung: Tram aus dem Leimental
3. Umbau Centralbahnplatz
4. Oberirdische Verknüpfung: Tram aus dem Birstal
5. Neuer Postbahnhof
6. Areal Nauenstrasse Dienstleistungszentrum
7. N2-Zubringer Gellertdreieck
8. Ausbau Personenbahnhof Regio-S-Bahn
9. Neue oberirdische Führung der Fussgänger
10. Areal Güterstrasse Dienstleistungszentrum
11. Umfahrungsstrasse Gundeldingerquartier

Quelle: Masterplan Bahnhof SBB Basel, Konzept 1986, Stand Juni 1990.

Verkehrsdrehscheibe

Im Bahnhofareal sollen verschiedene Verkehrsmittel miteinander verknüpft werden:
- Der nationale und internationale Bahnverkehr
- Die künftige Regio-S-Bahn:
  Sie könnte auf den bestehenden Bahnlinien der drei nationalen Bahngesellschaften in der Region betrieben werden.
- Die Vorortstramlinien aus dem Birstal und dem Leimental:
  Sie werden ebenerdig über den Bahnhofplatz geführt.
- Der verlängerte Zubringer der Autobahn N2:
  Er soll sich auf dem Bahngelände verzweigen. Der zweispurige Nordanschluss wird mit dem Cityring verbunden, der zweispurige Südanschluss mündet in die Umfahrung des Gundeldingerquartiers.

Dienstleistungszentrum

In drei Arealen entsteht ein Dienstleistungszentrum mit bis zu 4000 Arbeitsplätzen für Banken, Versicherungen, Transportfirmen, Treuhandgesellschaften und Servicefirmen. In einer späteren Phase könnte auch noch über den Geleisen gebaut werden.

Chancen und Gefahren

Die Verwirklichung des Projektes böte der Basler Wirtschaft den nötigen Raum für die gewünschte Diversifikation im tertiären Sektor. Dank der Verknüpfung der verschiedenen Schienennetze könnten die erwarteten Pendler schnell und einigermassen umweltschonend hin- und zurückbefördert werden. Mit dem Aufbau des Dienstleistungszentrums möchten die Planer die Ausweitung der City in die Wohngebiete im Gundeldinger- und im Paulusquartier verhindern. Die Skeptiker glauben nicht, dass das gelingen wird. Sie befürchten statt dessen eine Verstärkung des Citydrucks und erheblichen Mehrverkehr. 1983 haben die Stimmbürgerinnen und Stimmbürger von Basel-Stadt den Planungskredit für den «Masterplan Bahnhof SBB» an der Urne gutgeheissen.

Der Masterplan

Als «Masterplan Bahnhof SBB» wird die Gesamtplanung des Grossprojektes mit der Verkehrsdrehscheibe und dem Dienstleistungszentrum bezeichnet. Das Planungsgeschäft wird von den beiden Kantonen partnerschaftlich betrieben. Delegationen der beiden Regierungen, der SBB und der PTT besprechen sich regelmässig, und die beiden Parlamente haben jeweils Spezialkommissionen eingesetzt, die nach Bedarf gemeinsam tagen. Die Bauzeit wird sich über die 90er Jahre hinaus ins nächste Jahrtausend erstrecken. Die beiden Kantone, die SBB, die PTT und private Investoren wollen Hunderte von Millionen Franken investieren, insgesamt über eine Milliarde.

Tabelle zur Basler Geschichte

Jahr	Politik	Bevölkerung
2. Jh. v. Chr.	um 120: *keltische Siedlung* beim Sandozareal	Keltischer Stamm der Rauriker um Basel
1. Jh. v. Chr.	58: Caesar besiegt die ausgewanderten Kelten bei Bibracte Bau einer bestestigten *keltischen Stadt auf dem Münsterhügel* 44: Munatius Plancus (Bild) gründet die römische Colonia Augusta Raurica	Auswanderung und Rückkehr der Rauriker Ansiedlung von römischen Soldaten und Veteranen
1. bis 4. Jh. n. Chr.	*Römisches Militärkastell* auf dem Münsterhügel	
5. Jh.	Zusammenbruch des römischen Reiches	Landnahme durch *Alemannen*
6. Jh.	Basel gehört zum *Frankenreich*	
8. Jh.		
9. Jh.	Basel gehört zu Burgund	
10. Jh.	917: Ungarnsturm	
11. Jh.	um 1000: Basel kommt zum *Deutschen Reich* *Der Bischof ist Stadtherr* Bau einer Stadtbefestigung unter Bischof Burkhard	Stadt: 2000 Einwohner
12. Jh.		
13. Jh.	Streit zwischen bischofstreuen und habsburgischen Adelparteien	Stadt: 10 000 Einwohner
14. Jh.	Schrittweise geht die Macht in der Stadt vom Fürstbischof an den *Rat und die Zünfte* über	1348: Grosse Pest 1356: Grosses *Erdbeben*
15. Jh.	Erweiterte Stadtbefestigung (Bild) Die Basler Zunftrepublik erwirbt stückweise die Landschaft Bündnis mit den elsässischen Städten 1444: Bewahrung der Unabhängigkeit dank dem Kampf der Eidgenossen bei St. Jakob	Stadt: 8000 Einwohner

Wirtschaft	Kultur	
Eisenzeit, überregionaler Handelsplatz, Geldwirtschaft	Keltische Gottheiten	
Römische Landgüter in der Region	*Romanisierung* der Region (Lateinische Sprache, römische Kultur und Lebensweise)	
Römische Landstrassen begünstigen Fernhandel	4. Jh.: Christentum, Bischof in Augusta Raurica *Deutsche Sprache* setzt sich durch	
Birsigniederung: Holzhäuser von Handwerkern, Bauern und Händlern	Basel *Bischofssitz* (Bild: Bischofsgrab im Münster)	
1225: Bau der ersten *Rheinbrücke* Gründung von *Zünften* Aufstieg von Handel und Handwerk: 15 Zünfte	Kaiser Heinrich II. weiht das *Münster* ein (Bild) St. Alban: erste Klostergründung (vor der Stadt) Höfische Dichtung Niederlassung der Bettelorden (Barfüsser, Prediger)	
ab 1433: *Papierherstellung* in St. Alban ab 1462: Basel wird *Druckerstadt* 1471: Kaiser erlaubt zwei jährliche Messen (Märkte)	1431–1448 *Konzil:* Kirchenreform scheitert 1440: Holbein malt den Totentanz 1460: *Gründung Universität* durch Papst Pius II. Buchdruck lockt Künstler und *humanistische Gelehrte* an, z. B. Erasmus von Rotterdam (Bild)	

Jahr	Politik	Bevölkerung
16. Jh.	1501: *Basel tritt der Eidgenossenschaft bei* 1529: *Der Rat beschliesst die Reformation* 1585: Der Bischof verzichtet endgültig auf seine Rechte in der Stadt	Stadt: 10 000 Einwohner, (grösste Stadt der Schweiz) ab 1540: Aufnahme protestantischer Glaubensflüchtlinge aus Frankreich
17. Jh.	1648: Das Deutsche Reich anerkennt die Unabhängigkeit der Eidgenossenschaft (dank Bürgermeister Wettstein von Basel [Bild]) 1653: Niederschlagung des Bauernaufstandes im Baselbiet 1691: *Aufstand der Zunftausschüsse gegen die korrupte Familienherrschaft* niedergeschlagen	
18. Jh.	Keine neuen Aufnahmen ins Bürgerrecht 1798 unblutige *Revolution von oben:* Gleichstellung der Landbevölkerung Basel und die Schweiz von den *Truppen Napoleons* besetzt, Basel wird Teil der Helvetischen Republik	Stadt: 15 000, Landschaft: 23 000 Einwohner (Stadt Zürich: 10 000, Schweiz: 1,5 Mio.)
19. Jh.	1815: *Wiederherstellung des alten Ratsherrenregimentes* 1830: Der Rat verweigert der Landschaft die völlige Gleichberechtigung, Ausbruch eines Bürgerkrieges (Bild: Stephan Gutzwiller, Führer der Landpartei) 1833: *Basel wird in zwei Halbkantone geteilt* 1848: Gründung des schweizerischen *Bundesstaates*	1817: Grosse Hungersnot 1833: Stadt: 20 000, Landschaft: 40 000 Einwohner (Stadt Zürich: 14 000, Schweiz: 2 Mio.)

Wirtschaft	Kultur	
Französische Flüchtlinge führen Seidenbandgewerbe ein	ab 1520: *Reformation* mit Joh. Oekolampad (Bild) 1529: Bildersturm Schaffung Staatskirche Auflösung der Klöster	
ab 1670: Durchbruch *Seidenbandweberei:* Verleger in der Stadt, Posamenter (Heimarbeiter) auf dem Land	1661: Rat erwirbt Kunstsammlung Amerbach	
	Handelsherren und Verleger lassen sich barocke Stadt- und Landsitze bauen (Bild) 1777: Der aufgeklärte Ratsschreiber Isaac Iselin (Bild) gründet die Gesellschaft für das Gute und Gemeinnützige (GGG)	
Industrielle Revolution nach 1833: *Fabrik*mässige Seidenbandindustrie ab 1844: *Eisenbahn*verbindung mit Frankreich 1854/55 Bahnverbindungen mit der Schweiz und mit Deutschland (Baden)	1833: Allgemeine Schulpflicht 1844: Museumsbau Augustinergasse (Bild)	

Jahr	Politik	Bevölkerung
ab 1850	ab 1869 Aufschwung der Arbeiterbewegung 1875: *Sieg des Freisinns* über die Konservativen, *demokratische Verfassung* mit Gewaltenteilung und vollamtlichen Regierungsräten	1850: Stadt: 28 000 Einwohner: *starke Zuwanderung* ab 1859: Abbruch Stadtmauer 1880: Stadt: 61 000 Einwohner (1888: Stadt Zürich: 103 000, Schweiz: 2,9 Mio.)
20. Jh.	1905: Einführung der Proporzwahl für den Grossen Rat: Ende der freisinnigen Vorherrschaft 1914–1918: *1. Weltkrieg*, Grenzbesetzung 1918/19: *Generalstreiks:* Höhepunkt des Klassenkampfes 1929–1936: Weltwirtschaftskrise 1935: *Rotes Basel:* Linksmehrheit in der Regierung bis 1950 1939–1945: *2. Weltkrieg*, Aktivdienst	1900: Stadt: 109 000 Einwohner, BS: 112 000, BL: 68 000 (Stadt Zürich: 168 000, Schweiz: 3,3 Mio.) *Teuerung, Not* für die Arbeiterschaft
ab 1950	1959: Der Basler Regierungsrat und Ständerat H. P. Tschudi wird Bundesrat (Bild) 1966: *Frauenstimmrecht* im Kanton 1969: *Wiedervereinigungsinitiative scheitert* (BS: Annahme, BL: Ablehnung), partnerschaftliche Beziehungen 1975: Besetzung Baugelände Atomkraftwerk Kaiseraugst	1970: Stadt: 213 000 Einwohner, *Rückgang* setzt ein, BS: 235 000, BL: 205 000 (Stadt Zürich: 422 000, Rückgang, Schweiz: 6,3 Mio.)

Wirtschaft	Kultur
1859: Beginn Farb- und Heilmittelindustrie 1874: Handels- und Gewerbefreiheit 1876: Gründung Börse *Bankengründungen*	Wiederbelebung der Universität (z. B. Historiker Jacob Burckhardt [Bild]) 1858: Wohltätige Stiftung Christoph Merian (Bild) 1880: Unentgeltlicher Schulunterricht  
1912: Kraftwerk Augst Stromversorgung Stadt 1917: Erste Schweizer *Mustermesse* 1918: *Chemische Industrie* überflügelt Seidenbandindustrie Öffentliche Bauvorhaben bieten Beschäftigung 1938: Rheinschiffahrt wiederbelebt 1945: 1. Gesamtarbeitsvertrag Chemie 1946: Flughafen Basel-Mülhausen eröffnet	1911: Trennung von Kirche und Staat 1927: Bau der Antoniuskirche (Bild), erster Sichtbetonbau der Schweiz 1929: Dreigliederiges Mittelschulwesen 30er Jahre: Abwehr gegen Faschismus (geistige Landesverteidigung) Künstlervereinigung «33» Bau von Kunstmuseum und Kollegiengebäude 
Sozialpartnerschaft 50er und 60er Jahre starkes *Wirtschaftswachstum:* Chemiefirmen multinationale Konzerne 1970: Autobahnverbindung mit Bern nach 1990: Dienstleistungszentrum Bahnhof	1957: Gründungsjubiläum: 2000 Jahre Basel 1969: Studentenbewegung 80er Jahre: Ökologisches Denken 1988: Reform Mittelschule 1989: Ökumenische Versammlung 

Weiterführende Literatur

1. Staat und Politik von Basel-Stadt

Das politische System Basel-Stadt, Herausgeber: L. Burckhardt, R. L. Frey, G. Kreis, G. Schmid, 525 Seiten. Basel 1984 (Helbing & Lichtenhahn).
Diese einzige, umfassende Darstellung ist für Lehrer der Staatsbürgerkunde, für Politiker und Journalisten unentbehrlich. Die politischen Einrichtungen (direkte Demokratie, drei Gewalten, Verwaltung, Parteien, Verbände) und die Strukturen des Kantons (Bevölkerung, Wirtschaft, Stellung in der Region und im Bund) werden ausführlich und allgemeinverständlich dargelegt. In zwei weiteren Teilen werden die wichtigsten Sachgebiete der Politik (unter anderem Finanzen, Bildung, Verkehr, Gesundheit) und die politische Geschichte vor allem der letzten beiden Jahrhunderte beleuchtet. Spezialliteratur lässt sich über die Hinweise in jedem Kapitel finden.

Fritz Grieder: Die Halbkantone Basel-Stadt und Basel-Landschaft, Anhang zu Bürger, Staat und Politik, 61 Seiten. Basel 1980 (Lehrmittelverlag Basel-Stadt), vergriffen.
Die politischen Einrichtungen der beiden Halbkantone in einem knappen Überblick, zum Teil veraltet.

Handbuch des Staats- und Verwaltungsrechts des Kantons Basel-Stadt, Herausgeber: K. Eichenberger, K. Jenny, R. A. Rhinow, A. Ruch, G. Schmid, L. Wildhaber, 775 Seiten. Basel 1984 (Helbing & Lichtenhahn).
In diesem Buch erläutern Hochschuljuristen die Grundlagen der staatlichen Institutionen. Der Fachmann und der juristisch vorgebildete Laie erhalten genaue Auskunft über Zuständigkeit, Funktion und Verfahren der verschiedenen Staatsorgane.

Basler Stadtbuch, Herausgeber Christoph Merian Stiftung, erscheint jährlich.
Enthält neben einer Chronik des Jahres Beiträge aus den Bereichen: Politik, Staat und Gemeinden, Region, Wirtschaft, Bildung und Kultur, Geschichte.

Regierungsrichtlinien des Regierungsrates, Herausgabe und Bezug: Staatskanzlei, Büro 210 im Rathaus; sie erscheinen in unregelmässiger Folge, letzte Veröffentlichungen: Basel 86: Neue Standortbestimmung II, Aktuelle Schwerpunkte 1989 (31 Seiten).

Michael Raith: Gemeindekunde Riehen, Herausgeber Gemeinderat, Bezug Gemeindeverwaltung Riehen, 280 Seiten. Riehen 1989.
Das Buch orientiert umfassend über die Gemeinde und ihre Geschichte, über Wirtschaft, Häuser und Verkehrswege und natürlich über die Politik in der Gemeinde.

Geographie von Basel und seiner Region, Autoren: H. W. Muggli, H. Heim, F. Falter, ca. 170 Seiten (zusätzlich 94 Seiten Anhang mit Unterrichtsfolien und Hinweisen für Lehrer). Basel 1989 (Lehrmittelverlag Basel-Stadt), Bezug beim Verlag.
In dieser thematisch gegliederten geographischen Heimatkunde werden die Siedlungsbereiche City, Aussenquartiere, Vororte, Umland reich dokumentiert. Auch die deutsche und die französische Umgebung werden miteinbezogen. Weitere Kapitel befassen sich mit der Infrastruktur, die der Staat zur Verfügung stellt, und mit der Wirtschaft.

Regio Wirtschaftsstudie Nordwestschweiz, Herausgeber: Alfred Bürgin, erscheint jährlich seit 1980. Basel (Helbing & Lichtenhahn, Schriften der Regio).
Die Studien vermitteln neben begrifflichen und geographischen Grundlagen Einblicke in alle Wirtschaftssektoren. In der Schriftenreihe der «Regio Basiliensis» erscheinen ausserdem Studien zu den Themen Bevölkerung, Verkehr, Agglomeration usw.

Verfassung von Basel-Stadt, Gesetze und Verordnungen, Staatsrechnung, gedruckte Berichte und Ratschläge zu Handen des Grossen Rates usw.: Sie können in der Registratur der Staatskanzlei (Rathaus, Büro 210) einzeln bezogen werden.

Parteiprogramme: Sie sind in den Parteisekretariaten (siehe Telefonbuch!) erhältlich.

2. Nachschlagewerke zum Kanton Basel-Stadt

Staatskalender Basel-Stadt, Herausgabe und Bezug: Staatskanzlei, Büro 210 im Rathaus, erscheint alle zwei Jahre.
Detailliertes Verzeichnis aller Behörden und Beamten des Kantons.

Statistisches Jahrbuch des Kantons Basel-Stadt,

Herausgeber: Statistisches Amt des Kantons, erscheint jährlich im November.
   Statistische Angaben und Tabellen aus den Bereichen: Bevölkerung, Wirtschaft, Politik und Verwaltung, Kantonsgebiet. Ausserdem veröffentlicht das Statistische Amt die Monatszeitschrift «Basler Zahlenspiegel».

Sammlung der kantonalen Erlasse von Basel-Stadt, mehrere Bände mit über 5000 Seiten, Herausgeber Justizdepartement.

Kantonsblatt Basel-Stadt, Herausgeber Staatskanzlei, erscheint wöchentlich zweimal, erhältlich an Kiosken.
   Enthält unter anderem Termine und Traktanden der Sitzungen des Grossen Rates, neue Gesetzestexte, Beschlüsse des Grossen Rates und des Regierungsrates, Wahlen, Grundbucheinträge, Einträge ins Handelsregister, Baupublikationen, Zivilstandsregister, Stellenausschreibungen der öffentlichen Verwaltung, Mitteilungen aus den Departementen und Gerichten.

Das Dreiland – die Zahlen: Nordwestschweiz, Südbaden und Haute Alsace, 40 Seiten, Herausgabe und Bezug: Basler Zeitung, Kantonalbanken von Basel-Landschaft und Basel-Stadt. Basel 1991.
   Statistische Angaben zu Bevölkerung und Wirtschaft.

Monatsbulletin des Lufthygieneamtes, Herausgabe und Bezug: Lufthygieneamt beider Basel, Rheinstrasse 44, 4410 Liestal.

3. Staat und Politik des Schweizerischen Bundesstaates

Bundesverfassung der Schweizerischen Eidgenossenschaft, Herausgeber: Bundeskanzlei, mit Einführung und Register, Bezug: EDMZ, 3000 Bern.

Der Bund – kurz erklärt, Herausgeber Bundeskanzlei, erscheint jährlich, kostenloser Bezug: EDMZ, 3000 Bern.
   Die Broschüre gibt in Stichworten einen Überblick über die Institutionen des Bundes und die Hauptaufgaben der Verwaltung.

Erich Gruner: Die Parteien in der Schweiz, 278 Seiten. Bern 1977 (Francke Verlag).

In diesem Standardwerk stellt Gruner alle massgebenden Parteien geschichtlich und soziologisch vor.

Alfred Huber: Staatskunde-Lexikon, 296 Seiten. Luzern 1984 (Buchverlag Keller).
   232 alphabetisch geordnete Artikel bieten erste Informationen zu den Themen Staat, Politik, Wirtschaft, Gesellschaft, Recht. Das Lexikon orientiert über die Schweiz und teilweise auch über Europa und die Vereinten Nationen.

Beat Junker, Martin Fenner: Bürger, Staat und Politik in der Schweiz, 224 Seiten. Basel 1988 (Lehrmittelverlag).
   Dieses bewährte Schulbuch für Gymnasien orientiert über Aufbau, Behörden und Politik des Bundesstaates. Weitere Kapitel befassen sich mit dem Verhältnis des Einzelnen zum Staat und mit den geographischen, kulturellen und wirtschaftlichen Grundlagen. Das Lehrbuch vermittelt auch Einblick in die neuesten Entwicklungen.

Hans Tschäni: Das neue Profil der Schweiz, 494 Seiten. Zürich 1990 (Werd Verlag).
   Ausführliche Darstellung der staatlichen Institutionen, gut lesbar und übersichtlich gestaltet.

Das Werden der modernen Schweiz, Band 2: 1914 – Gegenwart, Redaktion: J. Hardegger, M. Bolliger, F. Ehrler, H. Kläy, P. Stettler, 303 Seiten. Basel 1989 (Lehrmittelverlag).
   Arbeitsbuch für Gymnasien mit Quellentexten, Statistiken und Bildern. Gesellschaftspolitische Fragen der Gegenwart werden ausführlich dokumentiert.

Handbuch Politisches System der Schweiz, 3 Bände, Herausgeber Alois Riklin u. a. Bern 1983–86 (Haupt).
   Umfassende wissenschaftliche Orientierung über Geschichte, Strukturen und Funktionen des politischen Systems.

Taschenstatistik der Schweiz, Herausgabe und Bezug: Bundesamt für Statistik, Hallwylstrasse 15, 3003 Bern, erscheint jährlich, 24 Seiten.
   Das Bundesamt veröffentlicht auch das Statistische Jahrbuch der Schweiz und weitere Berichte.

Zahlenspiegel der Schweiz, Herausgabe und Bezug: Gesellschaft zur Förderung der Schweizerischen Wirtschaft, Mainaustrasse 30, Postfach 502, 8034 Zürich, erscheint jährlich, ca. 90 Seiten.

Besichtigungen

Rathaus
Besichtigung des Rathauses mit dem spätgotischen Regierungsratssaal und dem Grossratssaal aus der Jahrhundertwende: Anmeldung beim Abwart.

Grosser Rat
Besuch einer Plenumssitzung des Grossen Rates:
Die Sitzungen finden in der Regel jeden zweiten und dritten Mittwoch des Monats von 9 bis 12 und von 15 bis 18 Uhr statt. Termine und Traktanden entnimmt man dem Kantonsblatt, zum Teil der Tagespresse. Parlamentsmitglieder sind gerne bereit, bei der Vorbereitung zu helfen (Adresse über Grossratskanzlei oder Parteisekretariate).

Einwohnerrat Riehen
Besuch einer Plenumssitzung des Einwohnerrates Riehen:
Die Sitzungen finden in der Regel jeden vierten Mittwoch des Monats ab 20 Uhr im Gemeindehaus statt. Über Termine und Traktanden informiert die Riehener Zeitung oder die Gemeindeverwaltung. Parlamentsmitglieder sind gerne bereit, bei der Vorbereitung zu helfen (Adresse über Gemeindeverwaltung oder Parteisekretariate in Basel).

Zivil- und Strafgericht
Besuch einer Gerichtsverhandlung
(ab 18 Jahren)
Auskunft erteilen die Kanzleien.

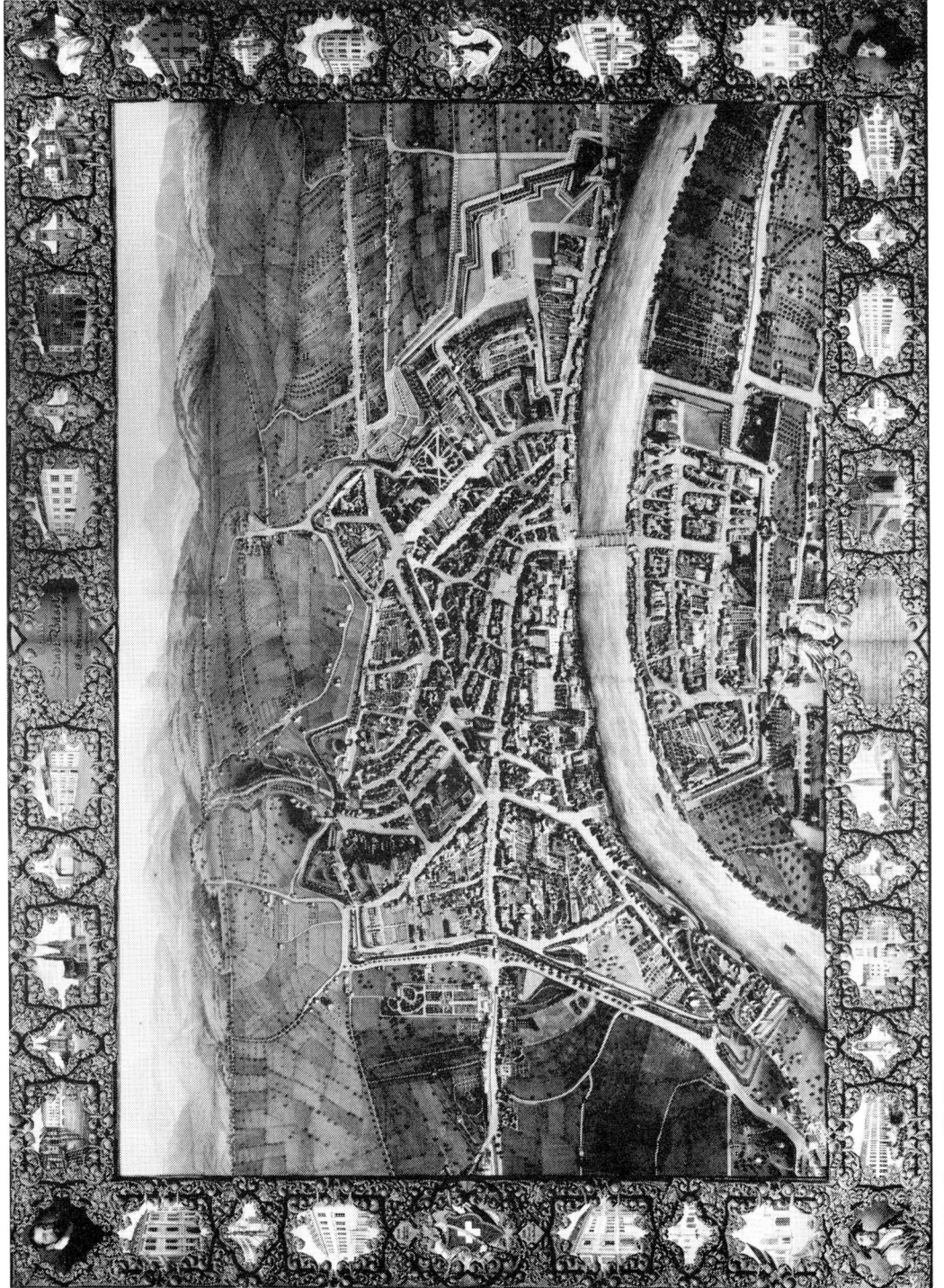

Der «Mähly-Plan» (1845)

Fotonachweis

Seite

14, 17, 56, 60, 61,   K. Wyss, Basel
68, 75, 109, 110, 111,
140, 154, 155, 156,
167, 171, 180, 187,
203, 205, 207

50   Staatsarchiv Basel, Bildersammlung 13,384
74   Staatsarchiv Basel, Negativsammlung Neg. R 1316
     Foto L. Bernauer

121   Staatsarchiv Basel, Bildersammlung 8, 405
     Foto R. Spreng

149   Foto P. Heman

185   Staatsarchiv Basel, Bildersammlung Falk. A 536
205   Staatsarchiv Basel, Negativsammlung Neg. F 1257

207   Universitäts-Bibliothek Basel
207   Archiv CMS, Photo: Studio Humbert+Vogt AG, Riehen
Vorsatz   Photoswissair, 1989
Umschlag Rückseite   N. Bräuning

Register

s.: siehe!

Abfallbewirtschaftung   191
Abstimmung   92, 164
Agglomeration   20, 24, 45, 194
Alters- und Hinterlassenenversicherung (AHV)   101
Altersverteilung   26
Anzug (Grosser Rat)   112, 114
Appellationsgericht   141, 145
Arbeitslosigkeit   41, 50, 101, 103
Arbeitszeit   33
Asylbewerber   29, 30
Ausländer   29, 30
Autonomie
– Gemeindeautonomie   147
– Autonomie der Kantone   151

Basel-Landschaft   13, 184
Basler Wirren (1833)   184
Baubewilligung, Baugesuch   62
Berufsberatung   59
Bevölkerungsrückgang (Basel-Stadt)   24, 36, 194
Bischof   202, 204
Börse   65
Budgetpostulat (Grosser Rat)   112, 114
Bundes-
– gericht   83, 77
– rat   83
– staat   151
– verfassung   79, 152
– versammlung   83, 153
Bürger-
– gemeinde   149
– gemeinderat   150
– rat   150
– recht   86, 149, 150
Bürgerliche Parteien   171, 177

City   22, 195, 199
Chemische Industrie   40, 43, 51, 197, 207
Christlichdemokratische Volkspartei
   (CVP)   170, 174, 176
Christoph Merian Stiftung   150, 195

Demokratie   85
– direkte/parlamentarische/repräsentative   85
– halbdirekte   85
– indirekte   85, 123
Demokratisch-Soziale Partei (DSP)   175, 176
Demonstration   166
Departemente   122, 136
– Baudepartement   62, 136

– Erziehungsdepartement   136
– Finanzdepartement   136
– Justizdepartement   136
– Polizei- und Militärdepartement   136
– Sanitätsdepartement   136
– Wirtschafts- und Sozialdepartement   136
Dienstleistungssektor   39, 43, 198
Dienstleistungszentrum   199
direkte Aktionen   166
Dreieckland   14
Dreiländerecke   14
Drogenberatung (Drop-In)   105

Einheitsstaat   151
Einkommensverteilung   33
Einwohnergemeinde   147, 149
Einwohnerrat   83, 148
Emissionen (Luftschadstoffe)   48
Erwerbsquote (Männer, Frauen)   32
EuroAirport   189
Europäische Gemeinschaft   37, 189
Exekutive   82, 107
Expertenkommission (des Regierungsrates)   128

Fichenaffäre   110
Flughafen Basel-Mulhouse   189
Föderalismus   151
Forumszeitung   179, 181
Fraktion   108, 110
Fraktionsdisziplin   118
Frauenstimmrecht   86
Freiheitsrechte   75
Freisinnig-Demokratische Partei
   (FDP)   170, 173, 175, 176
Fürsorge   101
Fürsorgeamt   104
Fürstbistum Basel   20, 202

Gemeinde-
– autonomie   147
– präsident   148
– rat   148
– versammlung   148
Generalstreik   50
Gesamtarbeitsvertrag (GAV)   51
Gesetz   79
Gesetzes-
– initiative   92, 95
– referendum   93
– vollzug   120, 128
Gesetzgebung   71, 107, 128

213

Gesundheitsversorgung 57, 160
Gewaltenhemmung 82
Gewaltenteilung oder -trennung
  s. Gewaltenhemmung
Gewerkschaften 49, 178
Gleichberechtigung der Geschlechter 78, 86, 120
Grenzgänger 30, 45
Grosser Rat 107, 121, 128, 176
Grundrechte 74
– Freiheitsrechte 75
– Politische Rechte 85
– Sozialrechte 101
Grüne Mitte (GM, GPS) 175, 176
Gründe Partei (GP) 175, 176
Grüne und Alternative (GAB) 175, 176

Halbkanton 152, 184

Immissionen (Luftschadstoffe) 48
Immunität, parlamentarische 112
Initiative 92
– formulierte Initiative 92
– Gesetzesinitiative 92, 95
– unformulierte Initiative 92
– Verfassungsinitiative 92
Interpellation (Grosser Rat) 113, 115

Jahresaufenthalter 30
Judikative / Jurisdiktion 82
Jugendrat 140

Kabinett (Regierung) 123
Kantonsblatt Basel-Stadt 209
Kirchen 31, 82, 205, 207
Kleine Anfrage (Grosser Rat) 113, 115
Kollegialprinzip 122, 126
Kommissionen des Grossen Rates
– Spezialkommissionen 108
– ständige Kommissionen 107
Konfessionen 31
Konkordanz (der Regierungsparteien) 122, 173
Konkordat (Verträge zwischen Kantonen) 152
Konservative 170
Kontrollstelle für Chemiesicherheit,
  Gift und Umwelt 191
Kulturförderung 66, 67, 70, 160

Landesring der Unabhängigen (LdU) 174, 176
Landgemeinden (Riehen, Bettingen) 147
Landrat (Basel-Landschaft) 83, 113
Laufental 19, 20

Legislative 82, 107
Legislaturperiode 110
Liberal-Demokratische Partei (LDP) 170, 174, 176
Liste, Listenverbindung (Proporzwahl) 89
Lobby 119, 178
Lokalradio 182
Luftverschmutzung 48, 190

Majorz (Wahlverfahren) 88
Marktwirtschaft 49
Massenmedien 179
Masterplan Bahnhof SBB 199
Mehrheitswahlverfahren s. Majorz
Menschenrechte s. Grundrechte
Mündigkeit 86

Nationale Aktion für Volk und Heimat (NA),
  heute UVP 174, 176
Nationalrat 83, 89, 152
neue Armut 102
Niederlassung 30, 76
Nordtangente (Autobahnverbindung) 126
Nordwestschweiz 37, 188

Öffentliche Dienste 55, 70, 135
Offizialdelikt 139, 142
Ombudsman 69, 83
Opposition 122

Parlament 82, 107
Parlamentarische Untersuchungskommission
  (PUK) 108
Partei 169
Partei der Arbeit (PdA) 171, 173, 176
Partnerschaft der beiden Basel 186
Pendler 45, 58
Petitionsrecht 87, 108
Pluralistische Demokratie 169
Politische Rechte 85
Presse 179
Progressive Organisationen (POB) 173, 174, 176
Progressive Steuerskala 102
Proporz (Wahlverfahren) 89

Ratsherrenregiment 82, 184, 204
Rechts-
– gleichheit 75
– mittel 141
– staat 75

Referendum 93
– fakultatives Referendum 93
– obligatorisches Referendum 92, 93
Reformation 31, 204, 205
Regierung 82, 120
Regierungsparteien 122, 177
Regierungsrat 120, 128
Regio 14, 188
Regio Basiliensis (Verein) 189
Regio-S-Bahn 189
Resolution (Grosser Rat) 113, 115
Revolution, Basler (1798) 184, 204

Saisonarbeiter 30
Schulpflicht 80
Schulreform 130
Souverän 85
Sozial-
– demokratische Partei (SP) 170, 174, 176
– partnerschaft 51
– rechte 101
– staat 101
– versicherung 101
Sperrklausel (Parlamentswahlen) 100
Staatenbund 151
Staats-
– anteil 73
– aufgaben 70
– haushalt 156
– kanzlei 136, 138
– schuld 157
Ständemehr 152
Ständerat 83, 88, 152
Standesinitiative 126, 152
Steuerbelastung 157, 162
Steuern 156
– Bundessteuern 162
– direkte Steuern 162
– Einkommenssteuern 33, 162
– Gemeindesteuern 147, 162
– indirekte Steuern 162
– Kantonssteuern 162
– Kirchensteuern 31, 162
– Vermögenssteuern 162
Stimmbeteiligung 164
Stimmrecht 86
– Ausländer- 100
– aktives 86
– Frauen- 86
– passives 86
Stipendien 104

Strafgericht 139, 142, 143
Streik 49

Tarifverbund Nordwestschweiz 58, 191

Umweltschutzabonnement des Tarifverbundes 58, 191
Umweltschutzkoordinator 191
Umweltschutzgesetz (Bund, Kanton) 191
Unabhängige Volkspartei (UVP),
   früher NA 174, 176
Universität 78, 186, 203
Universitätsvertrag 186

Verbände 177
Vereinigung Evangelischer Wähler
   (VEW) 174, 176
Verfassung 79
– Bundesverfassung 79, 151
– Kantonsverfassung 80
Verfassungs-
– initiative 92
– referendum 92
– revision (Totalrevision, Teilrevision) 80
Verfügung 79
Verkehr
– öffentlicher Verkehr 45, 58, 191
– privater Motorfahrzeugverkehr 45, 48, 191
Verkehrsberuhigung 49, 168, 194
Verhältniswahlverfahren s. Proporz
Vernehmlassung 128
Verordnung 79, 128
Verwaltung, kantonale 135
Verwaltungskontrolle 107, 135
Vierte Gewalt 179
Volks-
– abstimmung s. Abstimmung
– begehren s. Initiative
– einkommen 37, 42
– initiative s. Initiative
– rechte s. Politische Rechte
– vertretung s. Parlament, Grosser Rat
– wahlen s. Wahlen
– zählung, eidgenössische 23

Wahlbeteiligung s. Stimmbeteiligung
Wahlen 87, 164, 176
Wahlkreis (Grossratswahlen) 89, 108
Wahlrecht s. Stimmrecht
Wertschöpfung 42
Wiedervereinigung der beiden Basel 184

215

Wirtschaftssektoren 39
Wirtschaftswachstum 197, 207
Wohndichte 13, 36
Wohnstrasse 166
Wohnungsmangel 36, 194

Zeitungen 179
Zentralismus 151
zentralörtliche Leistungen s. Zentrumsdienste
Zentrumsdienste/Zentrumsfunktionen 156, 183
Zivilgericht 141
Zünfte 202